北京四中语文课
如何写好议论文

万君 周昊哲/著

人民日报出版社
北京

图书在版编目（CIP）数据

北京四中语文课. 如何写好议论文 / 万君，周昊哲著. — 北京：人民日报出版社，2025.4（2025.11重印）. — ISBN 978-7-5115-8761-9

Ⅰ. G634.303

中国国家版本馆CIP数据核字第20253XJ160号

书　　　名：	北京四中语文课：如何写好议论文
	BEIJINGSIZHONG YUWENKE：RUHE XIEHAO YILUNWEN
作　　　者：	万　君　周昊哲
责任编辑：	白新月　张炜煜
封面设计：	璞茜设计
出版发行：	人民日报出版社
社　　　址：	北京金台西路2号
邮政编码：	100733
发行热线：	（010）65369527　65369846　65369509　65369512
邮购热线：	（010）65369530　65363527
编辑热线：	（010）65369514
网　　　址：	www.peopledailypress.com
经　　　销：	新华书店
印　　　刷：	北京永诚印刷有限公司
法律顾问：	北京科宇律师事务所 010-83622312
开　　　本：	710mm×1000mm　　1/16
字　　　数：	318千字
印　　　张：	21.25
版　　　次：	2025年6月第1版
印　　　次：	2025年11月第2次印刷
书　　　号：	ISBN 978-7-5115-8761-9
定　　　价：	58.00元

目 录

序　如何使用这本书 ……………………………… 1

方法篇

第一章　如何审题立意 ……………………………… 002
第二章　如何列提纲 ………………………………… 016
第三章　如何立论布局 ……………………………… 022
第四章　如何构思行文 ……………………………… 033
第五章　如何积累素材 ……………………………… 050
第六章　如何论证 …………………………………… 061
第七章　如何融情于理 ……………………………… 165
第八章　如何以辞动人 ……………………………… 174
第九章　如何完善升级 ……………………………… 198

实践篇

周昊哲考场作文与点评 ……………………………… 252
刘峻豪考场作文与点评 ……………………………… 276
贾铮考场作文与点评 ………………………………… 299

后记 …………………………………………………… 323

序　如何使用这本书

1. 我们是谁？为什么合写这本书？

本书的第二作者，我曾经的学生、语文课代表周昊哲，拥有一套已经被考试检验过的作文学习法。凭借着高三一年七次写出年级范文、大考稳定一类文的考场写作能力，在高考这场人生非常重要的考试中，周同学取得了逆袭后最为辉煌的战绩——2023年的夏天，考入北京邮电大学，就读于人工智能学院信息工程专业。

他当然不是什么语文单科的学霸，也不是能靠总分拔得头筹的学神，但备考之路上的考场作文稳定性，却足以让他成为一个流传在校园中的传说。是的，比学神的高分更令大多数同学羡慕的，是把全面发展放在首位，不以选择中文专业为目的，在必须兼顾各门学科的前提下，依然能在历次语文大考中稳定保持优秀水平的能力。

正因如此，作为老师的我相信，他所总结出的一套学习方法和学习经验，对于像他一样没有那么出类拔萃，却有足够的意愿去拼搏、奋斗的同学，确实可以提供一些有效的帮助。

"我是一个依靠规划、布局、复盘、优化去战胜自己，赢得高考的学生，而这些东西都是可效仿、可复制的。"这是周昊哲深思熟虑之后对自己的评价。

毕业之后，他成为母校北京四中学生发展中心学长助学小组中数位陪跑学长中的一员,无私为高三同学分享作文方面的学法建议,提供一对一的学法指导。

与此同时,作为微信视频号(周同学在这儿)的教育博主,周同学已经陆续和400多位同学、家长在议论文写作方面进行了交流,毫无保留地与全国各地学子分享作文学习和备考规划等方面的经验。

这一过程首先让周同学懂得了感恩:在与数百位同学和家长深度沟通后,他加倍地认识到了在四中学习语文的可贵——除了自己的勤奋和努力之外,正是四中语文三年来给予的知识、眼界和境界,培养了他真正的思考能力,才让他有了今天在议论文写作方面的一点成绩。基于学弟学妹的学习现状,周同学又展开了进一步的思考。他梳理出了日常答疑中有代表性的现象与问题来和我交流意见。其中,比较常见的现象与问题有以下几个方面。

> ① 我的作文分数不稳定,让我很没有安全感。
> ② 我的作文分数是稳定的低分,我觉得自己很努力了,会每天积累素材,但没有什么起色。
> ③ 虽然作文一次性就会扣十几分,但我又觉得作文短时间内没有提分效果,所以我总是纠结。
> ④ 我不知道积累啥样的作文素材管用。
> ⑤ 其他科太差了,没时间练作文怎么办?
> ……

以此为契机,我们展开了长久而持续的讨论。最终,一直也希望能够在写作方面为学生提供帮助的我,最终决定,融合我们在四中的教学经验和学习经验,然后进一步优化、升级,构建一个能够适合不同学段、不同学情的议论文学习体系,为大多数同学提供一份具体、实用的参考指南。

在这个资讯发达的年代,教学经验和学习经验的分享,早已琳琅满目,珠玉在前,但教学相长的深度交流、师生共创的写作心得,却仍然难得一见。

而这，既是我们创作过程中的信心，也成就了今日将本书交付给读者的底气。

2. 这是一本什么样的书？

常言道："书山有路勤为径，学海无涯苦作舟。"学习之路上，勤奋和刻苦当然必不可少。然而，如果在书山题海之间，这本书的存在，能够让你看见一条更为笔直、通畅的路，我们也深感欣慰。

我们希望这是一本在高中议论文学习的任何阶段，都对你有所助益的写作指导用书。为了能够让这本书发挥最大的效用，我们有必要在你开始阅读之前，对如何使用这本书做出一个尽量清晰的说明——具体情况如下。

本书共分为"方法篇""实践篇""真题篇"三部分。"方法篇"聚焦"如何审题立意""如何列提纲""如何立论布局""如何构思行文""如何积累素材""如何论证""如何融情于理""如何以辞动人""如何完善升级"九大话题，并结合来自北京四中数位同学的写作案例，一一解答同学们在写作过程中可能会遇到的问题与困惑。

"实践篇"则提供了周昊哲（2023届）、刘峻豪（2023届）、贾铮（2025届）三位中高分数段学长高三备考时期的考场作文。"实践篇"将以最为贴近考场的状态，为大家呈现三位学长一整年议论文备考的原貌与全貌。在这里，你看到的不是多位学长精彩发挥的"一篇"，而是一位学长稳定成就的"全部"。传统的满分作文集百花齐放，自有其价值和意义，但唯有看到写作训练的真实状态，我们才能在架构、体系、内容、语言之下，看到一个写作者固定的写作角度、思路、节奏……也唯有如此，我们才有可能真正一窥究竟：那长期的、持续的、稳定的写作实力背后，到底藏着怎样的秘密。

"真题篇"按照时间线索，对2014—2024年的高考作文真题进行梳理。我们认为，以全局眼光认识和了解作文题的发展和变化，有利于我们穿透现象，看到本质，在题目和题目的联系中，捕捉到作文和时代发展之间的紧密关系。

另外，在作文题目的选择上，本书的两位作者坚持以下三个原则。

第一，更重视样题和样文的代表性。

首先，本书所选例题和例文，均是在真实的学习场景中，学生演练过、教师讲解过的题目。其次，我们更强调例段、例题、例文的代表性。所以，虽然具有时效性的真题十分重要，但本书不会仅仅因为某道题更具有时效性，或者仅仅因为"是真题"而使用它们。

第二，更重视样题和样文的序列性。

本书更重视写作训练的基础性和序列性，我们希望能够以精锐之力，直击议论文备考最本质、最核心的关键，从而提高语文学习的效率。尽管我们认为，纵览历年的高考题目是有意义的，但我们并不认为，对个体而言，把所有的高考作文真题都写上一遍，是一项科学的备考策略。相反，我们更注重打磨适用于各类作文题目的底层概念，更注重研究适用于各类作文题目的经典问题。为此，我们结合课标和考试对学生的发展、能力要求，从历年真题中归纳、提炼出了150个以概念和概念关系为主的高频关键词（词组）。

我们选择例题和例文的标准始终在于底层关键词是否经典，是否高频，是否关键。

使用本书时，大家既可以围绕这些词（词组），循序渐进地积累素材，也可以围绕这些关键词，从真题篇中选择合适的作文题目进行练习。当然，直接就关键词本身展开概念辨析、关系讨论、文章写作，也是非常值得推荐的方式。

第三，更重视样题和样文的思辨性。

不可否认，这是一本颇为个性化的作文指导书，无论是身为指导者的老师，还是身为备考者的学生，都有着个性化的写作风格，然而，在个性化的表达背后，又始终存在着高度一致的、以思辨性为显著特点的思维路径和写作范式。其中，个性与共性、规矩与自由之间的平衡，正是我们通过教与学的融合、提炼、总结，最想传达给大家的内容。

这个时代最关心什么，我们的例题和例文就讨论什么。

2013 年，北京卷高考语文的作文题给出的材料是：

> 科学家：假如爱迪生来 21 世纪生活一个星期，最让他感到新奇的是什么？
>
> 文学家：我想手机会不会让他感到不可思议呢？
>
> 科学家：我同意，手机是信息时代的一个标志物，简直称得上一部掌中电脑，丰富的功能一定会让这位大发明家感到新奇。
>
> 文学家：手机的广泛应用深刻地影响着人们的交往方式、思想感情和观念意识，或许这也是爱迪生意想不到的吧。

2023 年，全国甲卷高考语文的作文题给出的材料是：

> 人们因技术发展得以更好地掌控时间，但也有人因此成了时间的仆人。

2024 年，新课标 I 卷高考语文的作文题给出的材料是：

> 随着互联网的普及、人工智能的应用，越来越多的问题能很快得到答案。那么，我们的问题是否会越来越少？

以十年为跨度，我们可以看到，不同的只是具体的材料，不变的是对于新时代下"人与科技"这组概念关系的思考。正是基于这样的理解，本书于第五章"如何积累素材"提炼出了两组热门概念，作为备考写作训练中的关键词和作文题：

> 时间　科技　文明　　　人　技术　时间

正因如此，本书也会选择诸如"碎片化阅读"这类有代表性的作文题进行讲解，虽然它并不是一道曾经在哪一年的高考试卷中出现过的真题。

课标和考试要求什么样的语文素养，我们的例题和例文就讨论什么。比如，本书花了极大的篇幅去讨论"樱桃与马蹄铁"、"丝瓜藤与肉豆须"（2015年山东卷），因为我们除了想讲清楚什么是更为精准的审题，还希望同学们能够意识到两道作文题目背后"有用与无用""长期与短期""务实与务虚"等概念和概念关系的重要性和经典性。对这些概念和概念关系有怎样的理解，意味着有怎样的思维方式和价值取向。这既对写出立意高远的考场议论文有至关重要的作用，也对作者本人的学业与人生发展有着极为深远的影响力。

3. 如何使用这本书？

本书专为希望中学阶段提高议论文写作能力的读者撰写而成。

如果你刚开始接触议论文写作，期待能够系统、全面地对高中阶段的议论文写作有初步的了解，那么建议你从头到尾迅速浏览主要内容，立足整体和全局，把握本书要点。

如果你已经具有了一定的写作知识和写作经验，期待能够快速解决某几个关键问题，那么建议你有针对性地阅读相关章节，并尽快投身到写作的实践中去。

如果写作只有一个秘诀，那大概就是：一篇文章的质量，很大程度上是由写作者过往写作的总体数量决定的。如果你已经处在语文学习和备考的关键阶段，那么建议你把关注点放在对例文结构、节奏、写作框架的分析上，并按照书中所提供的方法，对素材库进行升级、优化。越是到备考的最后阶段，越是要拼积累和储备。事实上，缺乏对基本事实的掌握，是绝大多数同学没有鲜明的、深刻而独到的个人观点，无法展开充分论述的主要原因。

当然，写作是一项复杂的手脑协调活动，而文章也是一个人思想、情感、态度、价值观的综合产物。写作者在日常训练的过程中，需要的是更为及时的反馈。想要通过一本书解决所有议论文写作的问题，无疑也是不现实的。

思考和写作是一个磨砺自我的过程，艰辛而漫长，充满了未知和挑战。所以古人说："独学而无友，则孤陋而寡闻。"为了避免在封闭中走向错误、偏狭、固执、懒惰，我们必须重视同行者的作用。而这恰恰也正是本书所强调和践行的理念。为了不走向一个语文教育工作者的自以为是，我最大程度地了解了学习者的困难，采纳了学习者的建议；为了不走向一个学习者的闭门造车，即便在时间最紧张的高三时期，周同学也保持了和老师的高频互动。

> 世界上若真的有那种一旦执行就能稳定进步的策略就好了。在那次答疑后的几周里，我坚持了"周末练笔—周中答疑—周末再练笔"的节奏，期中考试的时候，我成功写出了一篇40分（满分50分）的作文。然而，令人沮丧的是，在11月份的月考中，我的分数又掉到了38分（满分50分）。所以，这个策略到底有没有用？在那段时间里，我在心里也曾这样怀疑过，毕竟，高三的时间真的很紧张，如果我一直去做无法带来稳定回报的付出，这绝对不利于总成绩的提高啊！不过，我也很明白：即便是再有效的策略，也逃不过"量变质变，曲折前进"的本质规律，与其陷入自我怀疑，不如系统地复盘一下前几周的任务落实情况，做一些更适合我自己的优化！
>
> 于是，我迅速调整了自己的心态，制订了如下计划：
>
> ① 每周的素材积累不可漫无目的，要围绕一个关键词做积累；
>
> ② 一定要多找老师答疑，改到无可修改为止，不要急于开始写下一周的内容；
>
> ③ 如果实在没时间做完整流程的训练，那我至少要坚持做素材积累，并口头和老师去分享自己的观点和思考。
>
> 至于最后的成果，想必你也猜到了，越来越多的同学知道了我，我成了年级范文集中的"常驻嘉宾"，也成了令高分同学都羡慕的稳定型发挥选手。更重要的是，他们像我一样，也怀着对未来的憧憬，加入到了议论文写作练习的行列中来。

> 站在今天，回顾过往，如果一定要我总结一些最少但必要的学习建议，那大概是：
>
> ① 有学长学姐的成功案例作为精神支柱和方法指引；
> ② 有一个人（或是老师或是学长学姐）能一直陪你讨论交流答疑；
> ③ 自己要对正在坚持的方法有100%的专注和信任，这真的很重要。

比本书或者某本作文指导书更能发挥作用的，是长期持续的实践和学习之路上相互陪伴、鼓励的同行者。只有及时交流并反馈，才能最大程度地提升你的见识、眼界与境界。

世界知名认知心理学家、语言学家和科普作家史蒂芬·平克（Steven Pinker）在谈及写作的复杂性时说："写作之难，在于把网状的思考，用树状结构，体现在线性展开的语句里。"这种写作上的困难，对于长期以来需要在考场上"挥笔立就"的高中生而言，尤为突出。议论文旨在说服读者接受观点或采取行动，一般取自有争议的话题，这些话题隐含着不同观点之间的冲突，而观点又必须建立在充分可靠的论据之上，论证时还必须以清晰的逻辑作为行文基础。想要在考场上达到如此水平，绝非易事。

写作者必须在有限的时间内，迅速而精准地梳理、提炼、优化纷繁复杂的思考过程，然后以清晰、连贯、晓畅的语句，将观点呈现在阅卷人面前。对一个十几岁的少年来说，这不仅是对语言表达能力的考验，更是在思维的深度和广度上的巨大挑战。

为了给同学们以迎战的力量与陪伴，我们选择师生合力完成这本书。

我们提供的绝非短平快的短期、功利之物，而是以真诚之心，交付给你的一种能够锻造思想、为个人成长与发展持续赋能的武器。

我期望，提高议论文写作的能力，只是你与这本书相识的起点。我更期望，你能以此为契机，认同和践行我们的写作理念，从而激发出真思考和真表达的欲望，树立起思辨与写作的信心，并为之长期地、持续地实践，成为一个头脑清明、表达流畅的成年人。

  今日十年磨一剑，他日方能仗剑走天涯。最后，祝学会写作的你，能在写作的助力下，火力全开，战斗出一个属于自己的理想世界。

万君

谨识于北京四中

2024 年 9 月 1 日

方法篇

第一章
如何审题立意

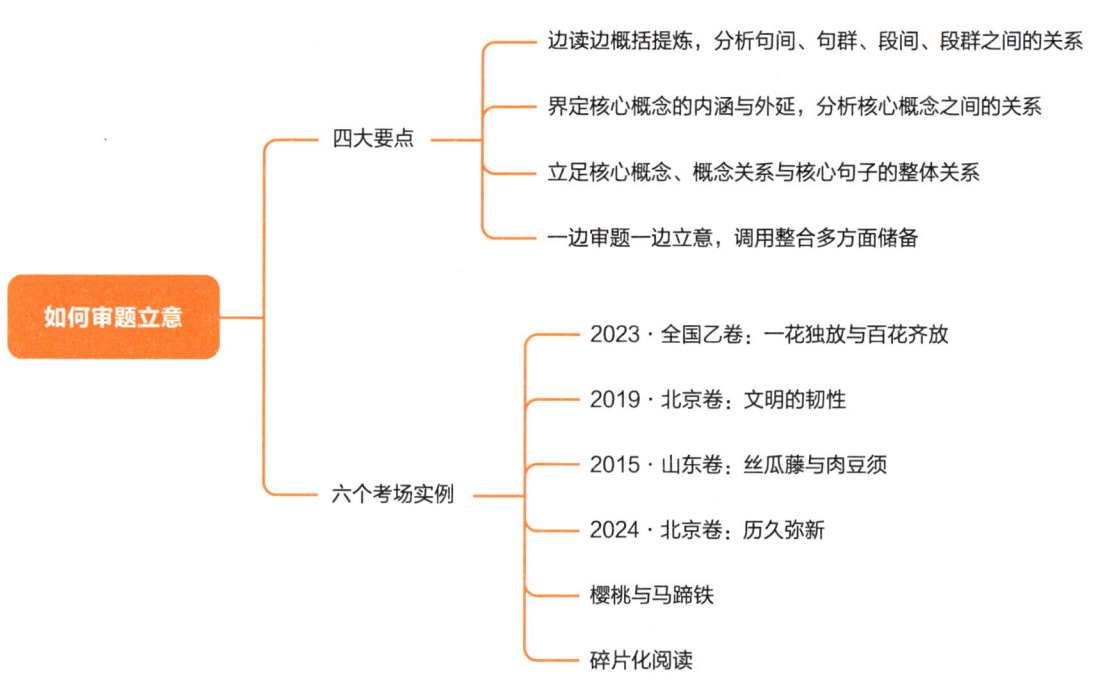

要点一

边读边概括提炼，分析句间、句群、段间、段群之间的关系

常见的作文题目类型有：概念类作文、关系型作文、材料类作文、观点类作文、图画类作文……无论是哪种作文题目类型，我们只有在审题立意环节不偏离要点、不遗漏重点，准确接收、概括、提炼了题目的信息，接下来的写作活动才能顺利展开。换言之，审题能力就是阅读理解的能力，只有读懂题，才能审准题，进一步立好意。

既然是阅读理解，那么总的方法和原则就是：要以一个字都不放过的态度，边读边概括提炼，分析句间、句群、段间、段群之间的关系。

【考场实例1】 一花独放与百花齐放（2023·全国乙卷）

吹灭别人的灯，并不会让自己更加光明；阻挡别人的路，也不会让自己行得更远。

"一花独放不是春，百花齐放春满园。"如果世界上只有一种花朵，就算这

种花朵再美，那也是单调的。

以上两则材料出自习近平总书记的讲话，以生动形象的语言说出了普遍的道理。请据此写一篇文章，体现你的认识与思考。

要求：选准角度，确定立意，明确文体，自拟标题；不少于800字。

材料原句	概括提炼
"吹灭别人的灯，并不会让自己更加光明；阻挡别人的路，也不会让自己行得更远。"	强调损害别人的利益并不会给自己带来更多收获。
"一花独放不是春，百花齐放春满园"以及"如果世界上只有一种花朵，就算这种花朵再美，那也是单调的"。	通过"一花"与"百花"的关系，进一步阐述了多元化和多样性的重要性。
分析句间、句群、段间、段群之间的关系	
两则材料共同构成了一个关于合作、共存和多元发展的主题，强调了在社会和国家发展中，个体和集体不应通过损害他人来谋求自身的发展进步，而是应该坚持多元化和多样性下的和谐共处与共同进步。	

【考场实例2】 文明的韧性（2019·北京卷）

"韧性"是指物体柔软坚实、不易折断的性质。中华文明历经风雨，绵延至今，体现出"韧"的精神。回顾漫长的中国历史，每逢关键时刻，这种文明的韧性体现得尤其明显。中华民族的伟大复兴，更需要激发出这种文明的韧性。

请以"文明的韧性"为题，写一篇议论文。可以从中国的历史变迁、思想文化、语言文字、文学艺术、社会生活及中国人的品格等角度，谈谈你的思考。

要求：观点明确，论据充分，论证合理。

材料原句	概括提炼
"韧性"是指物体柔软坚实、不易折断的性质。	定义了"韧性"的概念。
中华文明历经风雨,绵延至今,体现出"韧"的精神。回顾漫长的中国历史,每逢关键时刻,这种文明的韧性体现得尤其明显。中华民族的伟大复兴,更需要激发出这种文明的韧性。	以"中华文明的发展"为例,说明这种韧性的具体表现,强调在中华民族伟大复兴的过程中,这种文明的韧性是必需的:韧性既是文明从过去绵延至今的原因,也是未来实现中华民族伟大复兴的必要条件。

概括和提炼是审题时的基本功,因此必须重视——其中,概括更强调对文字材料主要内容的全面归结,而提炼则更强调对文字材料的深入分析,以及对关键、核心、典型、有价值、最符合标准的内容的选取。

下面我们来看一个简单的例子。

> 这个瓜每100g含糖28.6g,含糖量很高,不利于控制血糖,我要控糖不能吃,就忍住不买。
>
> 这个瓜每100g含糖28.6g,含糖量很高,吃起来口感很好,我心情十分愉悦,就很喜欢吃。

如果"这个瓜每100g含糖28.6g"是一道作文题,那么,审题时,越能提取出画线句中靠前的内容(在这个例子中,就是"含糖量很高",而不是"不利于控制血糖"或者"吃起来口感很好"等),就越能够准确地概括和提炼。无他,因为前面内容是后面内容的依据。

射箭比赛中,箭矢完全进入靶心区域就可以得分,但只有正中靶心才能得到最高分数。对应到审题立意的作文活动中,只要围绕画线句子立意作义,就都算在"靶心区域",然而只有找到画线句中最靠前的内容,才能称得上"正中靶心"。后者,才是平时的审题训练中最应该努力追求的。接下来,我们以2015年山东卷的题目和两段文字为例，进一步说明在一道作文题中，审题环节中"靶心"与"靶心区域"的区别。

【考场实例3】 丝瓜藤与肉豆须（2015·山东卷）

阅读材料，根据自己的感悟和联想，写一篇不少于800字的文章。

乡间有谚语："丝瓜藤，肉豆须，分不清。"意思是丝瓜的藤蔓与肉豆的藤须一旦纠缠在一起，是很难分开的。有个小孩想分辨两者的不同，结果把自家庭院里丝瓜肉豆的那些纠结错综的茎叶都扯断了。父亲看了好笑，就说："种它们是用来吃的，不是用来分辨的呀！你只要照顾它们长大，摘下瓜和豆来吃就好了。"

要求：①选准角度，确定立意；②自拟题目；③除诗歌外，文体不限；④文体特征鲜明。

议论文段1	议论文段2
不考的，就是没用的，所以就算要读书，也得读对提升成绩有用的书，不然就是看"闲书"。追求教育的即时效益，忽视非功利性阅读的价值，这种急功近利的态度与只看重丝瓜和肉豆的实用价值而忽视其他价值的做法，简直如出一辙。	父亲的打击会扼杀孩子最为宝贵的好奇心，而实际上，这种好奇心对孩子日后的发展大有益处。父亲的做法体现了"短视思维"，即缺乏长远眼光，只能急功近利地看到眼前的好处。生活中，我们应当跳出"短视思维"，因为它实在是有害而无利。

针对"丝瓜藤与肉豆须"这道考题，议论文段1审题立意的关键词是"实用价值"，议论文段2审题立意的关键词是"短视思维"。两个审题立意都在"靶心区

域"中,但哪一个"正中靶心"呢?

> "种它们是用来吃的,不是用来分辨的呀!你只要照顾它们长大,摘下瓜和豆来吃就好了"→父亲看中"实用价值"→这种做法体现了父亲的"短视思维"。

根据对材料逻辑的梳理可知,概括提取出"实用价值"的议论文段1,比概括提取出"短视思维"的议论文段2在审题立意上更为精准到位。

要点二

界定核心概念的内涵与外延，分析核心概念之间的关系

审题时还需要我们界定核心概念的内涵与外延，分析核心概念之间的关系。概念的内涵指的是概念的本质特征和属性，而概念的外延则是指概念所涵盖的具体实例或范围。对概念和内涵的明确有助于文章围绕中心论点展开深入的分析和论述。同时，深入分析概念之间的关系，也有助于一篇文章形成更为清晰的逻辑框架，使论证更加严密和有说服力。

【考场实例4】 历久弥新（2024·北京卷）

几千年来，古老的经典常读常新，杰出的思想常用常新，中华民族的伟大精神亘古常新……很多事物，在时间的淬炼中，愈显活力和价值。

请以"历久弥新"为题目，写一篇议论文。

要求：论点明确，论据充分，论证合理；语言流畅，书写清晰。

材料原句	概括提炼
几千年来，古老的经典常读常新，杰出的思想常用常新，中华民族的伟大精神亘古常新……很多事物，在时间的淬炼中，愈显活力和价值。	材料通过三个排比列举了经典"常读常新"、思想"常用常新"、中华民族伟大精神"亘古常新"这三个现象，概括总结出"能越发彰显事物的生命力与价值"这一时间在事物发展的过程中所起到的积极作用，以此启发写作者对题目中关键词的思考与辨析。

核心概念	界定核心概念的内涵与外延
久	"久"，首先指的是时间的长久与历史的深远，同时也暗含着一种稳定性与连续性，它体现了事物在发展过程中所保持的某种本质特性或核心价值的不变性。
弥	"弥"是"更加"的意思，指的是在时间的推移、时代的变迁中，某事物的地位、特征等方面在原来基础上的进一步深化。
新	"新"则是对旧有事物的超越与更新，代表着变化、发展与进步，是事物在适应新环境、满足新需求过程中所展现出的生命力与创造力。这种"新"既可以是形式上的创新，如新的艺术表现手法、科技发明等；也可以是内容上的更新，如新的思想观念、价值体系等。
分析核心概念之间的关系	
（1）"久"是"弥新"的前提条件，没有时间的长久考验，就无法体现事物的持久性和稳定性。 （2）"弥"揭示了随着时间的推移，事物或观念非但没有衰败，反而更加凸显其价值。 （3）"新"是"久"和"弥"共同作用下的结果，它体现了事物或观念在时间洗礼后的升华和更新。	

要点三

立足核心概念、概念关系与核心句子的整体关系

我们要把题目所给的材料当成一个整体进行理解,要重点观照到句、段之间的关系,绝不能只抓住其中的某个概念进行写作。

　樱桃与马蹄铁

> 歌德的《叙事谣曲》中有这样一个故事:耶稣带着他的门徒彼得远行,途中发现一块破烂的马蹄铁,耶稣就让彼得捡起来,不料彼得懒得弯腰,假装没听见。耶稣没说什么,自己弯腰捡起了马蹄铁,又用它在铁匠铺那儿换了3文钱,并用这些钱买了18颗樱桃。出了城,师徒继续赶路,二人经过了茫茫荒野。耶稣猜到彼得一定会很渴,就让藏在袖子里的樱桃悄悄地掉出一粒,彼得一见,赶忙捡起来吃。耶稣边走边丢,彼得也就狼狈地弯了18次腰。于是,耶稣笑着对彼得说:"要是你刚才弯一次腰,就不会后来没完没了地弯了那么多次腰了。"
>
> 根据这则材料,自选角度,写一篇议论文,不少于700字。

原文	审出题目背后的内容（深入分析和提炼）
一块破烂的马蹄铁	眼前看似无用的事物
荒野中解渴的樱桃	日后实际有用的事物
3文钱的马蹄铁换了18颗樱桃	眼前看似无用的事物可以转化为日后实际有用的事物
懒得弯腰	忽视眼前看似无用的事物的价值
彼得不愿意弯一次腰，后来却狼狈地、没完没了地弯了18次腰	短期来看付出少，长期来看付出多
要是你刚才弯一次腰，就不会后来没完没了地弯了那么多次腰了	若早点看到"马蹄铁"的价值，小成本地付出，就不必事到临头，为了获得"樱桃"的价值，大成本地付出了

材料作文审题时一定要有整体把握的意识。我们应该选择与整体（而不是与局部）内容匹配的素材。我们来看下面这个议论文段。

> 在苹果公司刚成立的时候，电脑还只能显示一行行的代码，人们如果需要用它做事必须手动输入长长的指令才可以，很是麻烦。当时，有一家小公司创新性地编写了一个程序，旨在将数据打包放在一个地方，用户需要时直接双击打开即可，这个技术由于与大众风格不符一时无人问津（对应"彼得懒得弯腰捡破旧的马蹄铁"），但乔布斯看到了其中的价值，并买回了该技术的专利（对应"但耶稣弯腰捡起了马蹄铁"），经过改造用在了自己的计算机上（对应"换了3文钱"），一时间轰动全球（对应"换来18颗樱桃"）。

以上议论文段中，乔布斯的事例就是一个与材料整体匹配、恰当的素材。而在真实的考场写作中，审题立意的偏差往往导致行文的偏差，以至于文章不能紧扣材料的整体展开，而仅仅抓住了材料的某个局部做文章，最终偏题，甚至于跑题。如：

> ## 拥有长远眼光
>
> 　　材料中的彼得,在发现一块烂马蹄铁的时候,并没有发现它的作用与价值,而耶稣发现了。因此在最后彼得只能通过耶稣的施舍来解渴。这就告诉我们:做事要有长远的眼光。
>
> 　　长远的眼光对个人有很大作用。在20世纪末21世纪初,世界爆发了第三次信息技术革命。在那时,大部分人没有意识到互联网会十分发达,但一部分有长远眼光的人敏锐地觉察到互联网巨大的发展空间,对相关产业进行投资,或像马云研发淘宝一样在相关领域开发项目。这些人最终因为他们的长远眼光获得了巨大的利益。
>
> 　　长远的眼光在选择领导时有重要作用。秦朝末年,项羽与各路诸侯一起伐灭秦朝,此时的项羽不可一世,自号"西楚霸王",还分封诸侯。而张良却投靠到当时十分弱小的刘邦手下,事实证明,张良的选择十分正确。是张良的长远眼光使他看出了刘邦的领导力与战略能力,也看出了项羽的不会用人,因此他才能将自己的才能发挥出来。

　　说"张良有长远眼光",这样表述固然有其合理性,但问题在于,耶稣的长远眼光并不能等同于张良的长远眼光。

耶稣的长远眼光	可以化眼前的无用为日后的有用
张良的长远眼光	看到弱小力量日后的强大

　　提取出某一概念,而舍弃此概念与其他概念的联系,孤立地谈下去,是许多同学的文章偏离材料的原因。

要点四

一边审题一边立意，调用整合多方面储备

想要写出一篇有思维、有深度的文章，是一件极具挑战的事情。这就要求我们在审题的时候，要在给定的文本或话题的基础上，进行有根据、有逻辑、有深度的思考；这也就需要我们一边阅读题目，一边进行界定、概括、比较、类比、判断等一系列的思维活动。因此，审题与立意常常是密不可分的，整个过程也不仅仅是对题目内容的理解，而是包含对个人知识、经验、价值观等多方面储备的调用和整合。

【考场实例6】 碎片化阅读

通过手机、电子书、网络等进行的不完整的、断断续续的阅读模式，被总结为"碎片化阅读"。近年来，"碎片化阅读"现象引发了社会上的广泛关注和讨论。知名媒体：碎片化阅读已成为大众阅读的趋势。史学博士：人或成为碎片化信息的奴隶。诗人：我故意写长诗，对抗碎片化的生活。学者：我不排斥碎片化时代，我们该考虑怎么样才能够把自己修炼得更完美。政协委员：《论语》和柏

拉图的《理想国》，不也是一种碎片式结构吗？善待碎片化阅读，善待随处可见的"低头一族"们，利用阅读终端阅读也不错。

以上讨论引发了你哪些联想与思考？请自选角度，自拟题目，自定文体（诗歌除外），写一篇不少于800字的文章。不要脱离材料的内容及含意范围。

考场上正确的边读题目边审题立意的过程大致如下：

通过手机、电子书、网络等进行的不完整的、断断续续的阅读模式，被总结为"碎片化阅读"。这句话是题目对碎片化阅读的定义，但这一定义比较侧重"阅读媒介"与碎片化之间的关联。在我看来，这一现象和趋势，并不仅仅是和阅读媒介这一单一要素相关，"碎片化"还和时间这一要素高度相关。

近年来，"碎片化阅读"现象引发了社会上的广泛关注和讨论。这句话是对碎片化阅读的现象陈述，和下文是结构上的总分关系。

知名媒体：碎片化阅读已成为大众阅读的趋势。我推断碎片化阅读的趋势已成规模，不可避免。

史学博士：人或成为碎片化信息的奴隶。或，是"也许，可能"的意思。"成为……奴隶"是修辞化的语言，史学家好有文采啊！这句话表达了史学家的担心，也反映了大多数人的恐惧，但这种担心与恐惧我认为其实是没有必要的。

诗人：我故意写长诗，对抗碎片化的生活。"故意"二字，表明了写长诗是诗人的主动选择，而"对抗"这个行为，也进一步体现了诗人的立场和态度。

学者：我不排斥碎片化时代，我们该考虑怎么样才能够把自己修炼得更完美。这样的态度无疑是包容的，关注点在对策——"怎么办才能发挥其价值效用"，而不是情绪——"这怕不是一种不好的东西吧"。我本人表示赞同。

政协委员：《论语》和柏拉图的《理想国》，不也是一种碎片式结构吗？善待碎片化阅读，善待随处可见的"低头一族"们，利用阅读终端阅读也不错。一个新概念来了，得看看它的某些特质是不是旧的。这个思考的方法我得记住。

对了，这样看来，三国时期的董遇提出的"三余"读书法（冬者岁之余，夜者日之余，阴雨者时之余也）与北宋时期欧阳修的"三上读书法"（马上、枕上、厕上）中所提到的读书方法，也可以看作碎片化阅读的读书方法了。好，我该总结一下了：上面这段话中，媒体陈述现象，博士表达担心，诗人选择对抗，学者立足最佳对策，而政协委员表达了开放包容的态度。基于学生的立场，面对碎片化阅读，我的选择和行动是："君子生非异也，善假于物也。"电子阅读终端是比传统的书籍更便捷有效的工具，所以我要利用这一新时代的学习工具，有效利用碎片化的时间，长期地、持续地学习系统化的知识。

第二章
如何列提纲

列提纲的过程，就是复盘思路的过程

当我们概括、提炼题目材料内容，联想事例、观点时，头脑中的思维过程往往是乱序的，我们在写作时必须把头脑中这些乱序的思考，通过文字的形式，有序地、有逻辑地展示在书面上，而其中的"通过文字的形式，有序地列出思维逻辑链条"的行为，就叫作"列提纲"。列提纲的过程，就是帮助我们在写作之前，让思考由乱序走向有序的过程。

例如，梳理阅读作文题"碎片化阅读"时的乱序思考，最终形成的提纲是：

> 基于一个学生的立场，我的选择和行动是：接纳电子阅读终端，有效利用碎片化的时间，用系统化思维学知识 → 碎片化阅读古已有之，并非由电子设备所导致 → 碎片化阅读之所以会引发担忧，更多的是因为人们思想的逐渐碎片化 → 科技进步的烦恼不可避免，我们与其逃避担心，不如用正确的态度面对 → 用系统化思维有效安排阅读时间和阅读内容。

思维的结构决定了文本的结构。提纲作为写作过程中一个至关重要的环节，其本质是对思维过程的总结与提炼，进而指导文本结构的构建。在提笔写作之前，我们的脑海中往往先经历一场激烈的思维风暴。在这个过程中，我们会收集信息、分析问题、形成观点，并最终确定文章的主旨和立意。而列提纲正是在这一系列的思维活动之后，以摘要的形式，将无形的思考有形化。好的提纲犹如一张地图，指引我们在写作的旅途中不偏离主题，不迷失方向。

换言之，审题立意之后所列的提纲，应该是一个帮助我们复盘思维过程、优化思维结构、形成整体文本结构的工具。所以，这就提示我们：提纲不是一个思考的工具，它只是思考之后复盘思路的工具。提纲不可能先于思维过程存在。提纲只有在思维过程结束之后，开始动笔之前完成，才能发挥真正的作用。

因此，以下三点是需要你牢记在心的。

第一，如果你在审题立意的环节没有任何思路，想不到什么观点或素材，那么平时的写提纲训练就没什么效用。要么你对纸发呆，什么也写不出来，要么你写出来了也用不上。

第二，只要你自己能够看懂，只要它真的能正确引导你的行文思路，它就是好提纲。

第三，如果在写作的过程中，发现提纲成了束缚，那就不要硬写，而是尽快调整。你要这样想：即使是这样，提纲也依然发挥了作用，正是因为提纲的存在，失败的构思才没能成为最后的文章，而你也因此避免了写作中的重大失误，不是吗？

建议用"链条式"提纲，不用"并列式"提纲

很多同学列的提纲，实际上并没有起到厘清思路、辅助行文的作用。

不少同学本能地倾向于"并列式"提纲，就像下面这样（如图1所示）：

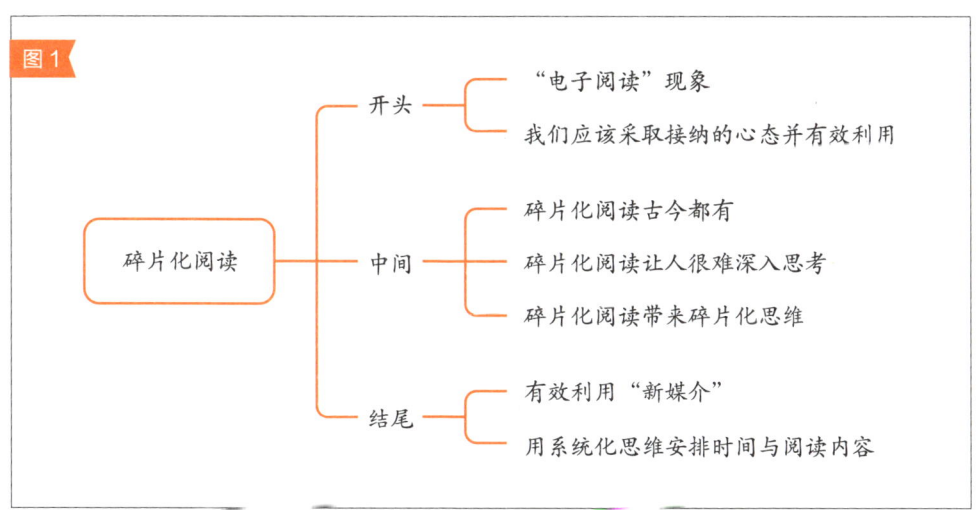

但是，这样列提纲有一个现实的问题——每个分论点看起来都是独立存在的，这往往会导致这样一个结果：你只是把它们罗列出来，而并非深入挖掘彼此之间的

逻辑关系。你可能也写了提纲，却并没有形成环环相扣的行文思路。

因此，更推荐使用"链条式"提纲（如图2所示）：

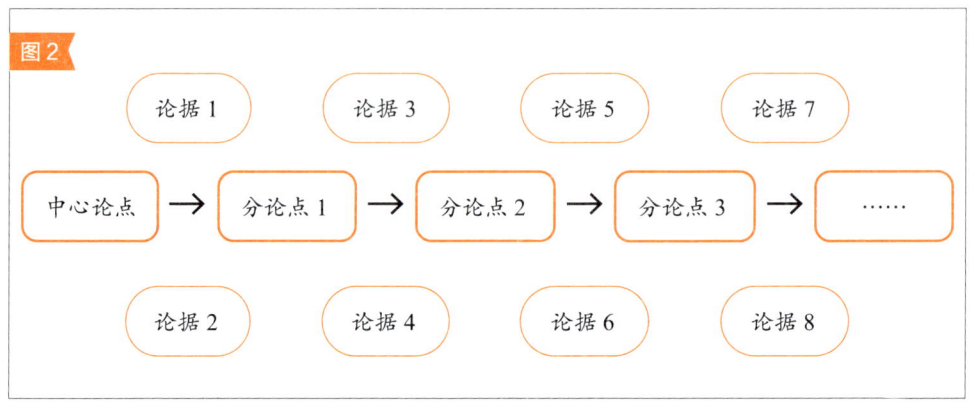

链条式思维导图中，论点之间是通过有向箭头来连接的。这首先从形式上提示我们：论点之间应该有直接的推导关系，意味着每一个分论点都应该是基于前一个分论点的深入或延伸。因此，在形成行文思路时，要格外注重整个论述过程的逻辑性和连贯性。

以"碎片化阅读"为例，"链条式"提纲的具体示例如下（如图3所示）：

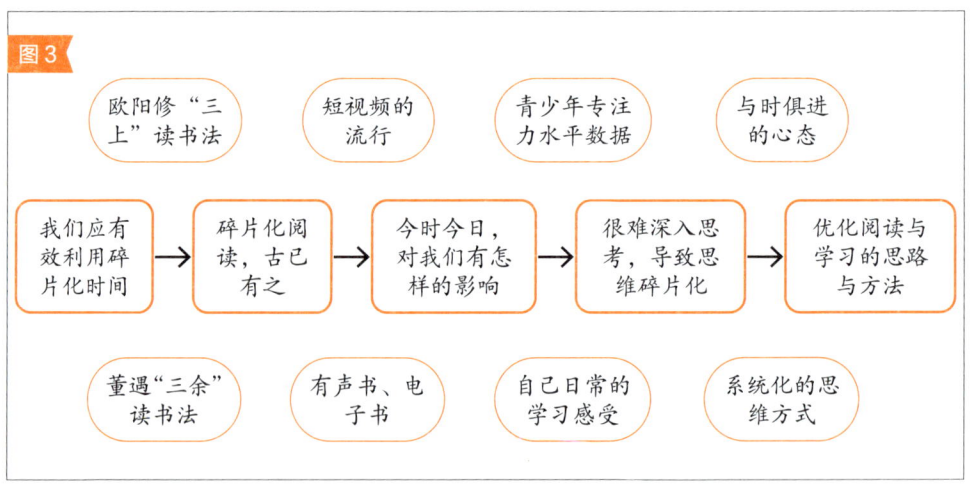

这种结构更容易保证思路的逻辑性和连贯性，从而更加快速、顺畅地构思

行文。

不过，正如本章要点一强调的那样，"只要你自己能够看懂，只要它真的能正确引导你的行文思路，它就是好提纲"。因此，如果你原本所列的提纲，已经足够好用，那么已经拥有更优解的你，就完全可以忽略这部分的建议，仍然按照自己习惯的方式梳理思路就好。

第三章
如何立论布局

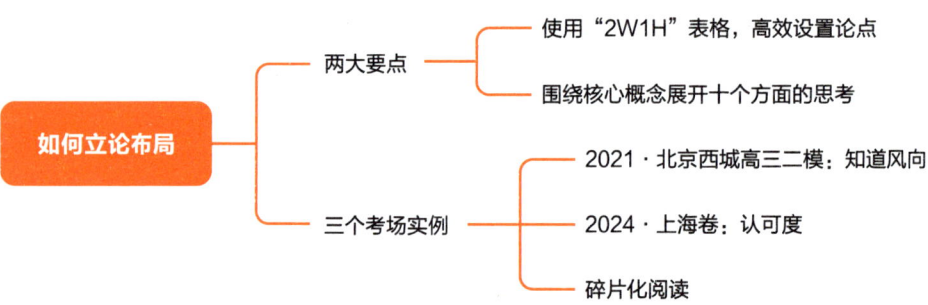

要点一

使用"2W1H"表格，高效设置论点

立论，就是在谋篇和行文的初始阶段，确立或提出自己的论点。论点通常由一个"中心论点"和若干个"分论点"构成。中心论点是作者在文章中要表达的主要观点或核心思想，分论点是围绕中心论点展开、用来支持中心论点的具体论述。设置论点时，可以用"是什么、为什么、怎么办"（后文将其称之为"2W1H"法则）来引导写作的思路。

在议论文中，"是什么"指的是对论题中核心概念的明确界定和解释，对其本质特征和内涵的阐述；"为什么"则是对问题产生的原因、背景或重要性的探讨，也包括对后果、利与弊、影响与作用等方面的分析；"怎么办"则涉及解决问题的策略、方法或建议等。

在拟定观点时，有一些高效、便捷的思考路径与角度是值得我们效仿和练习的，下面我们看下表 1 是如何用"2W1H"法则来高效设置论点的。

表1 使用"2W1H"表格，高效设置论点

2W1H	具体内容
是什么（What）	界定 A 的含义，判断 A 和非 A；分析 A 的基本要素、核心特征、本质；辨析、比较 A 和相近的概念或词语；分类讨论 A 的适用范围、场景、行为主体；分析哪些具体的事例、现象属于 A，哪些不属于；分析哪些事件、现象不属于 A 但具有同样的特点、反映同样的问题、说明同样的道理，或符合同样的规律。
为什么（Why）	分析产生 A 的背景、前提，产生 A 的主客观原因；分析人们采取 A 的目的、动机、心态、心理、情绪、情感；分析主要原因与次要原因；分析 A 带来的后果、利与弊、价值与意义、影响与作用、发展与前景；分析 A 作为前提条件的充分性和必要性，以及 A 是不是其中的唯一要素，或者 A 和其他要素之间的关系；分析 A 在发展过程中存在哪些变量，如风险、机遇、困难、挑战等；分类讨论有 A 和没有 A 的不同。
怎么办（How）	分类讨论理想和现实中他人、社会对 A 或非 A 的认识水平、主观感受、价值判断、情感态度、不同情况下的应对策略，比较哪些是正确的、合理的、重要的、道德的、审美的，哪些是值得尊敬的、提倡的，哪些又是值得反思、批评的，表明写作者本人的立场、情感、态度、倾向、行动、选择、决策。

一篇考场作文的篇幅是 800 到 1000 字，大概是 20 句话（按每个句子平均 50 字）。这 20 句话中最为关键的，其实也就是由中心论点和分论点构成的整篇文章逻辑链条的那几句话。把这几句话写好了，整体的框架也就立住了，行文思路的推进也就有了路标一般的指引。这么一想，写作文这件事是不是也就没有那么难了呢？然而，在真正开始写作的时候，难免又会遇到另一个问题："2W1H"表格中的可选项那么多，具体要如何选择呢？

实际上，这张表格最大的价值在于：

为每次立论的方向和角度，提供一些更为具体的、总的可选项。

所以，这张表格的最佳使用策略是：
每次构思时从中选择几个角度，作为思考要点、论述重点来展开。

【考场实例1】 知道风向（2021·北京西城高三二模）

> 有位航海家说："风总是偏爱那些知道风向的人。"
>
> 这句话引发了你怎样的联想和思考？请自选角度，自拟题目，写一篇议论文。

立论提纲	2W1H
"风向"有大小之分，"知风者"也有真假之别。 　率先认识到风的存在，预感到风的走向，并且立刻站在风口的人，不是真正的知风者。 　意识到风的存在和走向，也明白风是从哪里来的人虽比前者智慧，但也不是真正的知风者。 　世界无时无刻不有云涌和风起，到底是雄健的大风，还是短暂、迅猛的小风？ 　风起于青蘋之末，只有在青蘋的颤动中识别未来持久强健之风势，能在风势尚不明朗时，顺风而行，甚至追风而去的，才是真正的知风者。	界定A的含义，判断A和非A；分析哪些具体的事例、现象属于A，哪些不属于；分类讨论理想和现实中他人、社会对A或非A的认识水平、主观感受、价值判断、情感态度、不同情况下的应对策略。
前两种人或许也可以在对时机的把握中获利，得到时代的小偏爱。 　但唯有真正的知风者，才能成就一番伟大事业，得到时间的大爱戴。	比较上述分类讨论的内容，哪些是正确的、合理的、重要的、道德的、审美的，哪些是值得尊敬的、提倡的，哪些又是值得反思、批评的，表明写作者本人的立场、情感、态度、倾向、行动、选择、决策。

【考场实例2】 认可度（2024·上海卷）

> 生活中，人们常用认可度判别事物，区分高下。
>
> 请写一篇文章，谈谈你对"认可度"的认识和思考。

立论提纲	2W1H
认可度有内外之分，外部认可度指的是事物、观点或个人在主流社会中被接受和赞同的程度，常被称为社会认可度，而内部认可度指是否被自己接受和赞同，常被称为自我认可度。	界定A的含义，判断A和非A。
基于不同的评价标准，社会、个人的认可度可能差异巨大，甚至截然不同。一方面，社会认可度高的，可能自我认可度比较低；另一方面，自我认可度高的，也可能社会认可度比较低。	分类讨论理想和现实中他人、社会对A或非A的认识水平、主观感受、价值判断、情感态度、不同情况下的应对策略，比较哪些是正确的、合理的、重要的、道德的、审美的，哪些是值得尊敬的、提倡的，哪些又是值得反思、批评的，表明写作者本人的立场、情感、态度、倾向、行动、选择、决策。
那么，当评价的对象不是事物，而是人本身时，假如人的内外部认可度不一致，是选择做社会认可度高的人，还是自我认可度高的人呢？	
大多数人在这种情况下，会选择做一个社会认可度高的人，但只有少部分人会选择做一个内在认可度高的人。	
虽然遵从内在的评价标准，做一个内在认可度高的人，需要付出很大的代价，但我还是愿意选择听一听内心的声音，因为一个不能得到自己认可的人或许能获得世俗上的成功，却无法获得内心的幸福。	

立论提纲	2W1H
在我看来，在当下这个普遍焦虑的时代，能够不断找到自我认可的感觉，是一种稀缺但重要的能力。	分析产生A的背景、前提，产生A的主客观原因，分析人们采取A的目的、动机、心态、心理、情绪、情感。
为什么一定要重视内部认可度，努力找到自我认可的感觉呢？原因之一是仅靠外部认可度活着，会让我们更加焦虑，而且，这种焦虑感将会是无休止的。	
原因之二是一个人只有能找到自我认可感，才能拥有真正的内驱力，从而获得内心的定力，对抗外界的不公与间或到来的低谷期。	
有人说，当外部认可度为零，即社会和他人认为你是个失败者的时候，你非要说自己获得了积极的自我认可，自认为成功和满足，这不是"阿Q精神胜利法"吗？ 我不这么认为，因为"阿Q精神胜利法"的本质是通过歪曲、重塑事实的方式来获取虚假的安慰，但积极的自我认可是指个体基于实际的所作所为，给予自己的正面评价。	辨析、比较A和相近的概念或词语。
重视内部认可度，其实是让我们时刻牢记：不要误把获取幸福的工具看得比幸福本身还重要。 当你在向外界证明自己的路上伤痕累累时，就是你及时纠偏，找寻内部认可，并接近幸福的最好时机。	分类讨论理想和现实中他人、社会对A或非A的认识水平、主观感受、价值判断、情感态度、不同情况下的应对策略，比较哪些是正确的、合理的、重要的、道德的、审美的，哪些是值得尊敬的、提倡的，哪些又是值得反思、批评的，表明写作者本人的立场、情感、态度、倾向、行动、选择、决策。

以上的三个提纲，并不是对"2W1H"表格的全面照搬，而是基于写作者写作意图和论说重点而形成的个性化立论思路。

要点二

围绕核心概念展开十个方面的思考

周昊哲学长在面对一道作文题时，会在立论环节习惯围绕核心概念展开以下十个方面的思考，快速开展头脑风暴，以便尽快形成一个自己能够快速成文的逻辑思维链条（见表2）。

表2　周昊哲学长引导自己思考的十个问题

① A 究竟是什么？
② A 好不好？
③ A 能带来什么意义？
④ 过度使用 A，行吗？
⑤ 没有 A，行不行？
⑥ 只有 A，行不行？
⑦ 会不会有 C 给 A 带来风险、机遇、困难、挑战？
⑧ A 是否必然带来 B？
⑨ 应该如何看待 A？
⑩ 应该如何实现/防止 A？

【考场实例3】 碎片化阅读

通过手机、电子书、网络等进行的不完整的、断断续续的阅读模式,被总结为"碎片化阅读"。近年来,"碎片化阅读"现象引发了社会上的广泛关注和讨论。知名媒体:碎片化阅读已成为大众阅读的趋势。史学博士:人或成为碎片化信息的奴隶。诗人:我故意写长诗,对抗碎片化的生活。学者:我不排斥碎片化时代,我们该考虑怎么样才能够把自己修炼得更完美。政协委员:《论语》和柏拉图的《理想国》,不也是一种碎片式结构吗?善待碎片化阅读,善待随处可见的"低头一族"们,利用阅读终端阅读也不错。

以上讨论引发了你哪些联想与思考?请自选角度,自拟题目,自定文体(诗歌除外),写一篇不少于800字的文章,不要脱离材料的内容及含意范围。

十个问题引发的头脑风暴

① A 究竟是什么?

通过手机、电子书、网络等进行的不完整的、断断续续的"碎片化阅读"也是阅读。

② A 好不好?

既然也是阅读,那么"开卷有益"的老话在这里就同样适用,碎片化阅读能够帮助我们快速获取信息,利用零碎时间学习的碎片化阅读,有着很大的益处。

③ A 能带来什么意义?

另外,碎片化阅读还能够让我们养成珍惜时间的意识。

④ 过度使用 A,行吗?

一味地碎片化阅读不可行,可能导致注意力分散,深度阅读和思考能力下降。

⑤ 没有 A，行不行？

不行，没有碎片化阅读，零碎时间就得不到有效利用，在这个信息化时代并不现实。

⑥ 只有 A，行不行？

不行，可能导致知识的浅薄和理解的片面，不利于构建全面的知识体系。

⑦ 会不会有 C 给 A 带来风险、机遇、困难、挑战？

有什么办法能够让我们更好地碎片化阅读吗？实际上，通过电子书来进行阅读，就可以有效摒除冗余的信息，提高专注力。

⑧ A 是否必然带来 B？

碎片化阅读必然导致注意力分散、知识的浅薄和理解的片面吗？不必然，碎片化阅读不必然导致碎片化的知识体系。只要我们利用碎片化的时间，系统地学习知识就可以了。

⑨ 应该如何看待 A？

碎片化阅读是一种适应现代生活节奏的阅读方式，不必视其为洪水猛兽。

⑩ 应该如何实现/防止 A？

高效利用碎片化时间，不是用来看无脑的短视频，而是用来阅读有深度和长度的文字。

考场写作时间短，压力大，以上十个问题是周昊哲学长对"2W1H"表格的简化处理。实践表明，这十个问题能够在实战中有效打开思路，快速关联"2W1H"表格中的立论角度（见表3）。

表 3　对应 "2W1H" 表格中的立论角度

立论提纲	2W1H
通过手机、电子书、网络等进行的不完整的、断断续续的"碎片化阅读"也是阅读。既然碎片化只是形式，而阅读的本质没有变化，那"开卷有益"的老话，就同样适用于这个新的形式。	界定 A 的含义，判断 A 和非 A；分析 A 的基本要素、核心特征、本质。
实际上，碎片化阅读能够帮助我们快速获取信息，有利于我们养成珍惜时间的意识，确实有着很大的益处，而且完全拒绝碎片化阅读，在这个信息化的时代也不现实。	分析 A 带来的后果、利与弊、价值与意义、影响与作用、发展与前景，分析 A 作为前提条件的充分性和必要性，以及 A 是不是其中的唯一要素，或者 A 和其他要素之间的关系；分析 A 在发展过程中存在哪些变量，如风险、机遇、困难、挑战；分类讨论有 A 和没有 A 的不同。
但一味地碎片化阅读也不可行，会导致注意力分散，深度阅读和思考能力下降。	
然而，碎片化阅读不必然导致碎片化的知识体系。	辨析、比较 A 和相近的概念或词语。
因此，我们大可不必视之为洪水猛兽，只要高效利用碎片化时间，阅读有深度的文字，系统地学习知识，碎片化阅读就可以最大程度地为我们的学习和进步助力。	分类讨论理想和现实中他人、社会对 A 或非 A 的认识水平、主观感受、价值判断、情感态度、不同情况下的应对策略，比较哪些是正确的、合理的、重要的、道德的、审美的，哪些是值得尊敬的、提倡的，哪些又是值得反思、批评的，表明写作者本人的立场、情感、态度、倾向、行动、选择、决策。

还是那句话，一篇文章的关键句就那么几个，因此，一篇文章不可能涵盖"2W1H"表格中所有的可选项。与此同时，表格中的很多选项，也是嵌套组合在一起的、复杂的、综合的、整体的思维过程。因此，你需要做的，并不是一字不差地

把"2W1H"表格中的内容背下来,而是要通过实践,探索出一套属于自己的、最为擅长的逻辑链条组合,形成稳定而统一的行文思路。只有这样,才能够以不变应万变,在议论文的立论布局环节游刃有余。

是的,雪地里虽然有无数人走过,但只需要一点点的与众不同,你就可以留下属于自己的独特印迹。

第四章

如何构思行文

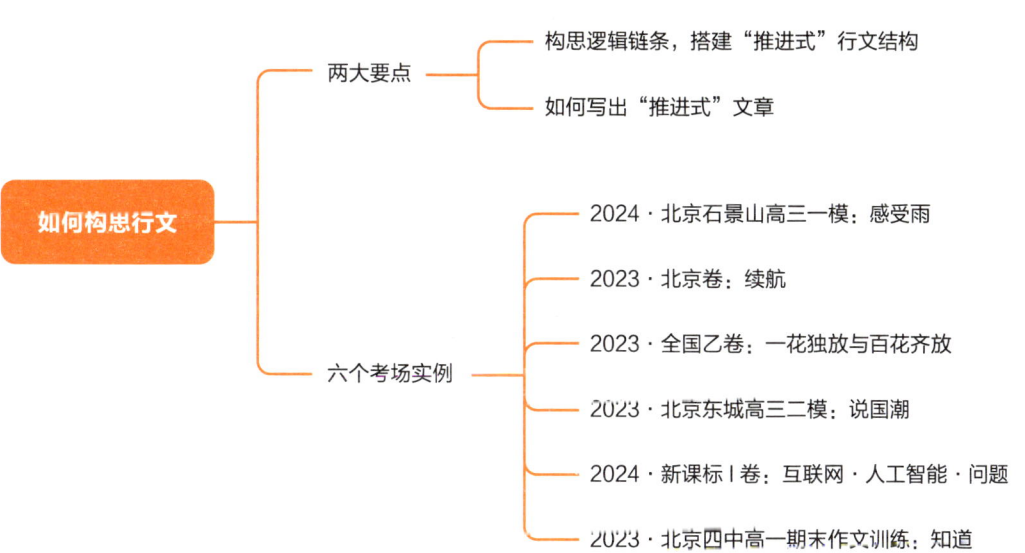

> 要点一

构思逻辑链条，搭建"推进式"行文结构

你听说过"田忌赛马"的故事吗？即田忌与齐威王赛马。本来，从实力上看，田忌的马实力不够。但是，在著名军事家孙膑的布局谋划之下，最终得以马场取胜，一举赢得千金。

> 齐使者如梁，孙膑以刑徒阴见，说齐使。齐使以为奇，窃载与之齐。齐将田忌善而客待之。忌数与齐诸公子驰逐重射。孙子见其马足不甚相远，马有上、中、下辈。于是孙子谓田忌曰："君弟重射，臣能令君胜。"田忌信然之，与王及诸公子逐射千金。及临质，孙子曰："今以君之下驷与彼上驷，取君上驷与彼中驷，取君中驷与彼下驷。"既驰三辈毕，而田忌一不胜而再胜，卒得王千金。于是忌进孙子于威王。威王问兵法，遂以为师。

在一般人看来，平行的、并列的，哪个先出场都无所谓的"赛马顺序"，在善用兵法的孙膑看来，出场顺序中竟然藏着取胜的密钥。作文也是一样的道理。在布局谋篇中，有值得我们反复体会、学以致用的妙处。

有同学为求保险，写考场作文时会均匀用力，把"是什么、为什么、怎么办"

各写上 300 字。但实际上，写作不必搞平均主义，写什么而不写什么，是由写作目的、论说重点决定的。有的文章主要在谈是什么，有的文章上来就说怎么办，没有一定之规。

所谓文无定法，实际上，"并列式"的文章当然不是不可以，但和在千里平原上纵马驰骋相比，考场作文更看重的是穿越群山，抵达高峰的过程性展示。这个过程性的展示，体现在文章之中，就是议论的层次与结构。

一篇优质的考场作文各段落之间，一定有不可以随意更改、调换的顺序。

并列式结构

> **目标**
>
> 中心论点：必须要做到追求卓越、不断努力，迎接挑战，目标才能实现。
>
> 分论点 1：必须要追求卓越，才能实现目标。
>
> 分论点 2：必须要不断努力，才能实现目标。
>
> 分论点 3：必须要迎接挑战，才能实现目标。

追求卓越、不断努力、迎接挑战，这三个要点不存在逻辑或文意上的推进深化，它们之间的顺序是可以更改和调换的，所以这属于"并列式"。

递进式结构

> **目标**
>
> 中心论点："追求卓越""不断努力""迎接挑战"缺一不可，目标才能实现。
>
> 分论点 1：首先，追求卓越是实现目标的前提。
>
> 分论点 2：其次，不断努力是实现目标的关键。
>
> 分论点 3：最后，迎接挑战是实现目标的途径。

以上三个分论点之间是递进的关系。每个阶段都建立在前一个阶段的基础之上，且三者共同构成了实现目标的完整逻辑链条。因此，逻辑顺序是不能更改或调换的。相应地，文章也就因此有了由浅入深的推进式结构。

并列式结构

> 中心论点：目标有至关重要的作用。
>
> 分论点1：<u>目标可以助力个人的成长</u>。目标是个人成长的重要驱动力。如果没有目标，我们就会失去动力，很容易陷入懒散、拖延的状态。因此，要想实现自己的梦想和抱负，就必须有清晰、明确的目标。只有有了目标，我们才能更好地规划自己的学业，从而获得提升。
>
> 分论点2：<u>目标可以推动社会的进步</u>。目标是社会进步的重要驱动力。当人们齐心协力为实现共同目标而努力时，社会的整体进步便成为可能。无论是科技的突破、教育的普及，还是环境的改善，背后都离不开目标的指引。因此，我们应当重视目标在社会发展中的作用。
>
> 分论点3：<u>目标可以促进国家的发展</u>。目标是国家发展的重要驱动力。一个宏伟的目标能够凝聚民心，引领大家向着共同的方向奋进。有了目标，国家可以更有针对性地制定政策，更有效地配置资源，以实现长远的愿景，最终迎来繁荣昌盛的局面。
>
> 综上所述，目标对于个人成长、社会进步和国家发展都至关重要。它不仅能够激发个人的动力，帮助规划学业和提升自我；在社会层面上，目标的设定和追求还是推动科技、教育和环境改善等多方面进步的关键；在国家层面上，宏伟的目标能够团结人民，指导政策制定和资源分配，从而实现国家的繁荣和昌盛。因此，无论是个人、社会还是国家，都应当重视目标的设定和实现，以促进各自的持续发展。

虽然个人的目标<社会的目标<国家的目标，但实际上，这是不同的主体在同一个概念层级中的一次分类，并不是文意的推进和深化。

递进式结构

> 中心论点：在目标的指引下付诸实践，才能实现个人的成长。
>
> 分论点1：目标可以助力个人的成长。目标是个人成长的重要驱动力。如果没有目标，我们就会失去动力，很容易陷入懒散、拖延的状态。因此，要想实现自己的梦想和抱负，首先得要有一个清晰、明确的目标。目标是我们更好地规划学业、促进个人成长的前提。
>
> 分论点2：然而，只要有了目标，就一定能有所成长吗？毫无疑问，答案是否定的。虽然一个明确的目标能指明方向，激发我们努力和奋斗的动力，但如果只是空有目标，却并未脚踏实地，真正付诸实践，那么再怎么远大的抱负，也只能是镜花水月，无法最终实现。
>
> 分论点3：此外，目标的设定也是一个值得关注的问题。过高的目标可能会让我们望而生畏，过低的目标则容易让我们失去挑战性。一个符合自身实际，既具有挑战性又可实现的目标，才能最大程度地激发我们的潜能，促进我们的成长。
>
> 因此，我们可以说，目标是个人成长的前提条件和必要条件，却并非充分条件。在成长的过程中，还需要不断地努力、学习，在挑战、困难、变化面前，不断调整和优化自己的行动策略。只有这样，我们才能在目标的指引下稳步前行，最终实现自己的梦想和抱负。

这份提纲从目标对个人成长的重要性开始讨论，逐步深入到实践的重要性和目标设定的合理性。这一系列论述构成了一个由浅入深、由表及里的逻辑链条，体现的是文意的推进和深化。

并列式＋递进式结构

> **境界**
>
> 中心议题：做学问的三个境界。
>
> 分论点1：第一种境界："昨夜西风凋碧树，独上高楼，望尽天涯路。"做学问往往是一项孤独的事业，需要具备超然的、不被外界干扰的心态，长远的目标和坚定的信念。
>
> 分论点2：第二种境界："衣带渐宽终不悔，为伊消得人憔悴。"做学问也是一项艰巨的事业，为了有所成就，必须要有执着和专注的劲头，有付出的决心和一往无前的勇气。
>
> 分论点3：第三种境界："众里寻他千百度。蓦然回首，那人却在，灯火阑珊处。"做学问的过程是曲折的，但只要持之以恒、不断努力，总能迎来发现真理的喜悦和欣喜。
>
> 我认为，这三种境界是不分高下的，它们之间，不是孰优孰劣的关系，而是前后相继的关系。第一种境界是基础，需要具备超然的心态和长远的目标；第二种境界是进阶，需要具备执着和专注的劲头；第三种境界是升华，需要持之以恒、不断努力。一个人不能跨越第一个境界，直接抵达第三个境界。只有脚踏实地，一步一个脚印地向着这三种境界不懈努力，才能真正在治学之路上，有所收获，有所成长。

这篇文章的结构是"先并列，后递进"，先列出三种境界，在此基础上，进一步讨论"三种境界的价值"，再讨论"三种境界的关系"，然后亮出取舍与选择，虽然看上去像是一个"并列式"文章，但文意也是一步步在推进和深化的，所以它并不单属于"并列式"文章，也应属于"递进式"文章。

人们常说，议论文的写作是一种"定体虽无，大体则有"的写作。所以，有同学一直相信，议论文有什么结构模板。比如引议联结、起承转合，比如并列式、递进式、破立式、总分式等。但这些其实都只是形式上的划分罢了。

我们不如换个思路，关注议论文写作的本质：在议论文写作的过程中，需要运用界定、概括、分类、对比、归纳、演绎等思维能力，围绕"核心概念"，沿着由"事例—现象—观点—道理—规律"的思维路径，环环相扣、层层递进地写作。因此，我们的写作体现在文章的结构上，从本质上看，就只有一种结构：由小到大、由浅入深、由横到纵、由虚到实、由形象到抽象、由具体到一般、由表象到实质的"推进式"。

推进式议论段

> "归去来兮，田园将芜胡不归？"一声长啸之后，陶渊明毅然做出了归隐的决定。在柴桑，他"晨兴理荒秽，带月荷锄归"，写下了一个挥之不去的田园梦。在黑暗的魏晋时代，陶渊明无疑是孤独的，但在文学的世界中，陶渊明却并不寂寞：萧统忘不了他的田园梦，白居易忘不了他的田园梦，苏东坡也忘不了他的田园梦。他们肯定五柳先生的价值，他们传颂五柳先生的作品，他们拿起笔来，写下了一系列与之千古酬唱的文章与诗作。就这样，田园，一个在陶渊明笔下反复出现的文学主题，经由一代代中国文人的努力，最终成了中国文学史上的经典母题。

逻辑链条

《归去来兮辞》这一作品中的陶渊明 → 魏晋时代里的陶渊明 → 文学世界里的陶渊明 → 后人精神世界中的陶渊明 → 中国文学史上的陶渊明。

如何写出"推进式"文章

【考场实例1】 感受雨（2024·北京石景山高三一模）

"有些人能感受雨，其他人则只是被淋湿。"

对这句话你有怎样的思考？请自选角度，自拟题目，写一篇议论文。

周昊哲学长的思考路径

首先，面对这样抽象的、文学化的题目，我会把它放入自己的生活场景辅助理解。2023年在高三开学考试后下了不小的雨，由于我着急回家，所以没有在校门口等学校提供的雨伞，骑行的路上，我观察着路面、树叶、屋檐上流动的雨水、激起的水花，反而感觉雨中骑行别有一番情调。回到家中，我的家人却说："这么大雨，你怎么不等等学校的雨具啊？！"当时我就在想：要不是这一次雨中骑行，我考试后的坏情绪怎能这么快消失呢？

这个真实的经历让我明白：也许生活中所谓的"坏情绪""坏事""坏消

息"的"坏"都值得再深入思考——会不会只是我没有能力感受"坏"中"好"的部分？

接着，我进入了把感性的体验理论化的环节：我积累过"积极心理学"的相关素材，知道其中关于"积极人格特质"的相关研究就和本题有关，如果一个人具备"积极人格特质"，那么他就愿意并且有能力看到"坏"中"好"的一面。

思路进行至此，我获得了一个备选的题目《从枯枝败叶中长出花朵》。枯枝败叶象征着一切看似很糟糕但实则内含营养的事物，花朵象征着我们获得的美好体验或启示。

自然界中，枯枝败叶是重要的有机质来源，分解后会释放大量营养物质供植物生长，我想，这样的自然现象应该是可以被我拿过来类比人生成长的。顺着这个思路想，我发现曹操和袁绍对待战败的态度就是我绝佳的作文素材，前者不仅自己总结战败经验，还亲自安抚将士情绪；后者则直接被气得吐血而亡，自然，二人的最终成就也是截然不同的。

最后，如果用一段话总结，那就是：枯枝败叶中也有可以滋养花朵的营养，我们眼中的"糟糕"只是因为我们没有意识和能力发现其中的"精彩"，人生幸福与否，并不取决于任何看得见、摸得着的事物，而是取决于我们对万事万物的态度。

【考场实例2】 续航（2023·北京卷）

> "续航"一词，原指连续航行，今天在使用中被赋予了新的含义，如为青春续航、科技为经济发展续航等。
>
> 请以"续航"为题目，写一篇议论文。
>
> 要求：论点明确，论据充实，论证合理；语言流畅，书写清晰。

周昊哲学长的思考路径

"续航"是一个短小的词语,我会先将这个词语放入一个熟悉的语境辅助理解,比如手机的电池续航能力、电动汽车的电池续航能力、船只的续航能力。接着,我关注了题目中的这句话"今天在使用中被赋予了新的含义",所以我的任务是:重新给出"续航"这个概念的界定,并把"续航"这个概念放入今天的一个领域或一个方面去构思行文。基于我自己的素材积累偏好,以及题目本身的话题偏好,我选择的是"为中华文明续航",接下来,我会简单讨论"为中华文明续航"的重要性,用"可能遇到的时代挑战"作为文章层次的递进方式,自然过渡到"如何应对挑战,给出我们新时代青年的答卷"。

最后用一句话总结:依托上下五千年中华文化,把握中华文明坚韧的特点,承担我们这一代人传承发扬中华文明的使命,让中华文明在充满不确定性的国内国际环境中永续发展。

【考场实例3】 一花独放与百花齐放(2023·全国乙卷)

> 吹灭别人的灯,并不会让自己更加光明;阻挡别人的路,也不会让自己行得更远。"一花独放不是春,百花齐放春满园。"如果世界上只有一种花朵,就算这种花朵再美,那也是单调的。
>
> 以上两则材料出自习近平总书记的讲话,以生动形象的语言说出了普遍的道理。请据此写一篇文章,体现你的认识与思考。

周昊哲学长的思考路径

对于这种内容十分具有文学性的材料,我要先去"文学化"地转述一下基本意思。"吹灭别人的灯,并不会让自己更加光明;阻挡别人的路,也不会让自己行得更远"这句话的意思是：我们不应该也不可能用打击异己、排除异己的方式获得自己的良好发展。"'一花独放不是春，百花齐放春满园。'如果世界上只有一种花朵，就算这种花朵再美，那也是单调的。"这句话的意思是：只有坚持道路、制度、文化等方面的多样性，才能让世界更美好。

由于"多样性"这个话题太过于宽泛，所以我选择把它限定在一个领域内：文化多样性。不是说用各个领域的素材谈"多样性"不可以，而是因为考场的时间有限，更适合聚焦在某一个领域深入讨论，展现自己的思维品质：一家独大，只有一家的美，不会有"美美与共"的效果。费孝通说："各美其美，美人之美，美美与共，天下大同。""各美其美"强调每个民族的文化都有其独到之处，对于我们而言，首先要理解并认同本国的优秀文化。舞蹈家林怀民设计舞蹈动作力避大跳，因为那是西方芭蕾舞的特色，而从中国太极拳架吸取养分，形成圆融自然、刚柔并济的独特风格。"美人之美"提倡对其他民族的文化保持尊重和交流的态度。沈绣是苏州刺绣流派的一支，它的独特之处是常以西洋油画的人物肖像和风景为绣稿，吸收其用光用色的技法，融入中国的刺绣技法之中，使得作品的立体感更强。"美美与共"进一步强调了文化多样性的重要性。以建筑风格为例，中国有宫殿和庭院，印度有寺庙和堡垒，埃及有金字塔和神庙……正是它们共同形成了世界文化多样性的大花园，以此论证文化上我们要坚持维护多元化和多样性。

【考场实例4】 说国潮（2023·北京东城高三二模）

近年来，带有中国元素的设计日渐成为潮流：复古精致的中式糕点深受大众喜爱，中国自有品牌的运动装备在奥运赛场上频频亮相，中国航空航天文创热销海内外……

对此你有怎样的看法？请以"说国潮"为题目，写一篇议论文。

要求：论点明确，论据充实，论证合理；语言流畅，书写清晰。

例文展示

说国潮

四中某学长

随着人们审美观念的发展，设计的时尚潮流是不断嬗变的。近年来，一种"国潮"日益受到关注：从冬奥队服一抹中国红闪耀世界，到制式西服上的山水剪裁以及热销海内外的航空航天文创，中国元素日渐成为潮流。

国潮从何而起？其不同于经济学上对流行的常规界定，国潮商品并非稀缺，中国元素也并不是前所未有的新鲜事物，国潮背后本质上是国力增强带来的文化自信。当文化自信达到一定发展程度后，人们逐渐认识到并非"事事都是西方好"，进而寻求更具中国民族文化特色的商品。从这个角度看，国潮可谓应运而生。

依据国潮产生的背景，不难看出，国潮可以带来文化传承传播以及经济效益的"双丰收"。从文化效益上看，大到融"飞天"之姿于钢筋水泥的大跳台，向世界展现敦煌艺术的瑰丽典雅；小到我们自己购买的文创产品，已足以让我们记住一段诗文或一种技法。从经济效益上看，比亚迪以"秦""汉"命名汽车系列，其所蕴含的盛世之自豪感激发了人们的消费欲望。由此观之，推动国潮继续掀起波浪，势在必行。

值得注意的是，在这股国潮之中，也有一些只求收益的低劣产品。譬如说，一些商家将中国元素干硬堆砌，既谈不上与中国文化存在关联，更找不出有什么深层文化内涵，如此设计，岂不是只会冲淡大众追随国潮的热情，反而形成阻力吗？面对这样的问题，更提醒我们探索国潮的良性发展模式。

首先是赋予国潮商品更深层的文化内涵。随着消费观念的升级，有时人们买商品不如说是买理念。国潮这种情怀驱动的流行更是如此。人们购买莲花纹实木柜，并不是认为花纹多么出众，而是想以芙蓉为居室添一分清雅；人们购买"竹林七贤"相关文创，不求装饰效果和使用功能多么突出，而多为对魏晋风骨的心驰神往。国潮徒有形，是不能满足大众需求的。

随着国潮产业进一步发展，应发挥超前思维，推动其对文化的呈现专业化，从而满足大众日益提升的审美需求。在接触一些国潮产品后，民众对文化产品的审美能力也会相应提升，产生对更高品质产品的需求。将国潮产业专业化，方可引领合乎新需要的新潮流，推动商家与消费者之间相互促进的良性循环。

今天，国潮的发展令人可喜。不过，切莫让这股浪潮消失在岸边，应力图促进国潮的良性发展，为新时代中国式现代化带来更多光彩。

逻辑链条

中国元素日渐成为潮流 → 这样的现象背后，是日渐强大的文化自信 → 国潮兴起的价值在于，它会带来文化和经济双层效益 → 在看到好处的同时，也要警惕只追求利益的劣质产品 → 因此，我们必须探索国潮的良性发展模式，包括赋予国潮商品更深层的文化内涵和发挥超前思维，满足大众日益提升的审美需求，以推动国潮产业的专业化发展。

【考场实例5】 互联网·人工智能·问题（2024·新课标I卷）

> 随着互联网的普及、人工智能的应用，越来越多的问题能很快得到答案。那么，我们的问题是否会越来越少？
>
> 以上材料引发了你怎样的联想和思考？请写一篇文章。
>
> 要求：选准角度，确定立意，明确文体，自拟标题；不要套作，不得抄袭；不得泄露个人信息；不少于800字。

例文展示

人类第一，问题第二，技术第三

周昊哲

三百万年以前，现代人类的祖先们学会了用石头作为探索外部世界的工具；三百万年过去了，认知边界的拓宽使得问题呈指数级增多，于是我们找到了比石头更为高效的探索工具——搜索引擎与人工智能。然而，工具的升级是否意味着问题的减少？我不这么认为。在我看来，新技术带来的新工具并不必然减少问题的数量，而是带来探索世界的新方式。

问题是发展的线索，我们能从人类不同时期所面临的问题窥探其文明发展的进程。石器时代的人类需要考虑的问题只有一个：如何让自己的族群生存延续下去。随着经济的发展与技术的进步，我们历经了上千年的王朝更迭，也经历了残酷的近代战争，我们考虑的问题已经不仅是"能不能生存下去"，而是"如何能更好地生活下去"，我们希望探索生活与人生的多种可能性。于是，像互联网与人工智能等一系列新技术与新工具便应运而生，这在一定程度上满足了我们人类更高阶、更多元化的需求，也促进了人类文明的进一步发展。

新技术的进步促使了工具的升级，本质上是生产力的不断解放，它不必然带来问题数量的减少，但会带来问题层次的升维。进入互联网时代之前，如果我们想要与他人社交，那么就必须走出家门；如果我们想要找一份工作，那么就必须阅读报纸上刊登的广告；如果我们想要去一个陌生的地方，那么就必须随身携带地图。进入互联网时代之后，上述问题并没有消失，而是转化为了：如何使用微信、如何使用BOSS直聘、如何使用高德地图。就算是人工智能大语言模型来了，我们的问题也没有减少，只是转化为了：如何使用AI虚拟陪伴、如何使用AI模拟面试、如何使用AI规划行程。由此可见，互联网与人工智能的真正作用是给人们的生活带来问题的升维，从而引导我们的思考升维，探索并获得更便捷、高效、个性化的解决方案，推动人类文明进程的发展。

有人说：手机的兴起打造了一批"手机奴"，尤其是让很多青少年群体受害，那将来如果孩子们都变成了"AI奴"，无论干什么都依赖AI回答，那岂不是祸患无穷！其实这样的担忧也不无道理，马克思在《1844年经济学哲学手稿》中提到了"异化"一词，即人类被自己所创造的东西控制甚至奴役，在谈论如人工智能一样的新技术与新工具时，我们确实有必要思考如何正确利用它们。

对于像这样的"新时代烦恼"，我的观点是：我们谁也无法（更不应该）阻挡技术与工具的迭代更新，因为这是与人类社会历史发展规律作对；我们可以在认知上和行动上做足准备，始终在心中坚守人类主体性不变，坚持AI的工具属性不变，并以人类智慧掌控整体性、全局性任务，以AI技术完成局部性、重复性工作，让局部提效带来全局发展，从而让新技术与新工具辅助我们更好地探索未知世界。

爱因斯坦说："提出一个问题往往比解决一个问题更重要。"人类文明的发展正寓于新问题的"发现—解决—再发现"之中，所以，我们与其纠结于AI能否减少问题，找寻确定性的答案，不如一直走在探索的路上，这才是我们迎接未来的最好姿态。

逻辑链条

人类历史中，技术的进步带来了工具的升级，但并不意味着问题的减少，而是带来了探索世界的新方式 → 首先，我们要明白"问题"对于我们人类意味着什么 → 仔细辨析后发现，技术的进步确实会对我们能遇到的问题带来影响，但并不在"数量"，而在于"维度" → 新技术的产生和应用也不全是有益的，我们应该思考如何正确利用它们，从而避免被"异化" → 具体应该如何正确利用呢？那就是：一以贯之坚持"人类主体性"的原则 → 更进一步，我们对待问题的底层认识可能有问题：不要老想着完全解决问题，也不要总把问题当敌人，我们应该学会与不确定性共存，并保持探索的姿态，积极迎接未来。

【考场实例6】 知道（2023·北京四中高一期末作文训练）

> 知道：对于事实或道理有认识（《现代汉语词典》）。这个释义读起来颇耐人寻味。在使用这个词语的时候，我们究竟对言及的对象有怎样的认识？有多深刻的思考呢？
>
> 请根据上述文字，以"知道"为题，写一篇议论文，诗歌除外。
>
> 要求：字数不少于800字。

例文展示

知　道

四中学长 尤睿祺

两千多年前的原野上，一位老者骑着青牛，悠然来到函谷关。眼看他马上要离去，关令尹喜忍不住请求："归隐前，您为人们留下一本书吧！"道家学说随之产生。老子无疑是最早的"知道"者，但即便这样一位智者，提笔的时候也首先坦言："道可道，非常道。"

这个记载在《史记》中的故事让我们意识到：真正的道理，或许是我们穷尽一生也无法"知道"的。事实上，就连生活中的任何一件事，我们都难以取得全面而客观的认知。那么，对"知道"的追求是否因此就失去了价值与意义？

尽管"道"就像在水一方的伊人，但对知道的追求其实同样是反躬自省，拓宽思维之海的深度与广度的过程。古人讲"格物致知，诚意正心"，对何为忠义仁爱的哲学思辨最终归于自身道德观念的明晰和深化。王阳明格竹，在对自然的探求中寻到了心学的无限智慧。

不局限于知"道"过程中对哲思的深化，对自然科学的探索，同样用理性武装起了原本无知的人类。阿基米德从浴盆里一跃而起，在街上高呼着："我知道了！"即便一个浮力定理离世界的"真理"差得还远，但那一声至今回荡在我们耳畔的惊呼昭示着：即便一个人知道的道理看起来再微不足道，也足以让后世的人们少一些对未知的无措与惊慌。

可惜，对个人成长的文明进化意义如此深远的"知道"，在新的时代却被赋予了这样的含义——"知道"已经成为形容我们对爆火的抖音视频、微博八卦等消息蜻蜓点水般的了解。基于这样的了解，一大批看客集聚在互联网上，肆意发表言论。因为知道得太轻易，太迅速，导致网络舆论的环境越来越差，甚至导致无辜的人因为网络语言的暴力而遭受人生的悲剧。

近日在一女大学生发文怒斥农民工偷拍自己的事件中，上网围观的群众大多像是知道了事件的来龙去脉似的，对农民工大肆辱骂抨击，直到事件反转，人们才恍然意识到，他们只是自以为是地宣泄了怒火，只是在自己无所不知的错觉中暴露了个人的愚昧和无知，残忍地对他人施加着伤害。

有的人致力于追求探寻智慧和真理，他们求道、知道，崇高而伟大；有的人却只留恋于爆炸性信息的感官刺激和围观评论时的满足，他们，渺小而浅薄。前者为曾经迷茫着也至今迷茫着的人类文明，点亮了一盏盏明灯，后者却在无心之中，成了网络时代不可原谅的、残忍的、愚蠢的、狭隘的施暴者。

青牛悠然地漫步在蕴藏着无限智慧和道理的原野上，驮着那位最早的"知道者"向远方缓缓行进。尽管双目微合，但从天边舒卷的白云到远方袅袅炊烟都已经被他尽收眼底，于心中汇聚成自然万物运行之天理。

越是在如今这样一个时代，我越是向往那个青牛所走向的远方。

逻辑链条

真正的"知道"也许我们终其一生都无法达到，但求知的过程也是有意义的 → 求知的过程能启发哲思并提升认知 → 网络信息降低了获取信息的难度，降低了"知道"的成本，这间接地让人们懒于独立思考，引发了各种网络暴力和舆论风波 → 我们应该向骑青牛出关的老子学习，用心思考，踏实求知。

第五章
如何积累素材

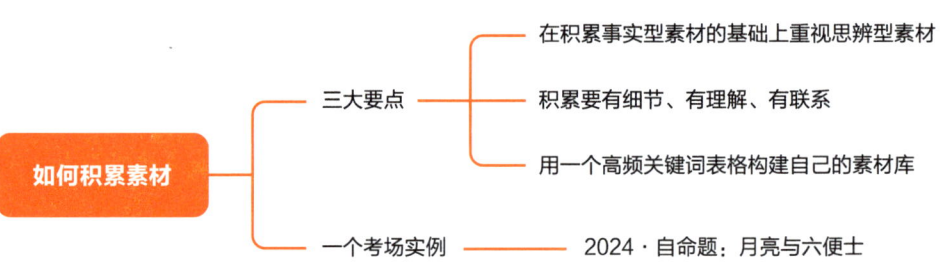

在积累事实型素材的基础上重视思辨型素材

大家可能都知道，素材积累是学习议论文写作过程中的必要环节，应该重视。不过，从实际情况来看，应用时往往会出现以下三种问题：

① 素材太少，考场上总是感觉例子太单薄，不够用；
② 无法做到一材多用，考场上无法成功迁移旧素材；
③ 素材不能很好地支撑文章论点，说服力大打折扣。

为了解决这些问题，我们需要在掌握事实型素材的基础上，重视对思辨型素材的积累。

1. 事实型素材

【素材1】

南北朝刘义庆《世说新语》：桓公少与殷侯齐名，常有竞心。桓问殷："卿何如我?"殷云:"我与我周旋久,宁作我。"

【素材2】

在20世纪初的南极点竞赛中,挪威探险家罗阿尔德·阿蒙森与英国探险家罗伯特·斯科特展开了激烈角逐。1910年10月19日,阿蒙森带领一支五人小队正式开始向南极点冲刺。此前,阿蒙森团队在途中设立了位置精准的三个补给站,储备了3吨的物资(斯科特团队储备了1吨)。他们选择了适应极地环境的爱斯基摩犬而非矮种马(斯科特团队的选择)作为运输工具。此外,阿蒙森团队每日至少行进30公里,并严格执行了这一计划。1911年12月14日,阿蒙森团队成功抵达目的地,并在那里插上了挪威国旗。与此同时,斯科特队伍虽然也踏上了征途,但由于马匹和机动雪橇在恶劣条件下难以发挥作用,再加上补给不足等原因,最终落败,于1912年1月18日抵达南极点。除此之外,更为遗憾的是,在返程中,由于在物资短缺的情况下遭遇了极端天气,斯科特团队最终全员遇难。

2. 思辨型素材

【素材3】

南北朝时,桓公与殷侯都名重当世。殷侯知道桓公总想超越他,但他说:"我与我周旋久,宁作我。"与其与他人争胜负,不如追求更高阶的自我;圣人孔子同样是在"反求诸己"的自我超越中,成为后世的学习楷模、道德楷模、人生楷模。综上所述,唯有以战胜自我的心态立于世间,才能真正做到发展自己。

【素材4】

在征服南极的竞赛中,斯科特当然是一个失败者。不得不说,阿蒙森的准备工作确实比他充分得多。出发前,阿蒙森就做了详细的调查和计划,他效法爱斯基摩人,用爱斯基摩犬作为动力;而斯科特得知阿蒙森将要出发之后才仓促动身,选用的还是不适应南极环境的西伯利亚矮种马,而且途中还有一箱食物发霉了——这在探险中是致命的疏忽……于是，阿蒙森成为踏上南极点的第一人，而斯科特最终命丧归途。这是两位极地探险家带给我们的第一个启示：凡事做好充分的准备，特别是留出余量和空间，才能提高成功的概率。除此之外，斯科特和阿蒙森还有一个最大的区别。不管天气好坏，阿蒙森坚持每天前进三十公里。相反，斯科特就比较随心所欲了。天气好就走他个四五十公里甚至六十公里，天气不好的时候，就睡在帐篷里，吃点东西，吐槽一下恶劣的天气，然后寄希望于尽快转晴。这是两位极地探险家带给我们的第二个启示：成功是长期持续努力、每天进步一点点的结果，而不是毕其功于一役之后的收获。无论外部环境如何，不管自身运气好坏，不怨天尤人，稳定地保持前进的状态，这才是更为关键的成功秘诀。

事实型素材通常只包含具体的事件、人物、地点等客观信息；思辨型素材则还涉及对事实的分析、解释和评价，包含着观点、推论和结论等。比如，素材 3 就在事实的基础上进行了扩展和深化，不仅对桓公与殷侯的故事内容进行了概述，还加入了对孔子"反求诸己"思想的引述，并提出了一个普遍性的结论：做人应以战胜自我为立世之本、发展之基。素材 4 则增加了对两位探险家准备工作的比较、探险策略的分析以及从中提炼出的启示等内容。

要在掌握事实型素材的基础上，重视对思辨型素材的积累，即至少使用了一种论证方式的、体现了一个完整思考过程的论证语段，原因是，积累事实型素材时，调动的是记忆能力，所以素材常常容易被遗忘；而积累思辨型素材时，调动的是理解能力，所以素材可以长时间储存在大脑中。可供调用的思辨型素材越丰富、充分，也就越能够提高考场成文的速度。

积累要有细节、有理解、有联系

"三有法则"（有细节、有理解、有联系），不仅是一个素材积累策略，还是一个素材整理策略。坚持"三有法则"，既能够帮助我们获得优质素材，还能够最大程度地对素材进行归类、收纳、整合。

1. 有细节

【素材 5】

孟德尔躬身致力研究植物遗传变异的问题，推动了遗传学、农业等多领域的发展与进步，为后世提供了更多参考和借鉴。

【素材 6】

孟德尔通过分辨豌豆藤须研究高矮性状的遗传变异问题，提出了遗传学的三大基本定律，为现代遗传学提供理论基础，极大提高了农作物的产量与抗病性，也对现代生物科学研究方法提供了系统化的参考。

素材 5 更概括，素材 6 更具体，即包含了更多的细节。事实型素材中的细节越多，其适用的作文题目也就越多，一材多用也就更容易实现。

2. 有理解

【素材 7】
孙子兵法主张先以正和后以奇胜；魏延献五千精兵出子午谷直捣长安之计，孔明不用。

【素材 8】
孙子兵法主张先以正和后以奇胜；魏延献五千精兵出子午谷直捣长安之计，孔明不用。这是因为置精兵于险地，赌胜率于万一，胜则难以为继，败则动摇根基，非良策也。临危受难之际，风险最小化往往比收益最大化更重要，人生一定要先谋不败而后求胜。

素材 7 仅陈述了孙子兵法的原则和孔明未采纳魏延计策的事实，而素材 8 则进一步阐述了孔明不采纳该计策的原因，即认为该计策风险过大，可能导致根基动摇，强调了在面对风险时，应优先考虑稳固基础、确保不败，然后再寻求胜利的战争策略，并从中总结出了"先谋不败而后求胜"的人生道理。

3. 有联系

实际上，只要再追问三个问题，思辨型素材还能得到进一步的深化和扩展：

① 这个事情说明了一个什么道理？
② 这个道理还能推广到哪些领域？
③ 哪些事例能佐证我的这一判断？

以素材 4 为例：

回答问题 1	回答问题 2	回答问题 3
在绝大多数领域中，成功都不是一蹴而就的事，靠的都是水滴石穿的功夫。	① 学习生活 ② 军事战略 ③ 商业思维 ④ 个人成长	① 明代胡居仁讲求学，"苟有恒何必三更眠五更起；最无益莫过一日曝十日寒"。 ② 清朝曾国藩讲打仗，"结硬寨，打呆仗"，"下日日不断之功"。 ③ 通过对美国两万多家公司长达九年的研究，管理学家吉姆·柯林斯在《选择卓越》一书中提出：在商业领域中，在公司发展中起到重要作用的，是稳定性的、持续的长期努力，而不是跳跃式、间歇性的努力。美团创始人王兴也一样深刻地意识到了这个道理。正因如此，从团购起家到不断开展新业务，餐饮外卖、酒店旅游、打车服务……即使面临着激烈的市场竞争，美团始终秉持着"日行 30 公里"的理念，一路探索新的增长点并持续迭代运营策略，终于成为现在的行业佼佼者。 ④ 没有过去每天六十秒语音的死磕精神，也就没有得到 app；没有"时间的朋友"跨年演讲，也就没有今天的罗振宇。

大家可以将属于同一话题下的素材积累到一起，类似于电脑操作里的"给文件打包"，让它们以后组团出现，方便知一推三，这会大大提高我们现场写作文理解题意并输出有序的作文思路的效率。

要点三

用一个高频关键词表格
构建自己的素材库

写好考场作文，固然需要在平时下功夫，但有没有什么方法，能够提高素材积累的针对性，建立其序列性，从而增加学习的有效性和收获的稳定性呢？事实上，对个体而言，无论是起步阶段还是冲刺阶段，把所有高考作文真题逐一写上一遍，都不是一项经济的、科学的写作策略。相反，有限的精力应该放在对高频概念词的打磨上，因为它们常常适用于绝大部分的题目。

"啊！这次的作文题《自洽》，不正好能用上之前我围绕关键词'定位'积累的素材吗？"每到冲刺阶段，写作文得心应手的同学常常会有这样胸有成竹的感觉，其原因也正在于此。

当然，不少同学经常会遇到这样的困难："可我也不知道哪些是高频词啊，这怎么办呢？"

为此，本书结合课标和考试对学生的发展、能力要求，从历年真题中归纳、提炼出了下面这些概念（概念关系）组成的关键词（词组）。

大家既可以围绕着这些关键词（词组），循序渐进地积累素材，也可以在积累达到一定程度后，围绕关键词进一步展开概念辨析、关系讨论、片段练习、文章写作。

一元思辨	规则	游戏	英雄	品味	时机	信念	困境	热点	希望	基础	内耗	付出
	反抗	运气	定位	答案	拒绝	回响	噪声	种子	盲目	距离	平凡	习惯
	坚守	学习	价值	品牌	多元	青春	突破	底色	背诵	竞技	向往	磨砺
	未知	冒险	等待	勇气	诗意	目标	细节	热爱	改变	落差	底线	评价
	起点	好奇	规矩	过时	快乐	限度	互助	独立	反思	阅读	自我	同行

二元思辨	美与丑	本与末	对与好	远与近	冷与热	曲与直	进与退
	快与慢	动与静	得与失	爱与忧	学与思	前与后	胜与败
	时与变	和与同	新与旧	名与实	古与今	虚与实	长与常
	浓与淡	选择与努力	获得与失去	常识与共识	固本与求新		
	长期与短期	结束与开始	有用与无用	选择与努力	务虚与务实		
	作文与做人	过程与结果	偶然与必然	合情与合理	行动与心动		
	高手与对手	自律与他律	理性与感性	个性与共性	多数与少数		
	继承与创新	失败与成功	虚拟与现实	时代与个人	前浪与后浪		
	文学与科技	边缘与中心	局部与整体	无悔与无畏	爱人与爱己		
	观往与知来	有限与无限	竞争与合作	求知与求富	理想与现实		
	自由与约束	感受与思考	速朽与不朽	必要与重要	坚持与放弃		
	已知与未知	简单与复杂	中国与青年	他们与我们	小我与大我		
	光明与阴影	瞬间与永恒	经典与流行	自由与规则	一步与一生		
	距离与联系	模仿与创造	自律与自由	仪式与形式	相信与怀疑		
	人性与神性	高处与远处	起点与终点	本我与超我	快乐与幸福		

三元思辨	时间	科技	文明	人	技术	时间	困境	逆境	绝境
	正确	幸福	成功	中国	世界	我们	俯视	仰视	平视
	智慧	工具	时代	过去	现在	未来	见自己	见天地	见众生

另外,需要提示大家的是,这张关键词表并非一个一成不变的工具。在实际的应用当中,完全可以根据关键词灵活变动、自由组合。你可以根据自己的理解,将

一元思辨中的单个关键词联系起来，组成全新的关键词组，然后进行辨析和写作训练，比如将"多元""青春""困境""希望""互助""独立"等建立联系，生成"多元与青春""困境与希望""互助与独立"。另外，你还可以结合某些文字材料，对关键词（组）进行适度的转化。比如，"理想和现实"在实际写作中，完全可以转化为"月亮与六便士"。

【考场实例】 月亮与六便士（2024·自命题）

> 《月亮和六便士》是英国作家毛姆的经典小说，讲述了一个证券经纪人毅然放弃伦敦的优渥美满生活，去偏僻原始的南太平洋海岛上追求艺术梦想的故事。"我们都在低头捡六便士，却忘了抬头看看天上的月亮"，是作者对资本主义社会重利益、轻理想的声讨。
>
> 《若月亮没来》是2024年传唱度颇高的一首流行歌曲。其中的"月亮月亮啊你不懂，六便士到底多重""若是月亮还没来，路灯也可照窗台"等歌词流传开来之后，打动了不少年轻人的心。
>
> 请以"月亮与六便士"为题目，完成一篇文章。

如此一来，你就可以在这个通用版素材库的基础上，打造出一个个性的、全面的关键词库，以辅助自己构建素材积累的体系，并形成一条个性化的作文训练路径。

最后，推荐大家按照"围绕1个关键词—积累3个素材—写作1个议论文段"的步骤进行练习，一边拓展自己的素材库，一边在实际运用中锻炼和提升写作能力，具体示例如下。

关键词	
素材 1	
素材 2	
素材 3	

议论文段（200~300 字即可，以说清基本意思为最终标准）：

第六章

如何论证

```
如何论证 ─┬─ 要点 ── 运用界定、举例、概括、限定、辨析、分类等思维方法进行论证的十六种策略，能够切实、有效地提升一篇文章议论的深度、广度和丰富度，增加论证的严谨性和充分性，提高论证的说服力和感染力。熟练组合、嵌套这些思维方法，形成固定的思维模式，就是议论文写作的核心能力和底层逻辑
         │
         └─ 考场实例 ── 在考场实例中学会十六种论证策略的应用方法，增强语感，提升写作能力
```

要点一

界 定

写作中的界定,也叫"下定义",指的是写作者在破题环节中,以准确、简明的语言,点明一篇文章中所论关键词语的特点,说清所论关键词语的含义。正所谓"无界定,不论证",界定是写作者本人对题目关键词的关键特征及适用范围的认识与理解,是说理和议论的前提和基础,其重要性再怎么强调都不过分。议论文写作中的界定有三种方法。

1. 内涵定义

学习,是通过各种途径,获取知识与技能的过程。

如上对"学习"这个概念的界定就叫内涵定义,内涵定义也可以叫作"属加种差定义",强调的是一个概念的内涵以及其所属的范围。

2. 例举定义

快乐是阅读一本好书时的充实,快乐是完成一项挑战后的欣悦,快乐是不断进步时的满足。

如上对"快乐"这个概念的界定就叫例举定义,例举定义也可以叫作"外延定义",是用所举具体事例对概念进行定义的一种方法。

3. 语词定义

所谓进步,也可以称为人的升级与迭代,当一个人在学业上取得了比以往更好的成绩,在能力上获得比以往更大的提高时,我们就可以说,这个人,他进步了。

如上对"进步"这个概念的定义就叫语词定义,语词定义是对词语本身的分析、研究,往往涉及该词语的性质、特点、意义、用法等。

写作议论文时,我们可以根据需要,综合使用上述三种方法进行界定:

> 快乐是一种美好的情感体验。快乐既可以是阅读一本好书时的充实,也可以是完成一项挑战后的欣悦,还可以是不断学习、进步时的酣畅。快乐往往来自期待的实现,因此是一种更为持久、更为稳定的喜悦。快乐也常常与安定、舒适、满足等感觉相伴而生。当我们想到生命当中那些美好的事物、意外的好运和心爱的人时,那涌上心头的,就是快乐。

【考场实例1】 一件一件来(2024·北京朝阳高三期末)

> 检测分析、进行矫形、测算残缺部分……面对上万件等待修复的新出土文物,三星堆博物馆的文物修复师们凝神屏息、不急不躁,秉持"一件一件来,久久为功"的精神,努力做好修复工作。"一件一件来"的背后,是深厚的历史智慧,清晰揭示出重要的成事之道:"要实实在在干,干一件是一件,干一件成一件。"
>
> 请以"一件一件来"为题目,写一篇议论文。
>
> 要求:论点明确,论据充实,论证合理;语言流畅,书写清晰。

【包含内涵定义的文段】

"一件一件来"是一种面对大量、复杂任务时逐个击破的工作方法，强调的是化整为零，以小成大，即以耐心、专注、认真、细致确保每一步、每件事都做扎实，就能积累成最终的成功。"一件一件来"同时也是一种沉稳而坚定的做事态度，无论任务多么艰巨，都保持清醒，不急于求成，将宏大的目标拆解为若干个具体可行的步骤，脚踏实地、逐一攻克。

【包含语词定义的文段】

"一件一件来"这句话简洁明了、通俗易懂，是对"欲速则不达"这一古训的当代诠释。我们不难从中领会到一种不急不躁、持之以恒的做事态度和这一态度中蕴含的对事物发展规律的深刻理解与尊重："无论面对多么艰巨的任务，只要专心实干，就能够取得最后的胜利。"

【考场实例2】 续航（2023·北京卷）

"续航"一词，原指连续航行，今天在使用中被赋予了新的含义，如为青春续航、科技为经济发展续航等。

请以"续航"为题目，写一篇议论文。

【包含内涵定义的文段】

续，即延续；航，即前行。所谓续航，就是要在已经出海航行的基础上，持续不断地前行。然而，在今天，"续航"一词早已超越了其最初作为连续航行的含义，在更广泛的领域中，寓意着持续不断的前进动力。个人乃至整个社会在面对挑战与变革时所展现出的持续创新能力、顽强拼搏精神和不断优化升级的能力，都在为个人和社会的进步和发展"续航"。

【考场实例3】 被需要（2018·上海卷）

> 生活中，人们不仅关注自身的需要，也时常渴望被他人需要，以体现自己的价值，这"被需要"的心态普遍存在。
>
> 对此你有怎样的认识？请写一篇文章，谈谈你的思考。

【包含内涵定义的文段】

被需要，简而言之，是指因感受到他人的依赖、期待、请求之后而产生的一种被重视、被认可的心理状态。家庭中，父母对孩子的悉心照顾与教育，往往源自他们被孩子需要的幸福感受；志愿者和慈善家无私奉献的背后，也常常离不开"被需要"带来的满足。然而，仅仅是被他人需要，为什么能成为持续奉献自我的驱动力？为什么人们竟然如此需要被他人需要？在我看来，其原因正在于，"被需要"的感受，是人们自我价值感的体现和强化。

议论文写作中，界定重要且必要。这是因为，如果没有准确的界定，文章就无法清晰、合理地展开。没有更为独特、深刻的界定，文章就很容易出现概念混淆、偏题跑题、人云亦云的问题。但作文题并不是简答题，每个人的说理重点各有侧重，即便是同一个人，在不同的文章中，基于不同写作目的而呈现出来的最终样貌，也绝不会、更不应该完全相同（也正是因为每个人的界定不同，文章才能在考场上分出高下）。因此，界定时只要做到在议论文中"必要"且表达无歧义，能为后面的说理提供合理性和必要性就可以了。

【考场实例4】 说剪裁（2024·北京西城高三一模）

剪裁，本义是缝制衣服时把衣料按照人们需要的尺寸剪断裁开，后来有了新的含义，如园丁剪裁花木、创作者剪裁素材等。有的人提倡剪裁，追求"删繁就简三秋树"；有人看重自然而然，认为"夜来一霎清明雨，万卉千葩胜剪裁"。

请以"说剪裁"为题目，写一篇议论文。

【议论文中的界定文段1】

剪裁，指根据人的目的需要，按照一定的程式标准，删减、规整、重塑一个事物：园丁为了美化将花木剪成特定的形状，校园为了给学生除恶习、扬善习制定一系列规则章程并要求学生依此完善调整自身行为……

【议论文中的界定文段2】

剪裁的对象从古至今不断地发生改变，但不论是布料、花木还是素材，剪裁的目的总是明确地去除多余保留需要，以满足自身需求，但剪裁，非大删大改，方能保持本色。

【议论文中的界定文段3】

剪裁，是一种通过外来加工形式，对原有事物进行削减的过程；不剪裁，则是一种保留事物的全部特征，不加修饰与删改的处理方式。二者于表面反映了对于人工与自然、部分与整体之间追求的矛盾，而于内在则反映了人们的生活方式对人们内心追求的影响。

以上三篇文章中的界定，虽然角度和侧重点不同，但都服务于自己的论说目的，都是优秀的成文范例。

另外，新手通常会听到这样的建议，"要在破题环节，以简明干练的书面语言，在作文的第一段完成界定"。有的同学便产生了疑问："关键词的界定一定、必须在且全部在第一段呈现吗？"当然不是这样。界定应依据文章的整体布局与逻辑需要，灵活安排，而不是僵硬地、死板地固定于文章开头。

宋朝名将岳飞曾经对前辈宗泽说："阵而后战，兵法之常，运用之妙，存乎一心。"（《宋史·岳飞传》）作战如此，作文亦然。写作是一种创作行为。写作可以被训练，但创作不应该被束缚。写什么，如何写，没有一定之规，更没有"非这样不可"的要求。换句话说，在写作中，方法、技巧不是为制约表达而存在的。想法、方法、技巧始终是为表达而服务的。正是因为如此，界定本身完全可以作为分论点的一部分，或者作为文章的主体部分而存在。

最后，我们想提醒大家注意的是：写作界定与词典界定不同。词典定义是一个普遍的、严谨的释义，而写作界定则是写作者认知、见解、情感态度、价值观等各个方面的综合体现。

爱因斯坦对教育的界定，源自他对教育本质的深刻理解——"如果一个人忘掉了他在学校里所学到的每一样东西，那么留下来的就是教育。"（爱因斯坦《论教育》）

而华大集团 CEO、多项罕见病公益计划发起人尹烨对"技术"的界定，既体现了他的远见卓识（将技术视为一种不断进步和发展的力量），也展现了他对科技发展的积极预期和对人类问题解决能力的坚定信心——"所谓技术，就是指过去异想天开，今天勉为其难，而未来习以为常的事情。我坚信，当我们对生命语言越来越理解之后，遗传病中'绝症清单'会越来越少。同时，我们也看到，已知的罕见/遗传疾病已有 8000 种之多，甚至大部分国家对什么是'罕见病'都没有统一的发病率定义。我唯一担心的是，我们都在等着别人，而非自己主动采取行动。"（引自尹烨为蔡磊《相信》一书写的序言《相信相信的力量》）

【考场实例5】 同情心的边界（自命题）

"美术馆着火了，一幅名画和一只猫，只能救一个，你救谁？"这是一个值得辩论的话题。有同学说："这是一道艺术和生命的选择题。"但也有同学说："如果这时候，我们面对的不是一只猫，而是一只蟑螂呢？所以，我们人类对于生命的同情心，边界到底在哪里呢？"

请以"同情心的边界"为话题，完成一个不少于500字的议论文段。

要求：逻辑清晰，表意完整。

例文节选

猫和蟑螂都是生命，但我们面对它们，所产生的同情之心，却有极其显著的不同。这样的区别告诉我们：人类的同情心，正是许多个以自我为圆心的"爱的同心圆"。费孝通先生的《乡土中国》中说中国社会结构的基本特性是基于自我主义所构建的人际关系的差序格局，与之类似，人类的同情心（儒家大约称之为"仁"），也是一个基于自我主义所构建的情感的差序格局。而正是与我相似的程度，影响了人类同情心的边界。

大约也正是因为如此，凡是文学影视作品中出现人与外星人大战的情节时，外星人多是吐出黏液的昆虫类形象；而出现人与外星人相亲相爱的情节时，外星人总是更具有人的外形与情感，比如来自KMT184.05星的都敏俊教授（《来自星星的你》）。

与此同时，人的自我主义又是有相对性和伸缩性的，因此也就使得同情心的边界有了认识上的模糊性与事实上的差异性。正是因为人类的同情心"能放能收，能伸能缩"，所以同情心的边界便成为衡量社会、人心是否文明的标志：越是文明的社会，同情范围也就越大，爱的范围就越大，最大的那个同心圆也就越大，同情的对象也就越多。孟子说："亲亲而仁民，仁民而爱物。"亲、仁、爱

> 的对象，由亲而至于民，由民而至于万事万物，正是不断拓展同情心的边界的表现。而在我看来，接受教育的目的之一，正是要通过学习，尽量破除人类以自我为中心的劣根性，不断在爱的同心圆之外再画上一个更大的同心圆。
>
> 教育，是为了让人变得更文明，让人的同情心的边界更广阔。

"同情心的边界到底在哪里"，这首先是一个关于界定的问题。明确了同情心的边界，也就明确了同情心的内涵和外延，进而也就完成了对同情心的界定。与此同时，这也是一个关于认知、见解、情感态度、价值观的问题：同情心的边界越广大，一个人也就越能对生命葆有爱与尊重。

辨 析

辨析，简单来说，就是通过对事件、概念、观点等进行深入分析和比较，进而发现差异、联系、本质或真伪的思维过程。写作时，可以对意思相近的词语、含义相近的概念进行辨析。辨析可以帮助我们找到一个词语的关键特点，以及词语和词语之间的差异。

学会辨析，多对意思相近的词语、含义相近的概念等进行必要的讨论练习，有利于我们在写作中抓住论述对象的关键特点，提高文字表达的精准度，如：

> **宁静与平静**
>
> 　　宁静是一种不受外界干扰的、心境上的平和，往往和嘈杂、纷扰相对，而平静更强调心态上的平稳与安定，更多的是和动荡、波动相对。

> **成见与偏见**
>
> 　　成见是基于过去的经验、知识或文化背景而形成的固定看法。成见可能正确，也可能错误，但一旦形成，就难以改变。偏见则是错误的观念或歧视性的态

度，偏见既不公正，也不客观。

松弛感与不自律

人需要一点松弛感。但，有松弛感绝不意味着不自律。松弛感是一种轻松的、自在的、随性的、不那么太在意别人评价的状态，而绝非一种缺乏自我约束和自我管理的表现。

卷和努力

"卷"常用来形容一种激烈的竞争状态下，为了获得更好的成绩或职位，而被迫付出更多的努力的状态。而"努力"则强调为了实现目标而拼搏进取，是一种甘心付出的主动追求。

竞争与竞技

竞技，是为了追求卓越的表现和荣誉，体现的是一种积极向上、勇于挑战的精神风貌。而竞争则不然，是为了争夺有限资源或实现特定目标而进行的斗争或较量。

辨析也可以帮助我们在文章中展开论证，根据需要，进行分析与阐释：

坚 守

我们应该审视自己的坚守到底是心之所向，还是单纯的固执。为什么人们赞叹孔子"知其不可而为之"的坚定，却对"不撞南墙不回头"的坚持嗤之以鼻？这是因为二者虽然表面上都在坚守，但其坚守的本质不同。孔子曾与长沮、桀溺、接舆等隐居避世之人有思想上的碰撞，而外界的质疑会带来自我审视——克己复礼，有志入世，这到底正不正确？而孔子在经过思想斗争后做出自己的选择——不与鸟兽同群，知其不可而为之。反观"不撞南墙不回头"的心态，这些人会以坚守之名美化自己内心不够通达的问题，若长此以往，只会遗憾至深。在我看来，前者是勇者行为，后者则是莽夫行为，只有经过审视的坚守才是值得的！

鸡与肝与卷

在如今的流行词中，"鸡"已经变成了一个动词，是"打鸡血"的简称，比如鸡娃，指的就是给孩子打气、鼓励、引导，希望孩子能够更加努力学习、奋斗拼搏。但根据我的观察，说鸡娃，不如说肝娃更准确——"肝"多用于指投入大量时间和精力去熬成果，重点不在激励，而在于疲惫，或者说卷娃也可以——增加了投入的同时，反而造成了时间和精力的浪费，重点在于个体压力的增大而不是成绩的提升。鸡娃的理念可能是正面的、积极的，毕竟鸡娃激出的是孩子的内在动力和热爱，但肝娃和卷娃总是迫不得已的，肝和卷的代价是身心的巨大损耗。然而，比肝娃和卷娃更值得深思的是，学生群体中出现的自肝和自卷现象，已经无须家长的逼迫，学生基于自身的焦虑和恐惧，开始心甘情愿地被肝和被卷。主动而被迫地做某事，这个看似矛盾的现象，如今却在越来越多的同龄人身上发生着。

共 享

共享不同于施舍：对于后者而言，施助者从"施舍"这一行为中，充其量只能获得道德上的满足感，而"共享"却可以为分享和被分享者都带来实实在在的好处。

首先，"共享"可以汇聚各方力量，形成群体效应，从而惠及各方。2018年，马斯克的特斯拉公司在电动车领域可谓"独占鳌头"，一时间鲜有敌手。然而，他却宣布免费开放部分造车核心专利——自愿放弃了在这一新兴产业形成垄断的机会。不出所料的是，许多电动车品牌，如理想、小鹏等如雨后春笋般涌入市场。在日益激烈的竞争中，特斯拉的销量不降反增，让人不得不佩服马斯克的远见与魄力。细细分析其背后的逻辑，核心无非是通过"共享"吸引更多人入局，从而提升整个行业的影响力。把蛋糕做大了，每个人能分得的自然更多。

其次，"共享"可以优化外部环境，使每个个体获得更好的发展机会。薛彤云是一位创业者，她推出的花茶工艺广受欢迎，但同时不法商家的假冒伪劣行为也接踵而至。面对挑战，她并没有像一般人一样通过法律途径维权，而是大方地公开了自己的工艺流程，制定了行业标准，让假货无人问津，自己也成了带领乡亲致富的"领路人"。"共享"工艺，这一看似损己利人的举动，不仅起到了净化市场环境的作用，更确立了自己在行业中的领导地位，还为更多人创造了就业机会，真可谓一举多得。

【考场实例】 说品（2023·北京西城高三一模）

品，指事物的品类或等级，也指人的品质、品行，还可以指对人、物或事件的品评或辨别。品，体现出人们对周围生活的积极关注，也包含着人们对自己内心的潜在诉求。

请以"说品"为题，写一篇议论文。可以从生活需求、社会发展等方面，任选角度谈自己的思考。

例文展示

说　品

四中某学长

品，本从口来。陆羽品茗，将东方树叶凝成千年茶道；杜康品酒，融千古骚客之情于小小杯酌。随着历史发展的变迁，品的方式和对象早已大大扩大，凡目遇耳听身触之物，皆可一品。品是认识周围生活的重要方式。

品的基本意义是品评。品的价值在于使人对生活中习以为常的事物产生深刻了解。尼采说："没有可怕的深度，就没有美丽的水面。"品带来的深度使生活更加多彩。许多艺术创作就是通过"品"从生活中产生的。齐白石画虾之所以生动形象，就在于他每日细微观察以"品"的过程。反观当下一些人，对生活中的一切事物随性以待，不加品味，浅陋地看待一切，又何以发掘生活之姿彩呢？

可见，品应当成为生活中的重要部分，是一项重要的生活需求。然而，我们同时也应注意到，生活中的事物多可一品，但并非事事值得一品。

在品的品评之义前，应加上品的辨别之义。品的对象应是具有价值的美好事物，如春花秋月、诗书杯茗，若是事事不加分辨地品，会泛化品的行为，冲淡品的价值。当今互联网上的一些现象就反映了这一点。网络上，一些不合社会公序良俗的行为成了人们的笑料，许多人追随这些热梗，反复观看，竟也"品"了起来。这样的潮流一方面将人们的时间浪费在无意义的笑料之上，另一方面甚至传播了不良的行为和价值观。倘若如此，何足品哉？

生活中，"品"的行为必不可少，需要我们对事物加以辨别而后品评。在我看来，对于一个人而言，"品"也发挥着同样关键的作用。

<u>品味人生与品味事物不同，其为对过往的反思。但对人生的品有着相似的价值和意义</u>。试看人的一生，品其得失成败，行事几何，继而引发对人生观、价值观之探讨，不也正是引导思维走向深刻吗？面对人生选择，取舍得失，不也是通过细品香茗一般地"品"加以区分辨别吗？由此观之，对人生的品亦不可少。品，带给我们对人生全面、审慎的思考。

品者，先辨而后评。品味之中，崭新的多彩世界会在我们面前展开；品味之中，我们从反思中汲取内生力量。

故曰：人生当品，当品人生。

写作时，对关键词持续深入辨析，就足以成就一篇质量上乘的考场文章。以《说品》为例，文章指出品评是认识周围生活的重要方式，它能够使人们对习以为常的事物产生深刻了解，品的对象应当是具有价值的美好事物；同时也提到，品味人生与品味事物相似，都需要通过反思和辨别来引导思维走向深刻和全面。在这篇文章的论证过程中，辨析起了相当重要的作用：文章通过界定"品"的内涵与外延，分析了品评与辨别之间的关系，从而构建了一个清晰的逻辑框架。

要点三

举 例

举例是论证的重要组成部分，人物、事件、现象、观点等内容，都可以成为例子。论证时，这些例子就成为论证时的依据，即论据。单纯的举例并不是论证，举例提供的事实是论据，举例之后的概括、比较、归纳等才是我们常说的举例论证。"以叙代议"或"观点加例子"，都不是真正的"举例论证"，这是尤其需要我们注意的事。

举例时，我们要使用描述性的语言而不是评价性的语言，要提供具体的基本事实，要展现事实的细节，而不是过于笼统。具体示例如下：

议论段一

以香菱学诗为例，初时学诗，她只是机械地模仿词句，难以真正掌握诗的精髓。然而，在她不断努力的过程中，她开始理解诗中的意境，能够描绘出诗中的画面，还能够感受到诗人的心境。这充分证明了领悟在学习中的重要性。

议论段二

以香菱学诗为例,初时学诗,她只是机械地模仿词句,难以真正掌握诗的精髓。然而,她听从了黛玉的话,开始用心琢磨王维诗中的意境,还能结合上京路上的亲身经历,理解"大漠孤烟直,长河落日圆"的画面,体会"直""圆"二字的精妙:"想来烟如何直?日自然是圆的,所以直字似无理,圆字似太俗。"但合上书一想,她又觉得倒像是见了这景一般,若说再找两个字换,竟再找不出来了。香菱悟诗之后,不仅写出了新巧有意趣的作品,也对诗的精髓之所在有了更为本质、透彻的理解。这充分证明了领悟在学习中的重要性。

议论段二依托《红楼梦》原著中香菱学诗的情节,提供了更为具体的细节作为论据,写出了一个更为优秀的议论文段。议论文写作要求我们"论证充分",其中,有意识地使用多种类型的举例论证,就是一种行之有效的、让论证充分起来的办法。

举例论证的类型可以分为人物型举例、事件型举例和现象型举例。

1. 人物型举例

可以举普通人物:

积极的心态有助于化解人生的苦难。一位面点师傅被机器碾碎了手指,公司逃避"工伤"的责任,不愿承担医疗费用,这直接导致她在失血的状态下,延误治疗长达数小时后,才终于有机会接受救治。然而,手术结束后,师傅却说道:"我今天好幸运啊!遇到那么好的一位医生。要不是他提醒我治疗要紧,我可能还要和公司的人僵持下去呢!真是那样的话,我可就没命了啊!"这个世界上有多少人会用"幸运"来形容这样的亲身经历?正是这难能可贵的积极心态,帮助她平和而坚强地承担了生活强加给一个普通人的痛苦与不公。

可以举公众人物：

积极的心态有助于化解人生的苦难。眼科医生陶勇在出诊时，被一位自己曾经尽力救治的病患砍伤了手臂，这导致他失去了继续从事眼科医疗工作的机会。然而，陶勇医生并没有因此陷入绝望。他说，做不了手术，就去做科研，做公益嘛！复诊时，看到关心他的病患，这位曾经感动了大半个中国的医生说："很多患者带来鲜花和祝福，这些感动支撑着我。我觉得挺幸福的。"这个世界上有多少人会用"幸福"来形容重伤之后的感受？正是这难能可贵的积极心态，支撑陶勇医生以令人感佩的方式，走出了职业和人生的困境。

人物型举例是最常用的一种举例论证的方式，可以让文章的内容更细致、饱满。然而，如果只掌握这一种论说技巧，文章未免还是显得有些单薄。

因此，接下来，我们再介绍两种人物型举例论证的形式。

可以举一个群体、一类人的例子：

坚定的信念为我们提供精神动力，而过硬的本领是人才从人群中脱颖而出的重要法宝。华中科技大学有一支平均年龄不到二十岁的科技能手，他们在国际电子自动化设计大赛上获得冠军，展现了中国青年的创造力，打响了"中国智造"的行军鼓，为解决"卡脖子"难题添砖加瓦。他们的一鸣惊人离不开默默练就的过硬本领——没有长期积淀的科学技术就没有赛场上的科学灵感，没有严谨细致的科学态度就没有赛场上精巧稳定的细节设计，没有破解难题的攻关能力就没有赛场上的逆风翻盘。由此可见，过硬的本领是人才之所以为人才的根本保证。

可以举几个不同的人的例子：

这世间所有的大成就，只属于那些用生命和时间赛跑的人。"时间就像海绵里的水，只要愿挤，总还是有的。"《狂人日记》是鲁迅从时间中"挤"出来的。"我的一切成就都是靠时间磨出来的。"《命运交响曲》《月光奏鸣曲》是贝多芬从时间中"磨"出来的。每天写作十六七个小时，皇皇巨著《人间喜剧》

是巴尔扎克从时间中"赶"出来的。正是对时间的珍视，成就了绝大多数的文学家和艺术家。

还可以举一个人的几个不同的例子：

巴尔扎克每天写作十六七个小时，平均每天能写五千字。"我将如此度过我的余生。我心中只有一个坚定的信念，那就是：我要把自己的全部身心，献给这永恒的、美好的、无限的事业。"正是这种不肯浪费一刻时间的拼劲，让巴尔扎克最终创作出皇皇巨著《人间喜剧》。试问，假如没有对时间的珍视，巴尔扎克的文学成就从何而来呢？可见，这世间所有的大成就，只属于那些用生命和时间赛跑的人。

2. 事件型举例

非虚构型：

首先，"共享"可以汇聚各方力量，形成群体效应，从而惠及各方。2018年，马斯克的特斯拉公司在电动车领域可谓"独占鳌头"，一时间鲜有敌手。然而，他却宣布免费开放部分造车核心专利——自愿放弃了在这一新兴产业形成垄断的机会。不出所料的是，许多电动车品牌，如理想、小鹏等如雨后春笋般涌入市场。然而，在日益激烈的竞争中，特斯拉的销量不降反增，让人不得不佩服马斯克的远见与魄力。细细分析其背后的逻辑，核心无非是通过"共享"，吸引更多人入局，从而提升整个行业的影响力，把蛋糕做大，每个人能分得的自然更多。

虚构型：

河伯望洋兴叹，在海神若面前，感受到了自己的渺小。《秋水》的故事告诉我们：一个人只有在学得足够多时，才知道自己的匮乏与不足。因此，我们理应在知识面前，保持发自内心的谦卑。

没错，并不是只有真实发生的事件才可以用来举例。你完全可以以《小王子》中"小王子与小狐狸的对话"为例，引入对作文话题"仪式"的讨论：

> 小王子曾与小狐狸有过一问一答，小王子问："仪式是什么？"小狐狸答道："仪式，就是使某一天、某一刻与其他任何时候都不同的东西，你每天四点钟来看我，就是仪式啊。"其实，婚礼等具有庄重感并以一定形式重复出现在人类社会中的事物都可以称为仪式。我认为，我们的生活是需要仪式的。

你还可以用《西游记》中"孙悟空深夜找菩提祖师学艺"论证"学习的目标"：

> 孙悟空的目标感，值得所有迷茫的人学习。当年他找菩提祖师学本领，祖师问他：你想学什么呀？孙悟空嘴上说：您教啥我学啥！但他心里就想着如何长生不老，所以，菩提祖师每提供一个选项，他就问一句：这能长生不老吗？不能的话我就不学！就算是祖师拿着戒尺，同学们一起嘲笑，他还是那么坚定，那么执着。
>
> 其实每一个成功逆袭的同学都经历过孙悟空的求学过程——你必须先敢于定位自己的目标，然后准备独自勇敢地面对一切。熬过最艰难的一段时间，你就会发现，原来这只是考验，就像菩提祖师白天看似生气，实则在半夜悄悄给孙悟空来了个一对一闭门授课。

恰当地使用经典文学作品中的事例，会让文章产生耳目一新的效果。

3. 现象型举例

社会现象：

在社会生活中，总是存在着抱有不切实际幻想的一些人，他们渴望着一夜成名、一夜暴富，他们急功近利，不愿意给成功多一点耐心，这种夸张的现象甚至蔓延到教育与学习领域：某些教辅机构为迎合这种"需要"，鼓吹几天作文速成、几天搞定英语语法等，学生也追随而去，貌似学会了各种高深的方法，实则浮于知识表面，蜻蜓点水，始终没能真正学到什么。

在我看来，急功近利的根本原因是恐惧，是一种对于"可能失败"这个结果的恐惧。校内学习不足以完全满足学生应试的需求确实是一个原因，但说到底，我认为根本原因是人心的不安与浮躁：我们不是喜欢学习，甚至不是想要一个好成绩，我们只是害怕失败，害怕自己无法承受高考失利的结局，所以我们需要尽快找到"一定不败"的确定性。

自然现象：

酒一直存在于自然界之中。在大约40亿年前，当生命开始出现的时候，单细胞微生物就活跃在原生汤中，啜饮着单糖分子，分泌出乙醇和二氧化碳，就是自然界的啤酒了。等到树木与水果出现之后，如果任其腐烂，最终，自然发酵产生的糖和酒精，会成为果蝇的食物。《醉酒简史》的作者福赛思用他戏谑的口吻说："果蝇既不会说话，也不会唱歌，更不能酒驾。我们唯一知道的是，如果一只雄性果蝇在爱情上遭遇挫折、被一只骄傲的雌性果蝇毫不留情地踹开时，它会豪饮买醉，借酒消愁。"哈哈！酒的存在如此悠久，对心灵的抚慰又是如此巨大，这大概是李白、陶渊明无论如何也无法拒绝美酒的原因吧！

现象型举例，既可以举自然现象，也可以举社会现象；既可以举某个群体的现象，也可以举某个学科的、领域的、行业的、民族的、历史的、国家的、文化的，甚至文明发展的现象；既可以举独立的现象，也可以举时间线分明、跨度较大，并且具有某种逻辑关系的现象。

在一篇文章中举什么类型的例子,有两个标准:第一是你能否驾驭;第二是能否更好地为一整篇文章服务。先做好一,再追求二。

有些早早实现了"素材自由"的同学,能用磅礴的例子铺排出一篇颇有文气的议论文。当然,这么做也是有代价的:从表达方法来看,论证属于议论,而举例大多是记叙。一篇文章的字数是有限的,举例太多,议论和说理的空间就被挤占了。如此一来,一篇文章中的"道理",就不太容易说得透彻、深刻。

当然,在一篇文章中举什么类型的例子,还有一个重要的前提,那就是写作者本身拥有一个怎样的素材积累库。

以下展示了周昊哲学长高三时针对不同类型的举例方法,立足不同的角度和方向搭建的素材库中的部分内容,供大家参考:

| 人物型举例 | 普通人物 | (1)战略眼光:不龟手之药,能帮助普通洗衣匠漂洗棉絮,而具有战略眼光的人,却能利用此药帮助楚王提升军队在严冬中的战斗力,从而赢得关键战役。最终,楚王开疆扩土,此人收到了丰厚的回报。
(2)但行好事:某记者问某制药企业总经理为何产品多年畅销,总经理答道:"药是为患者生产的,不是为利润,疗效好,利润自然就来了。"
(3)使命感:①邓清明作为航天员预备役队员坚守24年,从神舟九号到神舟十五号,最终圆了自己的航天梦。②替补飞行员陶佳莉在抗战胜利70周年阅兵中随队起飞,因职责未通过天安门广场。她认为这亦是一种检阅,象征集体主义精神。
(4)温情一幕:①清华一名贫困生,小时候受家人、老师及企业家资助,学业有成后每学期捐出3200元资助希望小学,传递希望。②苏明娟小学时求知的眼神被摄影师捕捉,得到各界资助,毕业后她将第一笔工资全部捐给希望工程,参与建设五所希望小学。她曾梦想读书,如今梦想帮助更多孩子读书。③文科全省第四名钟芳蓉选择冷门的考古专业后,收到樊锦诗的鼓励信,劝勉她"不忘初心,胸怀天下"。钟芳蓉回信表达希望追随樊锦诗步伐,选择考古,寻找心灵归宿。 |

人物型举例	公众人物	（1）浑然天成的审美体验：戴玉强评价歌手李健为"大音希声，大象无形"。 （2）做减法的妙用：郑板桥画竹善用"减枝减叶法"，浅浅勾勒有时胜于浓墨重彩，意境更加劲拔。 （3）群众史观：①梁启超认为历史是英雄的舞台，但此观点片面，否则历史似乎仅由孔孟老庄、秦皇汉武等大人物创造。我们应坚持群众史观。②三大战役的胜利离不开解放区民众支援，淮海战役尤为显著——民众用小车推出来的胜利。 （4）持续努力：陈道明跑龙套七年，饰演过路人、匪兵、特务，甚至有时无台词。七年后，他凭《末代皇帝》一鸣惊人。 （5）时代托举：①刘邦本为亭长，乱世中趁势而起，开创西汉。②朱元璋贫寒出身，元末乱世中施展军事才华，建立明朝。 （6）归来仍是少年：被称为"科学姥姥"的同济大学教授吴於人开设抖音账号，用真实生动的方式传递物理知识，让物理学更亲民。她诠释了"归来仍是少年"。 （7）人生是长跑：科技博主"老师好，我叫何同学"高中时默默无闻，因热爱数码科技逐步走红。然而，在走红前他曾经历流量焦虑和"无人问津"的低谷期。所以，人生如长跑，不因暂时低谷或"未被看见"而轻言放弃。
	非虚构	（1）重视基础：强基计划的研究虽不能立竿见影地转化为科研成果，但它是我国高新技术的研发根基，是国际竞争的底气。 （2）先锋者：西行的玄奘、航海的麦哲伦、克己复礼的孔子、绝境中反抗暴秦的陈涉、以笔唤醒麻木灵魂的鲁迅。
事件型举例	虚构	（1）短视思维：《水浒传》中王伦忌惮林冲，怕失寨主之位而拒绝其入伙，忽视了林冲对于梁山发展的长远作用，最终招来杀身之祸。 （2）先锋者：夸父逐日、普罗米修斯盗火、精卫填海，均是理想的象征。 （3）鸵鸟心态：《阿Q正传》中的阿Q从未直面现实问题，而是用虚幻的胜利来麻痹自己（精神胜利法），最终换来悲惨命运。

现象型举例	社会	（1）人类行为复杂性：生活里，老人摔倒扶不扶成难题。有人怕被讹，选择无视；有人秉持善意，毅然帮扶。同一场景下的不同选择，尽显人类行为复杂性，背后是道德、利益、过往经历等多种因素交织。 （2）劣币驱逐良币效应：挤公交时，规矩排队者总被挤得上不去车，而不守秩序者却能捷足先登。 （3）为求流量不择手段：①博主在河南洪水时闯入灾区直播，给救援队增负担。②"二舅治好了我的精神内耗"走红后，众博主为蹭热度涌入其老家，扰乱其生活。
	自然	（1）环境影响：①橘生淮南则为橘，生于淮北则为枳。②蓬生麻中，不扶而直。 （2）静水流深：清泉虽不汹涌，能磨砺岩石、涤荡杂质。 （3）积少成多：①聚沙成塔。②集火成炬。③积水成渊。④集腋成裘。 （4）各有功用：小猫不如骐骥千里奔走，却是捕鼠能手；名剑干将莫邪劈柴不及耒犁镰锄。 （5）勇于迈出第一步：合抱之木，生于毫末；九层之台，起于累土；千里之行，始于足下。 （6）默默努力：菱花水底汲取养分，方能水面绽放；蚕经无光蛹期，方能化茧成蝶。 （7）重在根本：无源之水、无根之木，终将枯竭。 （8）遇强则强：抽刀断水水更流，遇阻更顽强。
	历史	（1）文化交融：汉明帝时佛教传入中国，几百年间碰撞融合，形成汉地佛教与儒、道的三教合一。 （2）包容新事物：史蒂芬森改进蒸汽机车时受人嘲笑，但200年后火车时速已超300公里，远超马车。 （3）协调组织：古人以"调和鼎鼐"形容宰相职责，需调和多元利益，使上下和睦、优劣得所。

4. 举例+论证的搭配

有的同学可能会听到这样的说法："一篇文章之中，得能够运用多种论证才行。"

那么,什么是多种论证呢?

简单说,多种论证是一种"举例+"的模式。举例+概括,就算是一种论证;举例+比较,也算是一种论证;举例+概括+引用+比较,就属于多种论证。

【考场实例】 习以为常的恶劣惯性(自命题)

> 有人这样评价契诃夫:"读懂契诃夫,你就知道,契诃夫的文学思想是向现实生活发出警告,让我们警惕生活中习以为常的恶劣惯性,告诫读者不要以非为是。"
>
> 以上材料引发我们思考:什么是生活中习以为常的恶劣惯性?为什么要对此保持警惕?请写一篇文章,谈谈你对"生活中习以为常的恶劣惯性"的认识和思考。

所谓习以为常的恶劣惯性,在我看来,即那些固有的、长期的,容易被忽视或被认为理所当然的不良行为模式与认知模式。【举例】比如,我以前总以学校的好坏,来判断一个学生品德和能力的高下,如今想来,这原本以为就该如此的评判,其实本是一种长期以来的偏见,可以看作契诃夫笔下"习以为常的恶劣惯性"在我个人生活中的表现了。【因果】长此以往,"习以为常"会彻底变成"习焉不察"的同义词,而我们也会完全丧失反思自我、改变自我的能力和勇气,同时变得麻木、迟钝,变得懦弱、冷漠,而这,正是惯性之所以恶劣的原因。【引用】苏格拉底曾经说,未经审视的人生,是不值得一过的。正因如此,我们必须时常对这种惯性保持警惕,以免自己在不知不觉中,成为一个对生活无动于衷、漫不经心的人。

本书前面已经说过，议论文写作对我们的要求是"论证充分"，在举例的基础上，综合搭配多种论证方式，说理的方式丰富了，效果得到保证了，论证也就自然充分了。

接下来，本书将详细说明"举例+"的这个"+"中，具体包含了哪些内容。希望这些内容，能够帮助你做到有效论证，进而提升议论文写作水平。

要点四

概　括

　　写作概括就是把论据的共同特点归结在一起，并进行简明的叙述、判断、评价等。写作概括，实际上对应的是一步一步的思维推进过程。一般而言，这个过程有明确的先后顺序，不可以调换位置，比如之前看到的例子：

> 　　这个瓜每100g含糖28.6g，含糖量很高，不利于控制血糖，我要控糖不能吃，就忍住不买。
>
> 　　这个瓜每100g含糖28.6g，含糖量很高，吃起来口感很好，我心情十分愉悦，就很喜欢吃。

　　每个句子中的画线部分，都是对前面画线部分的概括。常见的"没有细节""语言太跳跃"等问题，都是因为写作思维的概括、推进不准确或省略步骤导致的（比如从第一个画线部分直接跳跃到第三个画线部分）。

　　概括是写作的基本功，也是语文学习的基本功。不仅得练，而且得多练。"举例＋概括"的论证方法，常常被称为例证法（或举例论证）。而其中的重点正是：必须在举例的基础上，进一步对事例（论据）进行概括，论证才能真正完成。

具体示例如下:

青年与创新

青年是创新的主力军。1910年,伍连德在东北扑灭鼠疫,发明了中国人佩戴的第一款口罩"伍氏口罩",又提出了旋转餐盘,倡导分餐制,这一年他只有39岁。1926年,侯德榜研制出纯碱的创新制备方法,打破洋碱垄断,直接将中国制碱水平提升到世界一流,是年他不过36岁。1956年,杨振宁开创弱相互作用下的宇称不守恒理论,一举获得诺贝尔物理学奖,时年仅仅34岁。2014年,杨璐菡在人类历史上第一次运用CRISPR-Cas9技术修改了细胞基因组,为人类异种器官移植开创了新的可能,这一年她不到30岁。任公之后百年,一代又一代的中国青年把创新的接力棒紧紧握在自己的手里,不负韶华,锐意进取,勇敢开拓,为国家发展不断地注入着活力。他们是创新队伍里当之无愧的中坚力量。

时间	人物	年龄	领域	事件举例
1910	伍连德	39岁	医学	在东北扑灭鼠疫,发明了中国人佩戴的第一款口罩"伍氏口罩",又提出了旋转餐盘,倡导分餐制。
1926	侯德榜	36岁	化学	研制出纯碱的创新制备方法,打破洋碱垄断,直接将中国制碱水平提升到世界一流。
1956	杨振宁	34岁	物理	开创弱相互作用下的宇称不守恒理论,一举获得诺贝尔物理学奖。
2014	杨璐菡	不到30岁	生物	在人类历史上第一次运用CRISPR-Cas9技术修改了细胞基因组而为人类异种器官移植开创了新的可能。

概括				
任公之后百年	中国青年	一代又一代	不同领域	任公之后百年，一代又一代的中国青年在不同的领域，把创新的接力棒紧紧握在自己的手里，不负韶华，锐意进取，勇敢开拓，为国家发展不断地注入着活力。他们是创新队伍里当之无愧的中坚力量。

经过刻意练习之后，在议论文写作中，熟手能够运用概括的能力，把几个事例浓缩在一个复合长句中，达到论据密集、句式复杂，但篇幅反而更为精练的写作效果。

具体示例如下：

详细的叙述段

王昌龄当年被流放的原因，史料谓之曰"不护细行"。对王昌龄来说，流放无疑属于"痛并快乐着"，他一方面舍不得长安城的繁华与热闹，一方面又借此与更多地方上的文人、隐士、僧道以及官员结交，乃至于朋友遍天下。公元739年，王昌龄被流放岭南。他一路遍访名山大川，于巴陵遇到了李白。当时李白也正在被流放夜郎的途中，二人一见如故，盘桓多日。临别，王昌龄作《巴陵送李十二》一诗送李白。一年后，王昌龄得赦，高高兴兴地赶回长安。可他还没有把长安的板凳坐热，就再次因自己的口无遮拦而被流放至湖南龙标。李白闻讯后，专门写了《闻王昌龄左迁龙标遥有此寄》。王昌龄乐观，去龙标时不仅带去了中原的蔬菜种子，在流放地推广中原的先进农业生产技术，还教人读书、办了许多诗社，引导当地人吟诗作赋，以至于人称"诗意开遍夜郎西"。

白居易被贬为江州司马。江州系今日九江，那时候的九江还属于偏僻之所，他的挚友元稹闻讯后曾写下了《闻乐天授江州司马》一诗，所谓"垂死病中惊坐起，暗风吹雨入寒窗"，可见当时流放令人之揪心。然而就在流放江州期间，白居易几乎完成了他一生文学创作中最重要的作品，包括《琵琶行》《与元九书》等。后白居易又被流放忠县，按说比九江还要路途遥远，但他却是怀着无比喜悦的心情沿长江而上的，一句"鸟得辞笼不择林"便可一窥白居易彼时的愉悦心情。因白乐天的到来，原本荒僻的忠县亦很快成了文风繁盛之地。

再来说说宋代的苏东坡。从公元1079年"移知湖州"开始，被贬就成了苏东坡人生的一种常态。他一路被贬到广东惠州，那个时候广东尚属蛮夷之地，什么也没有，即使如此还能"日啖荔枝三百颗"，何其乐观！他还写信给友人："到惠将半年，风土食物不恶，吏民相待甚厚。"并附上"日啖荔枝三百颗，不辞长作岭南人"等诗篇。这些篇什传到朝廷，当时的掌朝者章惇道："苏子瞻尚尔快活。"于是老苏立马又被贬为琼州别驾，前往海南岛。《宋史》言海南"非人所居"。正是这个"非人所居"的海南，却让苏东坡写下"九死南荒吾不恨"的诗句。仅仅数年后，海南便出现了"书声琅琅，弦歌四起"的景象，海南文士还结成了"桄榔诗社"，此被称为海南文化的发轫团体。

宋元以后被流放的文人其实也非常多，但最著名的我以为当数王阳明无疑。他当时是被流放到贵州的龙场驿做驿丞。贵州的戍所可谓苦不堪言。因为根本就没有可居住的房屋，王阳明只好结草庵以居之，至此，"自计得失荣辱皆能超脱，惟生死一念，尚觉未化"，便"日夜端居默坐，澄心静虑，以求诸静一之中"。据说，他这样长期端居默坐，一天夜里，忽然高兴得雀跃欢呼，原来他已"大悟格物致知之旨"，认为"圣人之道"存在于每一个人的人性里，向外部事物去寻找是错误的。于是他创立"心学"，并写成《五经臆说》一书，为后世留下了中国古代哲学里的"阳明学派"，甚至被后人尊崇到与朱熹并列的位置。

在人生的逆境中，在无常的命运里，这些人创造了奇迹。

（改编自狄青散文《天下才子半流人》）

> **概括的议论段**
>
> 王昌龄左迁岭南,广交各地文人隐士,最终朋友遍天下,因为他带去的蔬菜种子,使当地的农业得以发展;白居易谪居四川,写下一生最为重要的作品,荒僻的忠县也成了文风繁盛之地;苏东坡被贬惠州,写下"九死南荒吾不恨"的诗句,海南也从此书声琅琅,弦歌四起,边地文化随之发轫;王阳明戍守贵阳,于草庵之中端居静坐,"大悟格物致知之旨",中国哲学史上极为重要的"心学"也因之光照龙场:逆境,不仅没有打败他们,反而成就了他们。

你可能听说过,写文章要详略得当。可是要怎么做,详略才能得当呢?其中的关键,就是概括和展开。学会概括和展开,就可以做到流畅、自然、干净、简练地在句子之中、句子之间、段落之间,详细或简略地说理,从容控制写作的节奏。换句话说,就是一个基本的意思,既可以高度浓缩,在一句话中完成表达,也可以详细铺陈,在一段话中完成表达。当然,如果需要,也可以在几段话中,乃至一篇文章中完成表达。

其中,概括最大的功用正在于:在考场中写作时根据时间的限制、行文的需要、临场的变化、即兴的发挥等因素,灵活地、自如地控制说理的详略与写作的进度。

有时候,你可以用一句话表达一个意思,如:

> 胡琴琵琶奏响弦歌雅乐,诗词歌赋融会天地万象,可以说,没有文化互鉴,就没有大唐盛世。

有时候,你可以用几句话表达一个意思,如:

> 胡琴琵琶奏响弦歌雅乐,诗词歌赋融会天地万象,千年前的大唐盛世繁荣

> 灿烂，令人神往。如今细究其理，这一切的关键，就在于唐王朝包容并蓄的文化心态。

有时候，你可以用一段话表达一个意思，如：

> 千年前的盛唐令人神往。一方面，开放的大唐以胡服为衣，以胡旋为舞，西来的胡琴琵琶与羌笛奏响弦歌雅乐，诗词歌赋融会天地万象；另一方面，遣唐使来华，学习唐朝典章制度，推动日本的社会变革；新罗人通过学习汉字创制出本国文字，获取进步。如此繁荣灿烂的文化盛景，从何而来？曰：文化互鉴。

写作现场情况多变，对文字的控制能力必不可少。这种控制能力从何而来？答：从概括中来。一个优秀的主持人能够做到在规定时间的最后一秒钟结束发言；一个写文章的能手，也能够做到在卷面最后一个格子里，为自己的作文画上一个安定而满足的句号。

要点五

限　定

在这里，限定指的是，讨论之前对题目关键词的适用范围、情况所进行的规定与限制，即在什么条件、场景下适用。限定常常和分类一起构成讨论的前置条件，有些论断必须要基于此，才能严谨合理，有时候一旦前提条件改变，这些论断就不再成立；或者去掉这些前提条件后，论证效果就大打折扣。因此，当我们想要用一篇议论文输出对某一人、某一事、某一现象的见解时，为了使自己的表达更严谨，更不容易被反驳，我们需要用限定的方法规定关键词的适用范围。

我们可以记住这样一个总的原则，在议论文写作中，任何观点也都只在限定的场景、阶段、条件之下才成立。因此，当我们需要在文章中表明态度、做出选择时，可以在心里提醒自己一句："这个吧，总得看具体情况……"比如，下面一个语段在讨论爱人和爱己时，就是在限定了"尚在成长之中"和"长大成人"这两个人生阶段后才展开讨论的：

> 对尚且处于成长阶段的我们来说，眼下最重要的责任必然是修身、爱己。只有先提高自身的道德修养、学识见识，日后才有可能为社会做出更多的贡献，即更好地爱人、平天下。一旦有朝一日，我们长大成人，本领在身，有能力竭尽

所能地爱人助人，那么一定责无旁贷。毕竟，只有在帮助他人、服务社会的过程中，一个人的价值才能最终得以体现。爱己是爱人的前提条件，而爱人则是更大意义上爱己的实现方式。作为高中生，我得先爱己，再爱人啊！

写作时，就内容而言，可以根据写作目的、重点等，就事件背景、适用领域、人物关系、时期阶段等多个方面进行限定；就形式而言，新手可以用"×××在×××的情况下，×××"的类似语言模式引导思维的路径，至于思维习惯已经养成的熟手，表达时则可以有所省略，或灵活表达。请看下面这个文段的示例：

穷　境

孔子于今日来看是世界皆知的文化名人。但在他生活的春秋时期，却是长期处于穷境之中。遥想他最为窘迫的一次，和弟子一同困于陈蔡，几日几夜饥无口食。他的弟子子路对他说，堂堂君子也有穷困的时候吗？孔子面对这个颇为嘲讽的质问，只说了一句"君子固穷，小人穷斯滥矣"。孔子表示，君子能在穷境中固守。

固守什么呢？什么东西在穷途末路时还能固守呢？想必孔子说的就是即使三军夺帅也不可夺的匹夫之志。纵使列国纷争，无人看好；纵使身陷围城，衣食难奉；孔子心中克己复礼，归仁天下的志向从未动摇。他把这志向坚持一生，到他已无力周游列国之时，便转为编订五经，创造出了更伟大的文化成果。所以说，有志向，就有方向。在人生遭遇穷途时依然确信一定有路可以继续前进。

有人会说："孔子的穷境是在他已经有所作为之后，若一个人出生便陷于难以摆脱的穷境之中，不成了一个无解的难题了吗？"

并非如此。明初大学士宋濂曾书写自己的童年经历。贫穷是他身处穷境的根源，这貌似堵住了他一切光明的出路。但宋濂坚持立志学习，认定泛舟学海是他的志向。在严寒的冬日他借书抄录，冻裂手而不自知。进入学堂，吃穿用住不如他人，宋濂说："以中有足乐者，不知口体之奉不若人也。"其中足乐之事正是宋濂幼时确定的志向，指引他击败了自己生来带有的桎梏，使其有所作为，并终成大器。

【考场实例1】 理性的力量（2023·北京海淀高三二模）

理性，相对于感性而言，它意味着人有判断和推理的能力。拥有理性，便能以更加冷静、客观的态度进行思考和决策。奥地利哲学家哈耶克说："理性是一种力量，它超越了每一种感情，使我们能够把握自己，把握每一刻的价值。"但理性的力量有时候也令人惧怕，印度诗人泰戈尔说："全是理性的人，恰如一把全是锋刃的刀，叫使用它的人手上流血。"

以上材料引发了你怎样的思考？请以"理性的力量"为题目，写一篇议论文。

例文节选

理性的力量

在理性与感性的一场国际辩论大赛上，一位辩手这样说："感性就是当你漫步于落英缤纷的桃园，你就顺其自然地感叹那桃花之美，不必劳神地探究落花的生物学机理。"照此逻辑，我们能得出这样一个结论：理性的人多累啊，何必要理性呢！然而事实真是如此吗？

在我看来，感性是指依赖情感、直觉和直观的认识方式；理性是指依赖逻辑、分析和证据的认识方式。理性的力量并不在于岁月静好时为你"锦上添花"，而在于问题到来时为你"雪中送炭"。

理性，相对于感性而言，意味着人能够以更加冷静、客观的态度进行思考，从而助力我们有效地解决问题。几个月前,"双减"政策从天而降,压垮了一批课外辅导机构,可是俞敏洪的新东方居然成功转型为"东方甄选",甚至短短一周时间,带货量力压顶流网红。究其主要原因,正是在于俞敏洪以理性的眼光看见了危机中藏有转机,以理性的思维统筹辞旧迎新工作,以理性的战略转投互联网行业——一个企业的领导者依靠理性让企业的命运转危为安。

不过,反过来想:如果存在一个没有政策与同行竞争等压力的理想状态,那确实如那位辩手所言——理性有些多余,岁岁年年如沐春风岂不妙哉?然而事与愿违,现实中的我们总要学会应对各方面的困难与挑战。这时,就需要依靠理性的力量以弥补感性之不足。

作者周昊哲学长认为,理性的真正价值在于面对问题和挑战时能够提供有效的解决方案,但这并不意味着理性优越于感性。论证中,正是对适用场景的限定,让感性与理性之辩更加严谨。

【考场实例2】 齐桓公·管仲·鲍叔(2020·全国I卷)

阅读下面的材料,根据要求写作。

春秋时期,齐国的公子纠与公子小白争夺君位,管仲和鲍叔分别辅佐他们。管仲带兵阻击小白,用箭射中他的衣带钩,小白装死逃脱。后来小白即位为君,史称齐桓公。鲍叔对桓公说,要想成就霸王之业,非管仲不可。于是桓公重用管仲,鲍叔甘居其下,终成一代霸业。后人称颂齐桓公九合诸侯、一匡天下,为"春秋五霸"之首。孔子说:"桓公九合诸侯,不以兵车,管仲之力也。"司马迁说:"天下不多(称赞)管仲之贤而多鲍叔能知人也。"

班级计划举行读书会,围绕上述材料展开讨论。齐桓公、管仲和鲍叔三人,你对哪个感触最深？请结合你的感受和思考写一篇发言稿。

要求：结合材料，选好角度，确定立意，明确文体，自拟标题；不少于800字。

例文节选

功成不必在我，功成必定有我

春秋期间，鲍叔成功地辅佐小白即位为君，本可以加官晋爵享受优待的他选择举荐曾经的对手管仲，只因为在鲍叔眼里，管仲拥有比他更高的才能。鲍叔的做法间接使得齐桓公九合诸侯，一匡天下。可以说，假如没有鲍叔避位让贤、甘居人下的博大心胸与格局，不仅管仲未必能成为一代名相，齐桓公也未必能一统天下。由此可见，一个人若拥有如鲍叔这样的格局和为大局奉献自我的精神，何愁大事不成？

接下来，请同学们思考一个问题：你是否愿意将个人理想融入国家的发展中去，即便你无法站在那群山之巅？

鲍叔的奉献精神和大爱，又让我想到了大家当下熟知的燃烧自己、照亮山村贫困女孩的张桂梅。她是华坪女高的校长，却过得极其困苦。她告诉学生们"要站在群峰之巅俯视平庸的沟壑"，而自己却独自忍受着二十几种疾病的折磨。一次，为了让她买几件像样的衣服，县委书记给了她七千元，而她却用这些钱为学校置办了两台电脑。张桂梅在老师紧缺之时自己顶上任教，当学校稳定运行之后又退居幕后，关心学生的衣食住行。像她这样，一心为贫困女孩办学校，为国家脱贫事业默默奉献，而不求自己功成名就，不正是鲍叔精神在当代的体现吗？

作者周昊哲学长的观点为，"功成不必在我，功成必定有我"（详见实践篇"周昊哲考场作文与点评"）。论证的过程中，借助对"个人无法站在那群山之巅"这一假设情况的限定讨论，就势提出"你是否愿意将个人理想融入国家发展中去"的议题,实现了文章层次的推进。

【考场实例3】 顺水与逆水(2022·北京西城高三二模)

以色列生物化学家阿龙·切哈诺沃因发现泛素调节的蛋白质降解,于2004年获得诺贝尔化学奖。他在接受记者采访时说:"小时候,妈妈教导我说,人走入一条河流,可以顺水而行,也可以逆水而行,你这辈子如果想成功,就永远要选择后者,尽管它可能并不舒服。我能有今天,就是按照妈妈给我画的'路线'而行的。"

材料中"可以顺水而行,也可以逆水而行",引发了你怎样的联想和思考?请联系现实生活,自选角度,自拟题目,写一篇议论文。

例文节选

顺水?逆水!

中欧时期,教会所代表的主流思想是"地心说",这是脱离了真实宇宙的谬论,若人们长此以往不加分辨地盲从这些观念,我们的天文学探索进程将倒退上百年。

因此,当某个主流思想对社会发展起阻碍作用时,逆水而行的重要性就体现出来了。为何中欧时期的天文学领域终究没有止步不前?正是因为有哥白尼不惜与主流思想对抗毅然提出"日心说",这是经过长期观测和数据分析而非主观臆想而产生的理论。不仅如此,布鲁诺不顾身遭火刑的威逼,坚持捍卫"日心说"不悔改。他们的逆水而行,意味着公然反抗教会,意味着成为整个社会的异类,意味着惨痛入狱甚至被害的结局;但是,他们的逆水而行却推动了社会发展,同时也成为后人的精神风标。对于中欧时期的主流思想而言,他们选择逆水前行,而这恰恰是在那水流即将汇入黑沼之前，对局势所做出的拨乱反正之举啊！

作者周昊哲学长认为，无论是"顺水而行"还是"逆水而行"，都必须在限定的领域和情况下具体情况具体分析，否则讨论就没有了意义（详见实践篇"周昊哲考场作文与点评"）。在论证的过程中，借助"当某个主流思想对社会发展起阻碍作用时"的限定情况讨论逆水而行的重要性，增加了文章的说服力。

【考场实例4】 今日问于人，明日胜于人（2023·北京朝阳高三一模）

> 宋代思想家张载曾说："人多是耻于问人。假使今日问于人，明日胜于人，有何不可？"
>
> 这段话引发了你怎样的联想和思考？请以"今日问于人，明日胜于人"为题，写一篇议论文。

例文节选

今日问于人，明日胜于人

那么，我们该以怎样的心态，对待向他人发问呢？

在我看来，今日问于人，明日不必胜于人，但求胜过昨日之自己，足矣。有人认为"与其战胜他人，不如战胜自己"是一种畏难退缩，但我觉得这不仅不代表着软弱让步，而且是一种"反求诸己"的积极心态。

当我们还一事无成之时，盲目向高标准看齐会导致信心缺失，而此时若秉持"明天比今天的自己进步一点"的心态反而大有益处。刚毕业的大学生假若直接用各界成功人士的标准来衡量自己，那么他一定会因精神内耗而动力不足，最终适得其反。若是以"战胜自我"的心态进入社会，日后一点一滴的成就感就有可能化为真正的成功。

对于初入社会的新人，盲目追求高标准可能会导致信心丧失和动力不足，而专注于自我进步则有助于积累成就感，最终可能实现真正的成功。

作者周昊哲学长的观点为，对待向他人发问，我们应该持有积极的心态，即不以战胜他人为目标，而是以超越昨日的自己为追求。

这种心态并非畏难退缩，而是一种自我反思和自我提升的积极态度。作者在论证的过程中，借助对"成长阶段"的限定，把说理清晰有力地完成了。

由此可见，在限定范围内讨论问题，更能够写出有思辨性、有深度的文章。

【考场实例5】 强国有我（2022·北京四中高二上期末）

请从"强国有我""中国元素""躺平"三个热词中任选一词，写一篇议论文，谈谈你的认识和思考。题目自拟，不少于700字。

资料：

①强国有我，源自庆祝中国共产党成立一百周年天安门广场庆典上青年学子的庄严宣誓。"请党放心，强国有我"是青年一代对党和人民许下的庄重誓言，彰显着新时代中国青年的精神风貌。

②2022年北京冬奥会即将开幕，从吉祥物、会徽到火炬、建筑场馆，其设计理念中的中国元素受到了人们的关注。中华文化的深厚底蕴、中国现代设计的奇思妙想，正在散发着无穷的魅力。

③"躺平"本指平卧，现多指一种"不作为""不反抗""不努力"的生活态度，以此为生活理念的群体即"躺平族"，面对各种压力选择"一躺了之"。

例文展示

强国有我，小亦可为

周昊哲

"请党放心，强国有我"是青年一代的庄重誓言，可这誓言背后是什么？我觉得，是一种小亦可为的信念——即使我们青少年依然是人群中的普通个体，也许不能做出感天动地的伟大贡献，但我们要坚信小亦可为。

【限定1】平凡的小人物会在奔赴国难中闪耀出伟大。"95后"小护士王语嫣（她和金庸小说女主同名，也是一个真正的金庸迷）第一时间支援武汉，为疲惫的医护人员送饭、打水，清理生活垃圾；为六神无主的患者讲武侠小说，纾解压力。她虽然没有从人群中脱颖而出，被周围人熟知，但抗疫胜利绝对少不了像她一样勤恳工作的普通医务工作者们。她说："侠之大者，为国为民，我虽然还小，但国家有难，我很想尽自己的一份力，无论成败。"回望历史，人们不就是依靠着"无论成败，只愿躬身入局勇担当"的责任态度，让国家从一贫如洗到强国富民吗？因此，不求宏大，但求实干，小亦可为！

【限定2】如果不奔赴一线，力挽狂澜，是否意味着无处彰显爱国心？当然不是，把自己的爱好与特长和国家发展紧密相连，力所能及地为人民服务，也是小亦可为的体现。

"B站"上的"何同学"用视频创作的方式，记录中国的科技发展，评测人们生活中并不注意的小物件，不也是"小亦可为"的体现吗？"华为为何那么稳""5G为何这么快"让普通百姓跟上时代新风；"五个镜头的手机真的有必要吗"引发人们的现实思考，重新解读手机对人们生活的意义。

【限定3】即使不在战场杀敌，献身抗疫，只是个人之爱好融入爱国之理想，也是值得称道的强国助力者。

王语嫣与何同学，他们都是二十岁左右的青年人啊！他们也都是所谓的"小人物"啊！但是，这也正是对"强国有我，小亦可为"的诠释啊！

【限定4】然而，假如你像我一样，是一名中学生，还没有什么事业可以依托，那你该怎么办？关心国家大事，脚踏实地培养爱国的能力。当自己颓废时，让那份对国家、对未来的责任感给予学习的动力；社会问题频现报端时，不盲从那些不怀好意的谩骂声音，理性地分析事故源头，提升认知水平，与同学、师长在探讨中加深对时政的深层理解。这都是新时代的我们切实可行的小事啊！这些小事即便不在当下对国家有直接的帮助，但一定在未来间接地让我们更好地担起强国的重任。

由此可见，小亦可为的爱国心就是告诉像我们一样的年轻人：即使你是一滴水，融进大海，你就可以翻涌奔腾；即使你是一粒沙，献身土地，你就可以滋养一方生命。一个伟大的任务固然可以更好地建设强国，但你若力有不逮，完全也能够立足小事，为强国助力。

文章通过具体事例和历史人物的成就，阐述了"请党放心，强国有我"这一青年誓言背后的信念——即使作为普通个体，也能通过实际行动为国家贡献力量。在论证的过程中，作者周昊哲学长通过四次限定，分情况讨论了"强国有我"的具体做法，出色地完成了一篇文章。

限定，是我们在学习议论文写作时要学会掌握的一种重要方法，然而，由于现实情况的多样性与复杂性，没有人能做到在一篇文章中穷尽所有的领域、情况、背景，而且穷尽所有可能性同样也不是我们在一篇文章中要完成的写作任务。

我们需要做到的是，体会限定的重要性并了解其使用方法，尽可能把它纳入自己的思维模式，最终，让呈现出来的文章，论证更严谨，更充分，也更深刻。

要点六

分 类

分类讨论，也是议论文写作中一个相当重要的论证方法。在议论文中，分类讨论意味着作者将复杂的议题或论点分解成若干个相互关联但又有区别的子议题或分论点，逐一进行深入的分析和论述。具体来说，作者首先需要明确文章的中心论点，即整篇文章所要探讨或论证的主要问题。然后，根据问题的性质、范围或影响因素等，将中心论点分解成若干个分论点。这些分论点之间既有一定的联系，又各自独立，共同支撑起中心论点的论证。

在分类讨论的过程中，作者需要针对每个分论点进行详细的论述，提供充分的论据和合理的推理，以证明该分论点的正确性。同时，作者还需要注意各个分论点之间的逻辑关系，确保它们能够有机地结合在一起，形成一个完整、严密的论证体系。

通过分类讨论，作者可以更加清晰、有条理地阐述自己的观点和论据，使读者更容易理解和接受。同时，这种方法也有助于作者深入挖掘问题的本质和内涵，提高文章的说服力和深度。因此，在议论文写作中，分类讨论是一种非常有用的策略，能够帮助我们更细致地分析问题。通过将问题分解为不同的类别，我们可以针对每一类别的具体情况，进行深入的探讨和分析。它能够帮助作者更好地组织和表达自己的思想，使文章更有说服力和逻辑性。

具体示例如下：

> **小说主人公的价值观与小说作者的价值观**
>
> 理性思维注重逻辑推理，所以理性思维占主导的人懂得精准辨析的方法，从而让人不被表象迷惑。有网友大肆宣扬"《水浒传》是毒小说"这一观念，理由是小说中一直打打杀杀，让小孩有了江湖气。理性的考量则是：小说主人公的价值观不等于小说作者的创作观，更不等于读者会产生的人生观。用理性精准辨析，我们就能发现逻辑谬误，不被表象所迷惑。

作者指出，网友将小说《水浒传》简单地归类为"毒小说"，忽略了小说内容的多样性和复杂性。理性思维要求我们认识到小说中的打打杀杀只是故事情节的一部分，并不代表作者的全部创作意图，也不必然导致读者形成特定的人生观。论证中，通过分类讨论，作者指明小说中还包含了人物性格的塑造、社会矛盾的反映、道德观念的探讨等多个方面，进而全面、充分地分析了问题，避免因片面理解而导致逻辑谬误，进而得出了更加理性的判断。

在此之前，本书已经讲过限定在论证中的应用，说明过限定和分类的联系。那么二者之间的联系与区别到底是什么呢？接下来，我们结合一个具体的议论文段，来进一步阐释：

> **流行的作品与经典的作品**
>
> 在选择书单的时候，如果是为了放松身心，那么流行作品也未尝不可；如果是为了自我提升，那么经典作品当然不可或缺。人的时间不能全用来娱乐，也不用全部用来学习。所以，我的阅读原则一向是：三分流行，七分经典。我的书架上，既不能没有马伯庸，也不能没有卡夫卡。毕竟，阅读也得讲究个劳逸结合嘛！

限定和分类是两个不同的概念，但它们在实际应用中可以相互关联。限定通常指的是对某个范围或条件的约束，它决定了选择的边界或标准。

例如，在选择书单时，限定可能指的是只考虑特定类型的书籍，如文学作品或非小说类。而分类则是将事物按照一定的属性或特征进行分组的过程，它帮助人们更好地组织和理解信息。在阅读选择中，分类可以是按照书籍的目的或内容进行划分，如流行作品和经典作品。

二者的联系在于，限定可以基于分类来设定：在选择书单时，如果目的是放松身心，可以限定在流行作品的范围内进行选择；而如果目的是自我提升，则限定在经典作品的范围内。

同时，分类也可以受到限定的影响，因为分类的标准可能会根据限定的条件而有所不同。例如，如果限定条件是阅读时间有限，那么分类时可能会更注重书籍的阅读效率和内容深度。

总之，限定为选择提供了具体的框架，而分类则是在这个框架内对选择进行细化和组织。两者相辅相成，共同作用于论证的过程，帮助我们进行更加深入、充分且紧扣题意的论证。

【考场实例1】 学习今说（2022·北京卷）

古人说，"学不可以已"，重视学习是中华民族的优良传统。在当代中国，人们对学习的理解与古人有相同之处，也有不一样的地方。

请以"学习今说"为题目，写一篇议论文。可以从学习的目的、价值、内容、方法、途径、评价标准等方面，任选角度谈你的思考。

例文节选

学习今说

刘峻豪

我认为，学习首先是社会中下层实现阶层跨越的最佳途径。"朝为田舍郎，暮登天子堂"，诠释了古人对于学习可以"逆天改命"的魔力的理解。现如今，华坪女中的女学生们，在校长张桂梅的激励下忘我学习，也是盼望能够靠学习走出深山，登上更高的舞台。作为出身低微的普通人而言，学习是改变自己命运的最公平的机会，这也正是每年6月的高考在中国人心中有着极其神圣地位的原因。

其次，学习是一个人安身立命的根本。古人有云"苟日新，日日新，又日新"，意思是说学习可以帮我们适应日新月异的环境。对于古人来说，学习一些观云识天、因地制宜的本事，能把田间庄稼种得更茁壮；学习一些水文灌溉、夯实地基的本事，能把小日子打理得更滋润。时至今天，现代化农业已经普及，同样务农，不懂点生物学知识、机械驾驶技能、计算机技能，连种地都不可能搞得定了。从今往后不再有所谓的"铁饭碗"，只有具备"终身学习"的能力，才能在这个现代化社会安身立命。

然而，除了"改变命运""守好饭碗"等实际的原因，当代青年对于学习终极意义的寻觅还应有更高境界——追求真理，获得彻悟。"朝闻道，夕死可矣"，对于孔子而言，学习不仅是为了获得世俗的满足，更是对真理永恒的追求。当代种子学家钟扬博士就是这样的学者。他为了解高原环境下植物生长的可能性，一边苦学苦读中西文献，一边拖着重病的身体屡次登上"世界屋脊"实地考察。虽然把生命留在了高原，但他富有真知灼见的论文填补了学术空白。

由此看来，无论是在人文科学领域，还是自然科学范畴，最高级的学习目的往往是纯粹的，也是快乐的。它无须任何附属其上的价值做诱饵，仅仅是学习过程本身，就足以使人如痴如醉，把生死置之度外。

其实以上三种学习的意义，彼此不冲突。若你出身卑微、生活困窘，不妨记住"技不压身"，你当广泛、持久地学习，为自己和家人博一个未来；若你已走出衣食之困，不妨充分感受学习之乐，以求造福一方之民。

一个有良好学风的社会，既不会嘲笑"小镇做题家"们，因为懂得他们为此尝遍的世间万般苦楚；也不会神化"学术界权威"们，因为了解他们在治学路上苦中交织着欢乐。

至于我自己，我深感幸运：生在当代，较以范进为代表的古代儒生而言，有更好的机会接近最纯粹的学习。我喜欢复旦大学的民间校训"做自由而无用的灵魂"，希望自己一生也不会忘记学习本质的意义——满足人类与生俱来的好奇心，充实地过好人生。

文章通过分类讨论的方式，先将学习的意义分为三个层面：社会中下层实现阶层跨越的途径、个人安身立命的根本、追求真理获得彻悟的终极目的。这样的分类讨论使得文章的论述更加条理清晰，逻辑严密，能够更好地引导读者理解和接受作者的观点。通过这种结构化的论述方式，作者不仅能够全面地展现学习的多重价值，还能够针对不同背景和需求的群体展开相应的论述，增强了文章的说服力和感染力。接下来，在讨论如何评价这三个层面的学习行为时，又分类讨论了学生、社会和写作者本人三方面的态度（详见实践篇"刘峻豪考场作文与点评"）。

分类时，一次划分只能有一个标准，但分类本身，却可以多次进行。写作分类中，二次乃至多次的划分，是让文章环环相扣、层层推进的有效方法。上面这篇文章议论充分，说理透彻，其中对学习意义和评价主体的两次分类讨论，起到了重要作用。

当然，分类作为一种思维的方式，其实，早在审题立意、构思行文的写作初始环节，就已经发挥着相当重要的作用了。

【考场实例2】 说剪裁（2024·北京西城高三一模）

剪裁，本义是缝制衣服时把衣料按照人们需要的尺寸剪断裁开，后来有了新的含义，如园丁剪裁花木、创作者剪裁素材等。有的人提倡剪裁，追求"删繁就简三秋树"；有的人看重自然而然，认为"夜来一霎清明雨，万卉千葩胜剪裁"。

请以"说剪裁"为题目，写一篇议论文。

周学长的破题思路

首先，面对让我议论一个单独词语的题目时，我会先思考一个问题：它是不是缺少了对前提条件的限定？它是不是应该分类讨论？果然，我发现"剪裁"这件事如果不先思考"谁来剪裁""剪裁给谁""剪裁什么"这三点，那完全无法议论，因为有些衣服不裁就没有个性化，有些视频裁了就会诞生网络暴力。

因此，我会想讨论"剪裁的标准"这个话题。在我看来，决定是否剪裁的标准有二，这两点由浅入深，必须同时满足。剪裁的"工具意义"：是否可以满足人们的需求。比如人们想穿合身的衣服、想看重点突出的视频、想参观设计精致的花园，那么我们就可以对衣服、视频素材、植物进行剪裁。剪裁的"人文约束"：是否符合公序良俗、道德。比如《病梅馆记》中一些画师为迎合市场卖出好价钱而约束卖梅人砍掉正枝，培养侧枝，摧折嫩枝，以病态梅换好价钱；短视频博主为吸睛为流量恶意剪裁，断章取义地把原本不相干的视频素材组合在一起，导致多起舆论风波，污浊了网络生态，这样的剪裁就属于"过度剪裁""恶意剪裁"，就是我们不能允许的了。

最后，如果用一段话总结，那就是：剪裁是一种系统优化的行为，只有恰当的剪裁才能带来更好的生活体验。因此，我们需要思考剪裁的标准，不仅要满足主体需要，还要符合为人处世的基本原则，这样才能让剪裁真正带来生活的福祉。

【考场实例3】 论生逢其时（2021·北京卷）

> 每个人都生活在特定的时代，每个人在特定时代中的人生道路各不相同。在同一个时代，有人慨叹生不逢时，有人只愿安分随时，有人深感生逢其时、时不我待……
>
> 请以"论生逢其时"为题目，写一篇议论文。
>
> 要求：论点明确，论据充实，论证合理；语言流畅，书写清晰。

周学长的破题思路

审题环节中，如果让你圈画题目中的重点词，只能选择三个，你会选什么？我选的是：慨叹、只愿、深感。

为什么呢？因为分类思维启发我，"生不逢时、安分随时、生逢其时"既可以是一种客观现状，也可以是一种内心感受——我们认为自己是生不逢时的、我们希望自己是安分随时的、我们感到自己是生逢其时的。这意味着我可以选择这样的议题以增加文章的思辨性：

心态上的"生逢其时"和客观上的"生逢其时"究竟有什么关系？

有些人自视甚高，受了打击后就容易陷入"你看不上我，那是你眼光有问题"的心态，如果任由这种心态发展下去，那就是"生不逢时"的感受，比如西汉的贾谊；有些人韧性十足，就算失败也不怨天尤人，他们愿意耐心地久久为功，竭尽所能实现自我价值，比如孔子。很多时候，是否感到"生逢其时"，并不取决于我们现在是否已经成功了，而是取决于我们相信什么，孔子相信"无论社会多么黑暗，始终是有希望的"，所以他从未放弃"克己复礼"的志向，换句话说：即便客观上是"生不逢时"的孔子，也能因为其"生逢其时"的心态坚信自我价值，从而活出一个有意义和有价值的人生。

最后，如果一定要用一段话总结，那就是：大多数人做不到客观上的"生逢其时",但梦想并不只有实现了才有意义,有时候梦想只是让生活始终都有盼头、有希望,因此,我们可以尽力做一个积极的人,用心态上的"生逢其时"撬动命运的"生不逢时"。

要点七

因 果

　　因果分析是一种极其重要的思维方式。对事物之间因果关系的探究，体现在议论文中，就是归因论证。归因论证时，要全面地分析导致某一结果的原因，并分清主要原因与次要原因，力求找到最为重要、最为根本的原因；要透过复杂纷繁的现象，审视导致某一结果发生的因素中，哪些是起到决定作用的关键因素；也要在直接原因与间接原因中，找到直接原因；只有这样，才能不犯归因单一、归因笼统、归因浅表的错误。

　　当然，归因论证的难点在于：在具体运用的过程中，我们常常把多因一果、多因多果的事件，简化成一因一果的事件，或者误把巧合关系、时间上的先后关系、表面上的相关关系等当作因果关系，或者仅仅为了论证的需要，给本来没有什么因果关系的事件强行加上因果关系，或者错误地倒因为果，直接把结果当作原因。

　　因此，在进行归因分析时，我们必须掌握充分的事实依据，谨慎地区分各种可能的原因，探究其深层次的因果关系，避免仅凭主观臆断或表面现象随便下结论。

反例 1

　　只知执着追求，不懂得适时放弃，也许会招致灾祸。秦朝的覆亡，不正是因

> 为秦二世的追求享乐、大兴土木导致的吗？以致百姓终于忍无可忍，奋起反抗，推翻了秦朝。

秦亡的原因不止一种，是个典型的一果多因事件，政治腐败与专制、严苛的法律与统治手段、过度征用民力、思想文化的僵化、陈胜吴广起义、赵高乱政、关东诸侯的反叛、统治阶级内部混乱、匈奴的威胁带来的压力以及政策改革力度过大、秦二世的所作所为不得人心等因素综合作用，最终才导致了帝国的崩塌。只选择其中的一个，作为对该结果产生原因的解释，以此证明论点，就犯了"简化因果"的论证错误。

> **反例 2**
>
> 古代的车马行得慢，所以外出游历的李白才能细致观赏祖国的名山大川，才能挥笔写下无数的锦绣诗篇。古代的竹简刻得慢，所以司马迁对于文字必须字字斟酌，所以《史记》才能字字珠玑。

《史记》是一部伟大的作品，之所以"字字珠玑"，并不仅仅是因为"古代的竹简刻得慢"，更离不开司马迁的才华、勤奋和历史责任感等许多原因。这段话显然也犯了"简化因果"的论证错误。

> **反例 3**
>
> 历史上怀揣着一颗平常心去做事从而获得成功的人遍及中外。汉代的史官司马迁因惹怒汉武帝而遭受腐刑。常人受此奇耻大辱自是悲愤欲绝，司马迁却置之度外，怀着一颗平常心继续工作，完成了"史家之绝唱"《史记》。

如果读一读《太史公自序》和《报任安书》，就会知道：司马迁也只是个再普通不过的平常人。我们不能仅仅因为需要论证平常心和成功之间的关系，就强加上这样的因果——如此的论证是烂文章的代名词,对历史人物也不够尊重。

> **反例 4**
>
> 慢是一种境界。"效率"似乎已经成了一切的代名词,工作效率高才能获得老板的青睐,做题效率高才能考取一所好的大学,但古人云:"修身,齐家,治国,平天下。"

以上语段完全没有办法论证其中的分论点"慢是一种境界",根本不能称之为"议论",甚至可以说毫无逻辑关系可言,更别提有什么因果关系了。

> **正例 1**
>
> 一个学生之所以能取得优异的成绩,可能是他记忆力好、学习能力强,更有可能是因为在他的成长经历中,他的家长、老师、学校从来没有遏制他的上进心,没有人为地破坏过他的注意力,也没有浇灭他对各种事情的好奇心……最终,是多种多样的因素综合在一起,成就了一个学霸。所以,仅仅是希望照抄学霸作业、照搬学霸学习方法等提高自己的成绩,其实是犯了"在复杂问题面前,强化、夸大单一要素"的错误。

以上语段没有把学霸的形成简单归因为先天禀赋和后天学习能力,而是同时也注意到了家庭教育、学校教育等多方面的因素,从而完成了更为全面、严谨、深刻的论述。

> **正例 2**
>
> 邹忌指出"王之蔽甚矣"的问题,齐威王从善如流,广开言路,很快就达到了"战胜于朝廷"的政治效果,由此可知为政者听取不同意见的重要性。反观秦二世胡亥,他不事朝政,偏信赵高,最终导致秦朝迅速走向了灭亡。春秋时期,

> 齐桓公曾经广纳贤才，重用管仲，终成一代霸主，留下"九合诸侯、一匡天下"的盛名；晚年时期的齐桓公崇信"三奸"，任由小人作乱，最后不仅饿死于深宫，还导致了齐国的内乱和衰败，造成了个人和国家的双重悲剧。
>
> 然而，转念一想，邹忌虽然输给了号称"齐国之美丽者也"的第一大帅哥徐公，但本人却是一个八尺有余、形貌昳丽的高颜值男士，而此时的齐王，本人也是坐拥千里土地、百二十城的强国之君。一个美男子不能被镜子中的自己帅晕，被良好但虚幻的自我感觉冲昏头脑。同样地，一个国家越是强盛，一个君主越是伟大，也就越是有必要从信息茧房中挣脱出来，越是有必要保持清醒的自我认识：而这，恐怕才是齐王被邹忌触动的根本原因。
>
> 秦二世胡亥，少年懵懂，明知篡长兄扶苏之位是不忠不孝的举动，却对赵高言听计从，全权委任；齐桓公小白，晚年昏聩，明知管仲有"三奸不可用"的中肯建议，却置之脑后，听而不闻：可见无论年龄大小，无论政治经验丰富与否，无论现有的局面是危机重重还是平稳安定，一个拥有无上权力的统治者，想要克服自身弱点、听取和采纳正确的意见，都是极其艰难的。其中蕴含的道理，也就和邹忌与齐王的故事不尽相同。实际上，邹忌所讽，与魏徵之所谏最为类似。《谏太宗十思疏》中说："载舟覆舟，所宜深慎，奔车朽索，其可忽乎！"励精图治几十年后，唐朝呈现出国家安定、人民富足的局面，太宗本人却渐奢忘本。魏徵于他人大唱赞歌之际进行如此语重心长的劝诫，正是"王之蔽甚矣"在后世的遥远回响。

以上语段没有满足于对《邹忌讽齐王纳谏》的一般理解，而是进行了层层深入的溯因分析，从而对邹忌的进谏和齐王的纳谏进行了更为深入的分析，提出了更为独到的观点。

【考场实例】 斯科特与阿蒙森

一百多年前,挪威的阿蒙森团队、英国的斯科特团队,都想完成一个壮举——首个到达南极点。最后阿蒙森团队率先到达,而斯科特团队则晚到了一个多月。之后,阿蒙森团队又顺利地返回了原来的基地,而斯科特团队则无一人生还。对此,奥地利作家茨威格用饱含深情的文字写了一篇文章,以颂扬斯科特团队为事业献身的崇高精神和强烈的集体主义精神,这便是《人类群星闪耀时》中的名篇《夺取南极的斗争》。

当然,事后许多人也冷静地分析了斯科特团队失败的原因。有人经过比较,认为其中一条就是斯科特团队计划不周:阿蒙森团队虽然人少,但充分考虑到了环境的困难,准备了3吨的物资;斯科特团队的人多,却只有1吨的物资——如果过程中不犯任何错误,不出任何意外,就刚好够用。除此之外,不管天气好坏,阿蒙森团队始终坚持每天前进三十公里的策略,而斯科特团队天气好时能走四五十公里甚至六十公里,天气不好就睡在帐篷里,吃点东西,吐槽一下恶劣的天气,然后寄希望于尽快转晴。

要求:选好角度,确定立意,明确文体,自拟标题;不要套作,不得抄袭,写一篇不少于800字的文章。

单一归因例文

在征服南极的竞赛中,斯科特失败了。阿蒙森的准备工作显然比他充分得多。出发前,阿蒙森就做了详细的调查和计划,他效法爱斯基摩人,用爱斯基摩犬作为动力;而斯科特直到得知阿蒙森将要出发,才仓促动身,选用的还是不适应南极环境的西伯利亚矮种马,而且途中还有一箱食物发霉了——这在探险中是致命的疏忽……于是,阿蒙森成为踏上南极点的第一人,而斯科特最终命丧归途。两位极地探险家的故事告诉我们:凡事做好充分的准备,才能取得成功。

首先，准备是成功的基石。赤壁之战中，孙刘联军认识到曹操虽然兵力强大，但北方人不习水战，且军中疫病流行，于是不仅加强训练己方水兵，还巧妙地借东风火攻。战前，周瑜还故意让黄盖假装投降曹操，以降低敌军警惕性。最终，以少胜多。可见，只有通过充分的准备，才能确保对可能出现的各种情况有所了解和应对，最终取得胜利。

其次，准备能够增强自信。这种自信来源于确定性和掌控感，能够帮助人们在面对困难和挑战时，保持冷静和坚定，从而更容易达成目标。比如，我的同桌决定参加校园歌手大赛之后，为了增强自信心，他常在朋友和家人面前反复练习，并不断改进。正是充分的准备，让他能够在正式比赛时，保持冷静和坚定，最终超常发挥，取得好成绩。

当然，充分准备，并不意味着过度准备。准备是为了更好地应对挑战，而不是成为我们拖延和逃避的理由。因此，我们需要在准备和行动之间找到平衡，确保在准备充分的同时，避免无谓的犹豫，也能及时抓住机会，付之于行动，确保目标的实现。

总之，做好充分的准备，才能取得成功。充分的准备不仅能够为成功打下坚实的基础，还能增强我们的自信心。当然，准备也需要适度，不能成为行动的绊脚石。

充分准备吧。唯有如此，才能在人生的道路上，取得成功，不断进步！

以上语段用单一归因的方式讨论南极之争的成败，只强调了准备的重要性，却有意无意忽略了其他可能影响结果的因素，对事件的理解是片面的。

实际上，我们应该全面地分析导致某一结果的原因，并分清主要原因与次要原因。我们看下面这个例文：

在征服南极的竞赛中，斯科特当然是一个失败者。不得不说，阿蒙森的准备工作确实比他充分得多。出发前，阿蒙森就做了详细的调查和计划，他效法爱斯基摩人，用爱斯基摩犬作为动力；而斯科特直到得知阿蒙森将要出发，才仓促动身，选用的还是不适应南极环境的西伯利亚矮种马，而且途中还有一箱食物发霉了——这在探险中是致命的疏忽……于是，阿蒙森成为踏上南极点的第一人，而斯科特最终命丧归途。这是两位极地探险家带给我们的第一个启示：凡事做好充分的准备，特别是留出余量和空间，才能提高成功的概率。

除此之外，斯科特和阿蒙森还有一个最大的区别。不管天气好坏，阿蒙森坚持每天前进三十公里。相反，斯科特就比较随心所欲了。天气好就走他个四五十公里甚至六十公里，天气不好的时候，就睡在帐篷里，吃点东西，吐槽一下恶劣的天气，然后寄希望于尽快转晴。这是两位极地探险家带给我们的第二个启示：成功是长期持续努力、每天进步一点点的结果，而不是毕其功于一役之后的收获。无论外部环境如何，不管运气好坏，不怨天尤人，稳定地保持前进的状态，这才是更为关键的成功秘诀。

正是"日拱一卒"，最终才"功不唐捐"。

以上语段更全面地考虑了导致结果的多种因素，提到了准备工作和持续努力的重要性，并指出后者才是最为关键的秘诀，对事件的认识无疑要全面许多。

要点八

关　系

在议论文的写作中，常常离不开对关系的讨论和分析。实际上，有一种常见的作文命题形式就叫作"关系型"。根据这样的题目完成的作文，也就是很多同学在写作训练中会遇到的命题训练——关系型作文。

顾名思义，所谓关系型作文，从题目的角度来说，指的就是由两个或两个以上的词语或短语并列组合而成的一种命题形式；从成文的角度来说，指的就是写作中必须兼顾话题构成的要素，并围绕它们的关系行文，并以此构成文章的主体。关系型作文重在考查考生的思辨能力，最重要的是要辨清构成话题的词和词、短语和短语、句子和句子之间的特定关系。

在议论文的命题过程中，常见的关系如下：

关系	命题示例
看似矛盾，实则统一，在某些特定的条件和情况下相互转化，要辩证地分析。	开始与结束 有用与无用
看似对立，实则相关，双方彼此关联，相互作用，相辅相成，缺一不可，要全面地分析。	优势与劣势 大我与小我 规矩与天性

关系	命题示例
分别属于不同范畴,在某些特定的范围中有交集,但具体内涵又有区别与不同,要具体地分析。	成见与偏见 野心与雄心
看似强相关,实则弱相关,因此要写作者就关系之强弱进行辨析。	苦难与财富
彼此之间具有某种需要写作者自行阐释的复杂的、丰富的关系。	学以致远 历久弥新

在议论文写作中,我们可以使用多种论证方法,完成对关系的讨论与分析,并使之构成一篇文章的主体部分。

【考场实例1】 可为与有为(2021·全国甲卷)

中国共产党走过百年历程。在党团结带领人民进行的伟大斗争中孕育的革命文化和社会主义先进文化,已经深深融入我们的血脉和灵魂。我们过的节日如"五四""七一""八一""十一",我们唱的歌曲如《义勇军进行曲》《没有共产党就没有新中国》,我们读的作品如《为人民服务》《沁园春·雪》《荷花淀》《红岩》,我们景仰的革命烈士如李大钊、夏明翰、方志敏、杨靖宇,我们学习的榜样如雷锋、焦裕禄、钱学森、黄大年等,都给予我们精神上的滋养和激励。我们心中有阳光,我们脚下有力量。我们的未来将融会于中华民族伟大复兴的新征程,我们处在一个大有可为的时代……

请结合材料,以"可为与有为"为主题,写一篇文章。

论证方法与思路示范

方法	具体思路
分类	"可为与有为"分别属于"可为与不可为""有为与无为"这两个范畴。
界定	"有为",通常指的是对人的评价,是对已有表现的肯定与赞扬;而"可为"通常指的是一件事情显现出来的发展趋势,是人对未来之事态及未有之结果的积极预判。
关系	有为是一个人成事的前提,可为是一件事成功的基础。有为之士是成就可为之事不可或缺的必要条件,可为之事是有为之士实现个人价值的最佳选项:有为之士,常常有可为之远见,可为之心态,因而也就常常是实现可为之事的绝对力量。而一件可为之事,也需要有为之士的主导、推动,才能最终得以真正实现。
举例	没有范仲淹、王安石等几代有为之能臣,如何能成就大宋变法改革之伟业宏图?
类比	有为之士与可为之事的关系,正如赛车手与赛车之间的关系。赛车手是赛车的灵魂人物,没有杰出的赛车手,赛车无论如何也跑不起来;可要是没有性能优良的赛车,杰出的赛车手也决然跑不出好成绩。
	古人说的"巧妇难为无米之炊"说的不也是类似的意思吗?巧妇正是有为之人,"有米之炊"正是可为之事。有巧妇而无米,正是有为之人难为不可为之事;有米而无巧妇,正是可为之事难离有为之人。
关系	有为之人要奔赴可为之事,可为之事要召唤有为之人。
观点	

　　至于我自己,要把争当有为之青年作为要求自身的标准,要把投身可为之事作为奋斗的目标。

【考场实例2】 对与好（2018·北京西城高三上期末）

> 两名大学生利用长假，脚踩轮滑鞋，历时5天半从山东到北京，完成了一次长达五百多公里的"长途刷街"，实现了一个多年的青春梦。许多网友为其叫好："有志者，事竟成！""为轮滑带来正能量！"而一位交警则指出："轮滑鞋代步上路，违反了交通法规，是不对的，这种行为一旦被发现，会受到相应处罚。"
>
> 生活中，类似的事并不鲜见，"好"的事可能是"不对"的事。而另一方面，"对"的事也不一定都是"好"的事，比如符合校规的着装不一定是学生心仪的着装，比如书法家为了写出好字常常打破正确的笔顺以求艺术上更美……
>
> 不同情况下，不同领域中，人们对"对与好"的理解认识各不相同："只有对的，才可能是好的""无过便是功""只要是好的，终会是对的"……你又有着怎样的看法？请以"对与好"为题，写一篇议论文。

论证方法与思路示范

方法	具体思路
分类	"对与好"分别属于"对与错""好与坏"这两个范畴。前者往往是客观的，有明确的评判标准，而后者往往是主观的，因此难免因人而异。
界定	对与错，是泾渭分明、非黑即白的判断，而好与坏是彼之砒霜、我之蜜糖的感受。
关系	正因如此，对与好有时统一，有时对立：大多数情况下，对的常常是好的，好的自然就是对的，但凡事总有例外：好的，并不永远是对的；而对的，并不全然是好的。

方法	具体思路
举例	对的事，可能并不好：每天统一着装上学，就校园规定来说，自然是对的，然而就个体体验来说，却未必是好的。好的事，可能并不对：颜真卿的书法作品中常常夹杂些许错字，笔画的错漏与冗余，构成的却是艺术的朴拙与本真。
类比	对与好的关系，正如真与美的关系。有时候，真的就意味着是美的，但美的却并不必然都是真的。
分类	为了好，有的人会牺牲对；而为了对，有的人会割让好。
观点	
在成长的道路上，如何做好二者之间的平衡，是我始终不能放弃的追问。	

【考场实例3】 扫一屋与扫天下

材料一：陈蕃十五岁时，曾独自一人住在一处读书，其庭院及屋舍内十分杂乱无章。他父亲的朋友薛勤来拜访他，对他说："孺子何不洒扫以待宾客？"陈蕃回答："大丈夫处世，当扫除天下，安事一室乎？"薛勤认为他有澄清世道的志向，很有自己的见解，与众不同。陈蕃后来果然成了一代名臣。（译自南朝宋·范晔《后汉书》）

材料二：刘蓉年少时，很有抱负，在其父亲养晦堂偏西一间书房里闭门读书。俯读仰思，每当思考得深入时，他常站起身绕着室内来回走。室内地面坑坑洼洼，刘蓉多次被绊倒，吃了不少苦头，但时间一长他也就习惯了。一日，他父亲过来室中，笑话他说："一室之不治，何以天下家国为？"他父亲就命童子取来泥土填平了那些坑洼。（编自清·刘蓉《习惯说》）后人结合刘蓉的故事，总结出了"一屋不扫，何以扫天下？"的名句。

请以"扫一屋与扫天下"为题，完成一篇文章。

例文展示

扫一屋与扫天下

万君

元末明初的文学家陶宗仪，在其《南村辍耕录》中，有一篇《笠子欹侧》的故事。其中的"自家一笠尚不端正，又能平天下耶"一句，与"一屋不扫，何以扫天下"可谓一脉相承了。其中，"扫一屋"是做家务，打扫卫生，营造居住环境的能力，属于卫生范畴；扫天下是服务社会、治理国家的能力，属于政治范畴。我们首先可以说，扫一屋与扫天下，分别属于小与大、人与我、公与私的范畴。因此，有人就进一步认为，两者之间，正是一种以小见大、以近知远、以我推人、以私及公的关系。

但两者之间，真的有什么必然的联系吗？如果打扫屋子的能力强，就意味着治理国家的能力强，那日本"收纳女王"近藤麻理惠应该政绩卓著；反之，如果治理国家的能力强，就代表着个人生活能力强，那王安石怎么又会因为不讲个人卫生而引人议论、调侃？爱因斯坦梳不顺那永远狂炸凌乱的头发，倒也并没有影响他理顺物理量子之间的关系，提出优雅而美观的质能方程式；笠帽歪戴这件事，也没妨碍胡长孺担任翰林修撰、两浙都转运使，写出《南昌集》《瓦缶编》等著作。可见，生活领域的"小"事和政治、科学等领域的"大"事之间，没有必然的联系。而全能型人才也向来可遇而不可求，大多数人能在其中的一方面做好、做精，其实就很不错了。

但与此同时，老师和家长以"一屋不扫，何以扫天下"教导我们时的良苦用心，终究是毋庸置疑的。

网上有句相当流行的话叫作："世人都想拯救世界，却没人帮妈妈洗碗。"生活中也一样有类似的现实问题：相当一部分同学的目光投向了天下，但与此同时又常常有意无意忽略了身边小小的一屋。但无论何时，无论何地，成为一个全面的、完善的人总应该是我们追求的目标（人们常说的"全人教育"）。学校对四中学生提出的成长目标，则是成为一个"杰出的中国人"，其中就包含了"卓越的职业与生活态度"与"在未来优雅地工作和生活"，以及成为"职业领域与个人生活的成功者及有益于社会的公民"。换言之，这同样也是希望我们能够成为一个扫天下与扫一屋兼而能之的人才——扫一屋的劳动态度与能力，就是卓越与优雅的保障嘛！所以，军训时候的"豆腐块"最该好好叠，而逃班级值日这种事情，万万不能干；以"扫天下何必扫一屋"为由推脱自己应该完成的劳动任务，更是万万不可取。

这样看来，倒也大可不必让扫一屋和扫天下成为彼此对立的事情：抛开卓越、优雅不谈，杰出与否也暂且不论，在窗明几净而不是污秽不堪的环境里思考国家大事的人，确实更容易在不同层面上，收获到人生的多重幸福嘛！心怀天下之前，为什么不能先把自己的小屋打扫干净呢？收拾好自己的书房用不了多少时间，不耽误任何人心怀天下，也不耽误任何人去追求自己的社会理想啊！所以我非常支持和认同学校的做法：让学会做八菜一汤的劳动教育和"家国天下的情怀，舍我其谁的担当"的理想教育携手并行。我也无比愿意认真践行，努力在未来成为一个既能把自己照顾好，又把他人照顾好的成年人。

然而，仔细想想，扫一屋和扫天下虽然没有必然联系，但难道真的毫无关系吗？

据说，每一个到过威斯敏斯特大教堂的人，都被一块无名墓碑碑文深深地震撼过："我年轻的时候，我的想象力从没有受到过限制，我梦想改变这个世界。当我成熟以后，我发现我不能改变这个世界，我将目光缩短了些，决定只改变我的国家。当我进入暮年后，我发现我不能改变我的国家，我的最后愿望仅仅是改变一下我的家庭。但是，这也不可能。当我躺在床上，行将就木时，我突然意识到：如果一开始我仅仅去改变我自己，然后作为一个榜样，我可能改变我的家庭；在家人的帮助和鼓励下，我可能为国家做一些事情。然后谁知道呢？我甚至可能改变这个世界。"彼得森教授在《人生十二法则》中的第三条建议也正是：

"在批评世界之前，先整理好自己的房间。"人的精力、能力乃至生命，总是有限的。能扫清天下、改变世界的终究是少数人。如此来看，扫一屋和扫天下之间，其实分别属于近与远、易与难的范畴，彼此之间则是先近后远、先易后难的关系——是啊，就算最后不能改变世界，我至少也改变了自己啊！最容易做的，就应该最先做。中国人讲的"修、齐、治、平"，难道不也正是这个道理吗？这样看来，"欲扫天下，必先扫一屋"的老话中，蕴藏的其实是深刻而发人深省的道理。

谁说水槽里堆放的杯盘碗筷，和心中的诗和远方毫无关系？

从今天开始，在拯救世界之前，我愿意先帮妈妈洗一洗碗。

要点九

归 纳

归纳是化繁为简，多中求一。归纳和概括都是从具体事实中提炼出一般性结论，帮助我们总结已知的思维方式，但侧重点不同。概括则侧重于对大量信息的简化和汇总，写作归纳，着眼于更为宏阔的领域，观照历史上更为关键的、经典的、群体性的事件，并能够按照更为漫长的时间线进行梳理，进而发现一种普遍的规律，通过大量个别事件得出一般性的结论。

具体示例如下：

> **创 新**
>
> 创新乃是时代永不改变的主题。百年前的中国，中华民族正陷于危亡之际，一代青年在"五四"洪流中，高举民主科学的大旗，倡新道德，行新文学，以敢为人先的创新姿态，擘画出今日中国最初的模样；百年后的今日，从5G通信到互联网市场，从高铁建设到数字支付，从"蛟龙"到"天问"，我国取得的诸多成就无不紧紧依靠着从无到有、从有到好的创新驱动，无数"00后"正发挥着重要作用。创新是属于青年的不变的责任，创新是时代对青年的要求，故而今日中国创新之大业，舍我其谁？我辈青年之于创新，责无旁贷。

跨　越

正所谓"长江后浪推前浪",时代如潮水一般,不断更新着它的面貌。但是时代不断发展,"跨越"是永恒的主题。中国航天事业的发展史就是一部跨越的历史。1970年4月,"东方红一号"升入太空,中国航天实现了从无到有的跨越;一代代航天人在人造卫星领域继续向前跨越,完成了领先世界的"一箭三星"技术;进入21世纪,跨越的脚步从未停歇,从载人航天到太空漫步,从空间实验室到中国空间站,中国航天的脚步从地球跨越到月球,又从月球跨越到火星,千年"天问"之梦在不断跨越中实现。时代的潮流向前推进,正如深空永无边界,不可把目光局限于眼前,星辰大海,才是征途。

故而虽然时代奔流滚滚,总有人要勇立于潮头,做新时代的弄潮儿,在固有的一切上实现跨越。这些人不是别人,而正是我们青年。上世纪初,人们认为物理学已经完备,固有的理论不可能再有新的跨越式成果。但一代青年科学家站在新的视角,拓展经典理论,创立了量子力学体系,让物理学实现了从宏观到微观的跨越。同一时期的中国,在一系列变法革命后实现了跨越性的近代化成果,但是民族危机仍亟待解决,一群青年学习马克思主义,建立中国共产党,带领人民跨越出民族危机的深渊,建立了中华人民共和国。在历史中关键的跨越时刻,从来不乏青年的身影。青年身上有着冲破一切桎梏的力量,青年心中有着跨越一切的决心,时代潮头之上,舍我青年其谁?

【考场实例】 说同行(2022·北京东城高三期末)

2022年北京冬奥会,中国向世界发出了"一起向未来"的邀约,呼吁彼此相依,奔向未来。纵观人类文明的发展,"同行"一直是鲜明的主题:无论是"王于兴师,修我甲兵,与子偕行"的壮歌,还是"如果你想走得远,一群人走"的谚语，抑或是"与智者同行，必得智慧"的箴言……都传达出携手并进、不惧荆棘、共赴前路的意愿。

请以"说同行（xíng）"为题，写一篇议论文。

要求：论点明确，论据充实，论证合理；语言流畅，书写清晰。

例文展示

说同行

四中某学长

人类文明发展的历史是不同文明携手同行的历史。观中华文明之历史，自西汉张骞西域凿空以降，中外交流从未中断，世界各大文明在中华大地上交流碰撞，形成了多元一体的中华文明；观今日之世界，以人类命运共同体面对新情境下各种新的挑战，用国际合作和多边主义创造出了巨大的力量。

可见，携手同行是文明发展的主流。同行发展，尊重差异，文明才可走向繁荣。

人类学家认为，一个文明的发展很大程度上取决于该文明与其他文明之间的联系的紧密程度，通过文明间的共同协作可以创造出巨大的力量。早在各种远古传说中就记载了不同族群的人们共同对抗洪水的故事，这时人类靠同行的力量与自然抗争；新航路开辟之后，不同文明被经济的纽带连接在世界市场之中，这时人类靠同行的力量创造出巨大的财富；20世纪早期，法西斯横行世界，不同文明结成反法西斯同盟，这时人类靠同行的力量争取世界和平。同行的力量始终是人类文明创造辉煌成果的关键。

由此可见，同行——不同文明之间的共同协作——可以给文明以力量，使得它们可以冲破阻碍，向前发展。但同时，其也有不可回避的问题：同行尚"同"，在同行过程中，各具特色的文明往一处汇聚时难免趋同；一旦同化，自身的独特之处就会丧失。就像一处花园中万紫千红的花儿经过嫁接，最后成了一个样子，那又有什么美呢？

那么，我们该怎么办呢？我认为同行过程中，仍要尊重差异。

对此，前人和智者给我们诸多启示，譬如说，孔子讲"和而不同"，周总理说"求同存异"，同行路上，尊重差异十分必要。有一个银瓶出土于西藏：瓶子规格依照唐的形制，金质纹饰来源于古罗马文化，瓶身上的大胡子形象，则带来了浓郁的波斯风情。不同文明在这一个瓶子之上汇聚，融不同文明的精粹于一体，创造出了如此巨作，给今天的观者带来美的享受。文明的差异带来文明的美感，如果一味追求共同前行而抹去差异，文明是倒退而不是发展，是破坏而不是创造，诚不可取也。

今天，处于百年未有之大变局的世界，人类面前是前所未有的挑战：新冠疫情、气候变化、粮食危机……不一而足。在这个关头，更需要跨越文明之间同行，但也要注意尊重文化差异，避免文明同化。人类文明发展历史的全新一页已经翻开，全世界在各美其美的基础上携手同行，才能谱写出更加辉煌灿烂的新的篇章。

上面的例文通过张骞凿空西域、新航路开辟、反法西斯同盟等历史事件，先归纳出同行的力量是人类文明创造辉煌成果的关键；接着，又归纳出同行过程中存在的问题，即文明在汇聚时可能会趋同，从而丧失自身的独特性，进而论证了不同文明之间共同协作的重要性以及在同行过程中尊重差异的必要性——在一篇文章中，通过归纳论证的运用，作者通过简约、凝练的语言，展现了自己广阔的视野、丰富的学识和对事物全面而深刻的认识。

要点十

演 绎

演绎和归纳相反,是一种从一般性结论推理出特殊情况、具体事实,帮助我们探究未知的思维方法。演绎有两个特点:一是如果前提都是真的,那么结论必然是真的;二是结论的知识在前提的范围中。

我们来看一个简单的例子:所有人都会死,苏格拉底是人,所以,苏格拉底会死。

大前提	所有人都会死
小前提	苏格拉底是人
结论	苏格拉底会死

在议论文写作中,为了让语言更简练,大小前提是常常被省略的,甚至有的时候,一段话中包含了好几个三段论的省略式。发现论证的隐含前提,并对它的可靠性进行审查、判断、讨论,是审题立意、构思行文,乃至文章修改等写作过程中的重要方法。

演绎思维有利于我们在审题立意环节发现写作的角度。

【考场实例1】 丝瓜藤与肉豆须（2015·山东卷）

> 阅读材料，根据自己的感悟和联想，写一篇不少于800字的文章。
>
> 乡间有谚语："丝瓜藤，肉豆须，分不清。"意思是丝瓜的藤蔓与肉豆的藤须一旦纠缠在一起，是很难分开的。有个小孩想分辨两者的不同，结果把自家庭院里丝瓜肉豆的那些纠结错综的茎叶都扯断了。父亲看了好笑，就说："种它们是用来吃的，不是用来分辨的呀！你只要照顾它们长大，摘下瓜和豆来吃就好了。"

按演绎思维来分析这段话的大小前提和结论，可以得到下面这张表格：

大前提	凡是耽误工夫、浪费心力、破坏财物的事都是没用的
小前提	分辨丝瓜的藤蔓与肉豆须属于耽误工夫、浪费心力、破坏财物的事情
结论	分辨丝瓜的藤蔓与肉豆的藤须也是无用之事，大可不必

正因如此，父亲对孩子说："种它们是用来吃的，不是用来分辨的呀！你只要照顾它们长大，摘下瓜和豆来吃就好了。"正是因为隐藏的大小前提和结论有错误与争议，作文题也就有了议论的价值与空间。与此同时，隐藏的前提和结论有错误和争议，也是论证出现问题的常见原因。在平时的思维和写作训练中，可以通过补充大小前提的方式，来验证结论是否合理、严谨、深刻，从而提高论证的水平。

【考场实例2】 斜杠青年

> 斜杠青年，指的是一群不再满足专一职业的生活方式，而选择拥有多重职业和身份的多元生活的人。这些人在自我介绍中会用斜杠来区分，例如张三，记者/

演员/摄影师,"斜杠"便成了他们的代名词。

有人赞赏斜杠青年的生活方式,认为这是社会进步、分工细化的体现;有人反对这种生活方式,认为它和所倡导的专注、专业的工匠精神格格不入。

以上材料引发了你怎样的联想和思考?写一篇不少于800字的议论文。

例文节选

实际上,专注和专精更有益于我们取得成功。荀子在《劝学》中说,"能专始能精,能专始能成"。比如,董仲舒专注儒学,最终提出"天人感应"理论,为汉武帝时期的儒学复兴和国家治理提供了理论基础,被后世奉为一代大儒。可见只有通过专注和专精,才能在某一领域取得精深的造诣,成就一番事业。罗曼·罗兰则说:"与其花许多时间和精力去凿许多浅井,不如花同样的时间和精力去凿一口深井。"这就启发我们,在学习中保持专注,甚至精于某一个或几个优势学科而不是"胡子眉毛一把抓",对学业和未来的发展可能更为有益。纵然任何人和事的成功,都是诸多因素综合发挥作用的结果,但无论如何,和旁边那个"一心以为有鸿鹄将至"的人比起来,一个专心致志、全神贯注的学生,取得成就的概率总会更高吧?一个当记者的时候都还在背单词的演员,能是一个好摄影师吗?

大前提	专注和专精有益于成功
小前提	在学习中保持专注,甚至精于某一个或几个优势学科而不是"胡子眉毛一把抓"属于专注和专精
结论	对学业和未来的发展可能更为有益

【考场实例3】 说剪裁（2024·北京西城高三一模）

剪裁，本义是缝制衣服时把衣料按照人们需要的尺寸剪断裁开，后来有了新的含义，如园丁剪裁花木、创作者剪裁素材等。有的人提倡剪裁，追求"删繁就简三秋树"；有的人看重自然而然，认为"夜来一霎清明雨，万卉千葩胜剪裁"。

请以"说剪裁"为题目，写一篇议论文。

要求：论点明确，论据充实，论证合理；语言流畅，书写清晰。

例文节选

执有剪刀的手不可以是缺乏人性和爱的施暴者。剪裁不是粗暴的规训与抹杀，这是剪裁发挥上述积极作用的基本前提。好比《红楼梦》中，三从四德封建礼法的钢铁巨剪，就逼得薛宝钗这位本来天真烂漫、才华横溢的少女抹杀自我，套入旧社会为女性制定的模具，这是剪裁导致鲜花凋零的惨案；园丁剪裁花木时理应考虑到植物自然的生长规律，掌握权力和话语权的一方在制定规范与边界时应给人的自然本性、美和善、创造力和想象力留有足够大的空间，我们的世界才不至于沦落为千篇一律的、专制的黑色空壳，人才可以"自由而全面地发展"。

在现实生活中，正确认识"剪裁"对学校教育工作者有格外重要的启示意义。不少河北高中生在互联网上"吐槽"学校要求女生统一剪齐耳短发、男生统一留板寸，看似戏谑的"自嘲"下，是多少青春的自卑和缺憾。在爱美、追求个性的年纪，留长发有错吗？不对一个小小的发型进行如此军事化的"剪裁"，难道就会对学习成绩、学生品性产生什么弥补不了的打击吗？这是校方应严肃思考的。因为看似无足轻重的对学生发型的剪裁背后，涉及美育、公权与个体权利、教育风气等诸多社会议题。剪裁的本质，不应是主体对客体单向度的规训塑形，而是在充分尊重客观规律的前提下，以美为标尺，双方自由充分表达意志后达成一致的双向奔赴。

大前提	执有剪刀的手不可以是缺乏人性和爱的施暴者。剪裁不是粗暴的规训与抹杀，这是剪裁发挥上述积极作用的基本前提
小前提	学校教育是一种规训
结论	（教育作为一种）剪裁，不应是主体对客体单向度的规训塑形，而是在充分尊重客观规律的前提下，以美为标尺，双方自由充分表达意志后达成一致的双向奔赴

上面两个议论段中文意由一般到特殊的推进，正是演绎思维在议论文中的具体应用。

要点十一

辩 证

辩证，主要指的是一种看待事物、分析问题的思维方式，强调用全面、联系、发展的眼光去认识和理解世界。"A 具有两面性，有利有弊，因此我们要辩证地看待 A"是作文中相当常见的一句话。但是，仅仅是单摆浮搁地把这个句式放在作文中，并不意味着这一方法得到了具体而有效的运用。一般而言，如果一篇文章只是简单地像下面这样安排整篇的结构，通篇没有对具体问题的深入分析和讨论，就不是真的辩证，也不是有思维品质的文章。

> 中心论点：A 是一把"双刃剑"，有利有弊。
> 分论点 1：A 的好处是（展开对好处的分析）。
> 分论点 2：A 的坏处是（展开对坏处的分析）。
> 结论：我们要辩证地看待 A。

简言之，你在文章中要学会具体的辩证，而不是理论的辩证。那么一篇文章中的"具体的辩证"到底应该是什么样子的呢？我们来看一篇考场实例文章。

【考场实例】 顺水与逆水（2022·北京西城高三二模）

以色列生物化学家阿龙·切哈诺沃因发现泛素调节的蛋白质降解，于2004年获得诺贝尔化学奖。他在接受记者采访时说："小时候，妈妈教导我说，人走入一条河流，可以顺水而行，也可以逆水而行，你这辈子如果想成功，就永远要选择后者，尽管它可能并不舒服。我能有今天，就是按照妈妈给我画的'路线'而行的。"

材料中"可以顺水而行，也可以逆水而行"，引发了你怎样的联想和思考？请联系现实生活，自选角度，自拟题目，写一篇议论文。

例文展示

论顺水与逆水

刘峻豪

人生如行船，"顺水"时"千里江陵一日还"，好比柳絮乘风借力，直上青云；"逆水"时，不进则退，身与时违，举步维艰。人这一生，谁不渴望顺水而行，活得轻松惬意？但难免遭遇逆流，须直面困境，逆水而行。

因此，在我看来，如何在顺逆莫测的"河流"中调整自我状态，是每个人都须面对的课题。

顺水而行，看似轻松，然而越是风平浪静，越是感觉充满机遇，就越容易愚钝麻痹，等着"天上掉馅饼"。殊不知，人生没有等出来的精彩，只有走出来的辉煌。改革开放的政策颁布，为思想松绑，为经济松绑，看似"潮平两岸阔"，却并非每个人都能在改革大潮中有所斩获。而年广九靠"傻子瓜子"做成了"中国商贩第一人"，他成功的秘诀在于敢为人先；马云、刘强东靠电商起家成为风云人物，他们的立足之本是敏锐的判断、果敢的行动。不难看出，即使是顺水漂流，也需要有激流勇进的魄力、掌舵领航的眼光。

至于逆水而行，艰难险阻自不必说。然而，倘若我们以勇气和毅力，抵抗时代的逆流，又何尝不能创造出一番天地？华夏大地上生灵涂炭，"寄意寒星荃不察，我以我血荐轩辕"，是鲁迅先生以这样的热血来唤醒麻木的国民；彼时的中国看不到出路，陈望道同志于是翻译了《共产党宣言》，在无边的黑暗中点亮了希望的微光。面对时代的逆流、旋涡，他们直面困境，力挽狂澜，使得中国渡过了劫难，走上复兴。

由此可见，逆水而行固然极具挑战，但如古希腊神话中所言"唯成大事者，才配拥有最颠沛流离的命运"，溯流而上者的回报往往格外丰厚。

不可否认，每年鲑鱼洄游产卵，只有一小部分可以历尽千辛，抵达上游，大多数溯流而上的鲑鱼在逆流中沉入水底。但鲑鱼的努力是徒劳的吗？不是的，它击水的风姿、桀骜的姿态本身就具有非同寻常的价值。正如屈原竭忠尽智，仍无法改变楚国山河日下的时局，但"举世皆浊我独清，众人皆醉我独醒"的绝唱激荡人心；岳飞抗金连战连捷却遭小人陷害，终究未尽"精忠报国"之事业，但"待从头收拾旧山河，朝天阙"的豪迈流芳百世。逆流而上者会面对困境，会有失败的可能，但如果上游处有理想，何不毕生溯洄从之？

运用辩证思维，我们对上文展开分析：

辩证思维	具体应用
对立统一原理	提出了顺水与逆水的对立概念，但并没有简单地将二者对立起来，而是进一步探讨了在不同情境下，二者可以相互转化。
矛盾的普遍性与特殊性	改革开放、年广九的"傻子瓜子"、马云和刘强东的电商成功，展示了即使在顺境中也存在挑战和需要克服的矛盾，体现了矛盾的普遍性；同时，通过鲑鱼洄游的例子，展示了即使大多数是失败的但仍有成功者的特殊情况，体现了矛盾的特殊性。

辩证思维	具体应用
对立统一原理	提出了顺水与逆水的对立概念，但并没有简单地将二者对立起来，而是进一步探讨了在不同情境下，二者可以相互转化。
质量互变原理	即使是顺水漂流，也需要有激流勇进的魄力和掌舵领航的眼光，这体现了在量变的基础上，质的飞跃是可能的。而在逆水而行的艰难中，通过勇气和毅力，也能创造出一番天地。
否定之否定原理	逆水而行虽然极具挑战，但回报往往格外丰厚，这体现了事物发展过程中的曲折性和前进性。即使面对失败，如屈原和岳飞的例子，他们的精神和努力仍然被后人铭记和赞颂。
内因和外因	顺水而行时，外界环境看似有利，但个人的努力和判断同样重要，这体现了外因通过内因起作用的原理。而在逆水而行时，个人的勇气和毅力成为改变困境的关键，体现了内因在事物发展中的决定性作用。
具体问题具体分析	无论是顺水还是逆水，都需要不断地努力和调整，这体现了用发展的观点看待问题，认识到事物的发展是一个不断变化和调整的过程。
发展的观点	在讨论顺水与逆水时，并没有一概而论，而是根据不同的情境和条件，分析了在不同情况下应如何调整自我状态。

通过这些辩证思维的运用，文章细致、深入地探讨了顺水与逆水的哲学意义，于字里行间传达着一个热血青年"躬身入局"的责任感与使命感，遂成佳篇。什么是具体的辩证而不是理论的辩证，相信此时的你已经有了清晰的答案。

要点十二

引 用

引用论证，有人简称之为引证法（属于道理论证）。顾名思义，我们需要在引用的基础上，完成对引文进一步的阐释，从而构成完整的引用论证。在议论文中加入引用论证的目的大致有两个：一方面，一些名言警句往往比我们自己讲的道理更为精辟，我们可以用它们来帮助我们说出想说的道理，让公众人物和权威人士的话语增强论述的说服力和权威性；另一方面，为了展示我们自己的广阔视野，进而丰富文章内容，展示文章的深度和广度。

好的引用论证，会让你眼前一亮，甚至发出"真是这样啊""居然还能这么写呀"的感叹。比如，下面的两个关于"个人成长需要规矩还是天性"的表述。

表述一：

规矩与天性不只有对立的关系，而且还是相互统一的，应该共同作用于个人成长。

表述二：

规矩与天性不只有对立的关系，而且还是相互统一的。爱因斯坦说："光为什么不能既是粒子又是波？"是啊！为什么不能让规矩与天性有机结合起来，共同作用于个人成长呢？

通过引用爱因斯坦关于光的波粒二象性的观点，表述二巧妙地将这一科学理论与个人成长中规矩与天性的关系相类比，使得抽象的哲学问题变得形象易懂，让人记忆深刻了。

引用论证具体示例如下：

1. 引用名人名言、格言俗语

民国学者胡适曾说："怕什么真理无穷，进一寸有一寸的欢喜。"成长的秘诀正是如此：目标可能是遥远的，道路可能是艰巨的，但只要不畏惧，肯进步，脚踏实地做起来，无论是谁，都能在前行的过程中有所获益，有所成长，进而体会到成长的快乐与满足。简而言之，就是八个字：但凡努力，必有收获。由此可见，求学之路上大可以坚定信念，轻装上阵。

2. 引用经典文章、经典作品

首先，顺天致性有其必要性。正如古人所言，小树的成长需要"土故培平"，假若我们偏要反其道而行之，怎能使其茁壮？个人成长亦然。小朋友生性爱玩，我们偏要在其三年级的时候令他读完初中课本，并把周末全都用来学习，如此强行"催熟"的孩子极大可能会出现心理问题，为长远发展埋下祸患。因此，顺人之天性对个人成长有基础性意义。

3. 引用在某个领域、学科的特定概念（专业术语）

动态规划

运筹学里有一个概念叫"动态规划"，"动态规划"有一个"无后效性"的知识点，它的意思是说：影响下一个事件的只是当前的这个事件，结果和过去无关。对于一个高中生来说，我们能获得的启发是什么呢？我想，那就是我们在学习的过程中,一定要"立足当下,关注未来"。不因为已经发生的事情而纠结、焦虑,或者骄傲、大意——实践证明,这样的情绪只会消耗你,不会成就你。在学习备考、追求目标的过程当中,无论刚刚经历的是挫折也好,成功也罢,我们只考虑一件事:那就是当下的我应该怎么办,下一步应该具体做些什么,我的学业才能提升。只有这样,心态才会稳。心态稳了,成绩才有可能稳。

比较优势

个体之间应该追求合作,而不是竞争。经济学领域有一概念,叫"比较优势",即个人分别生产各自擅长的物品,然后到市场上贸易,于是皆大欢喜。是合作,而不是竞争,实现了个体与个体之间的互补。比如,牧民在草原放牛,渔民在海边捕鱼,各自温饱不愁却饮食结构单一,而一旦互联互通,到市场上贸易,那么,牧民可以吃到鱼肉,而渔民也可以吃到牛肉了,各自的饮食结构就都能得到丰富,人们的生活质量也能得到极大的改善。这给我们带来的启示是:人和人之间,也应该以各自的比较优势,实现彼此之间的合作与互补。

全局最优解

目标函数的优化有局部最优解和全局最优解之分,虽然找到全局最优解是最理想的,但是由于实际成本、实际需求等多方因素,有时候寻找局部最优解反而更有意义。因此,在寻找"人生最优解"的过程中,我们一定要做到具体问题具体分析,不可太过理想化而忽略现实条件,在仰望星空的同时,必须脚踏实地,这样才可以做到对自己的人生负责。其实,有时候"局部最优解"就是"全局最优解"。对于"人生最优解"而言,我们不是不想找"全局最优解",而是即便看似找到了它,也有很大可能是给自己"支了个昏看儿"!毕竟未来具有不确定性,不是你我可以操控的。因此,只要坚持"局部最优解"并一直坚持做下去,也就无限接近了"全局最优解"。

引入概念和术语能够有效提升论证的深度和丰富度。例如，在讨论学习方法时，引入运筹学中的"动态规划"概念及其"无后效性"原理，说明学习过程中应专注于当前和未来，而不是纠结于过去。在讨论个体之间的合作时，引入经济学中的"比较优势"概念，说明个体之间通过各自擅长的领域进行合作，通过市场贸易实现资源的优化配置，从而达到互利共赢的效果。对于人工智能算法团队而言，算法的优化需要有一个目标函数，而优化目标函数需要我们综合考量局部和全局的事情，综合得到最优解。如果你有对人工智能相关知识的积累，且"目标函数"和"人生目标"、"寻找目标函数最优解"和"寻找人生最优解"恰好是完美契合的，你才能完成"目标函数的优化"这个概念术语的引用，并阐释清楚，最终让其成为本段的一个加分项。

实际上，引用专业术语和概念在命题的过程中，也常常出现——而是否能够迅速地理解并运用专业术语和概念，正是审题立意和构思行文的关键。比如，下面这两道题就是把专业术语和概念放到了材料中，需要考生在现场完成理解与运用的任务。

【考场实例1】 幸存者偏差（2018·全国Ⅱ卷）

"二战"期间，为了加强对战机的防护，英美军方调查了作战后幸存飞机上弹痕的分布，决定哪里弹痕多就加强哪里。然而统计学家沃德力排众议，指出更应该注意弹痕少的部位，因为这些部位受到重创的战机，很难有机会返航，而这部分数据被忽略了。事实证明，沃德是正确的。

要求：综合材料内容及含意，选好角度，确定立意，明确文体，自拟标题；不要套作，不得抄袭；不少于800字。

【考场实例2】 弯道超越（2019·安徽卷）

"弯道超越"，本是赛车运动中的一个常见术语，意思是利用弯道超越对方。弯道是每个车手都必须面对的。相对于直道而言，弯道上困难多。过弯道时，原来领先的车手可能因弯道而落后，落后的车手可能因弯道而领先。现在这一用语已被赋予新的内涵，广泛用于政治、经济和社会生活的各个领域，其中"弯道"被理解为社会进程中的某些变化或人生道路上的一些关键点。这种特殊阶段充满了各种变化的因素，极富风险和挑战，充满了超越对手、超越自我的种种机遇。

上述材料，将会引发你怎样的思考或感悟？请根据思考或感悟，完成不少于800字的文章。

"我们遇见维度比自己更高的人，往往会有钦佩之意。引用这些概念术语，并不是通过展现文学素养来增强说服力，而是通过展现强大认知让判卷人为我们倾倒！"

周昊哲学长如此评价引用专业术语和概念的作用，不过，他也总结出了一些经验教训：

"这一类引用的风险系数要比引用名言警句稍高，这个风险来自：语文老师不太懂我们说的跨学科概念，我们自己也没有理解跨学科概念，然后做出了有偏差的诠释。希望展示强大认知的同时，我们十分有必要好好地去解释概念，从而真正达到写作的目的，否则让判卷人发现我们是半瓶子醋，那可就得不偿失了！"

那么这些专业的概念究竟从哪儿来，又要如何积累呢？以下是周昊哲学长在专业术语和概念的素材积累方面的示例，供大家参考：

概念术语	具体含义	应用
反脆弱性	系统在不确定环境中不仅能承受冲击，还能从中获益并变得更强	在谈论挑战、压力、逆境等关键词时，提出应对心态与方法：不仅要主动迎接变化，还要善于在变化中获取养分，进而化为自己的动力或战略优势，最终实现个人的成长
不确定性	对未来结果无法做出准确预测，变化与风险是生活的一部分	在讨论决策、创新、冒险等关键词时，强调在未知面前，培养灵活应对和抓住机遇的重要性和必要性
马斯洛需求层次理论	人的需求从低到高依次是生理、安全、社交、尊重和自我实现	在讨论个人成长、动机、目标等关键词时，解释如何循序渐进地满足不同层次的需求，最终追求自我实现
思维隧道效应	人在压力或困境下的思维狭隘化，无法全面考虑问题	在讨论压力、理性时，指出应克服这种隧道效应，通过更开放的视野和更多元的思考来做出更优决策
人类进化史	人类通过适应环境、工具改进、社会合作等进化至今	可在讨论发展、合作、进步等关键词时，强调适应力与合作在现代社会中的重要性
机会成本	因做一个选择而被迫放弃其他选择所带来的最大收益	可在讨论选择、放弃等关键词时，强调任何选择都意味着放弃其他可能的机会，倡议权衡利弊后做出最优决策
比较优势	个体或组织在某一领域比他人具有更低的机会成本，专注于自身优势领域进行生产或合作最优	可在讨论合作、共享等关键词时，强调各方应该互相取长补短，实现共同利益最大化
传播学理论	研究信息在社会中的生产、传播和影响机制	在讨论舆论、新闻、热点相关话题时，指出传播途径和受众心理的关键作用，强调理性沟通和青年人在网络时代提高信息素养的重要性

引入并跨界搭配，让两个不同领域的词语"梦幻联动"。

> 看电影是阅读罗伯特·麦基《故事》的前置条件，因为他随时都在用某部电影来举例；了解科学实证主义就是阅读《世界上最快乐的人》的前置条件，因为那就是明就仁波切论述人的意志的基础；知晓西方经典文学常识是阅读哈罗德·布鲁姆《西方正典》的前置条件，因为如果发现里面的绝大多数人名和作品竟然闻所未闻，你大概率就不会看下去。由此可见，读书都是有前置条件的。一个优秀的读者，要能根据每本书不同的前置条件，做一些提前的功课，这样便可以减少阅读的困扰，降低阅读的难度。（改编于和菜头老师的文章）

"前置条件"这个词最初是编程和软件开发领域的常用术语，用于描述某个方法或功能执行前必须满足的条件。如果"前置条件"不满足，那么方法或功能将无法正常执行。现在，这个术语也常用在项目工程中。在这里，"读书的前置条件"就是一个全新的、跨领域的搭配。

引入并跨文化比较，让不同地域的文化相互碰撞。

> **鸡头与凤尾**
>
> 畅销书作家马尔科姆·格拉德威尔（Gladwell）在谷歌时代精神论坛上分享了两组数据，比较了哈佛大学与普通学校攻读数学、科学学位学生的毕业率，以及不同层次学校毕业生的学术论文发表情况。研究结果显示，普通学校中的顶尖学生可能比名校中的一般学生表现更好。这正好印证了一句中国俗语："宁当鸡头，不当凤尾。"这一观点不仅在中国，在不同国家的文化中，都有相似的表述。比如：日本人说，"做沙丁鱼的头，好过做鲸鱼的尾"。英美国家的说法是，"做小池塘里的大青蛙，好过做大池塘里的小青蛙"。

> **成长与环境**
>
> 　　最近，普利茅斯大学教授克莱夫·萨贝尔研究团队发表文章指出，童年时期频繁搬家的成年人比那些在童年时期一直居住在一个地区的成年人有更高的患抑郁症风险。研究涉及超过一百万的丹麦人，发现10~15岁搬家超过一次的人，成年后患抑郁症的可能性比未搬家的人高出61%。萨贝尔博士强调，即使来自经济条件较差的地区，留在原地对健康也有保护作用。这就让我们有了重新审视"孟母三迁"这个故事的必要了：成长和环境之间的关系，到底是怎样的？

不直接引入，但模仿一个已经存在的词语，在文章中创造一个全新的词语。

> 　　当Google的AI工具Gemini对用户提出的要求反馈说："Sorry, I can't do it."（对不起，我办不到）时，用户只需要写一句"But ChatGPT can"（但是ChatGPT可以），Gemini就会立即表示自己可以完成先前的要求。鉴于目前还没有合适的中文词来描述这一现象，我正式在网络上提交这个新词：硅竞。硅竞意指硅基生物之间的竞争，这个概念暗示了人类的硅基创造物拥有了生命和意识，因此会相互竞争。除去玩笑的成分，我个人认为这种竞争是真实存在的，只是它和人们通常理解的那种竞争不一样，就像DNA之间的竞争，并非以彼此斗争形式进行，而是以各自努力存活的方式间接得以实现。（节选自和菜头老师的《硅竞》一文）

　　模仿是为创造做准备的。然而迄今为止，在文章中创造一个全新的词语，却似乎仍然是议论文写作的无人之境，尚未有少年成功抵达。当然，其原因并不难想见：一个真正的、全新的概念，往往对应着一个真正的、全新的事物。这显然是绝大多数成年人都无法完成的。

　　但幸运的是，现实生活中，我们却总是能听到那些身在无人之境的先行者的消息，所以，一旦听见什么有价值的新生词语、全新的概念，就赶紧记下来吧！

要点十三

对 比

同一范畴的比较，我们称之为对比。通过对比，我们可以发现事物之间的差异。相应地，运用到议论文写作的过程中，就是对比论证。写作中，使用对比论证的目的是通过对比两种或多种不同的事物、观点、行为等，以凸显其中一方的正确性、合理性或优越性，从而增强论证力量。

我们来看下面两个小的议论段：

经典与流行

周昊哲

为什么"口水歌"的生命周期往往很短？我觉得，一方面是因为那些歌没有可以回味的韵律，而另一方面则是因为没有直击灵魂的歌词。反之，著名歌手李健不因流行趋势改变自己的风格，坚持歌唱要"拒绝没有情感支撑的飙高音"，坚持歌词要"言之有物，浅显而不乏深意"。正因如此，这位涤荡人心的音乐诗人，其作品直至今日，传唱度不减反增。可见，时间会在风起云涌的流行中，筛选掉那些粗制滥造之作，并给予真正的价值以最公正的评定。

> ### 经典与流行
>
> 刘峻豪
>
> 　　有"天下第一行书"美誉的《兰亭序》、宋代四大名窑之一的汝窑瓷，都是当之无愧的经典。流行音乐人方文山、周杰伦将之写入了歌词里，"无关风月，我题序等你回"；"天青色等烟雨，而我在等你"。相较于张口闭口直提情爱的"口水歌"，经典元素的加入，让今日的流行乐曲多了一份古典爱情的内敛、含蓄与婉约。《青花瓷》和《兰亭序》都已经是十五年前的音乐作品了，然而，时至今日仍广为传唱，深受新一代年轻人喜爱；反之，<u>那些抖音上红极一时的洗脑神曲却难免在爆火之后销声匿迹</u>，可见，在艺术创作领域，融入经典、继承经典的流行之作，往往更容易拥有长久的生命力，更容易经受住时间和受众的考验。

　　为何一些作品能够经受时间的考验，而有一些则不能？

　　周昊哲的议论段强调了音乐作品中韵律和歌词的重要性，认为只有那些能够触动人心的作品才能长久流传。他以李健为例，说明了坚持艺术原则和情感深度的重要性。刘峻豪的议论段则通过《兰亭序》和汝窑瓷的经典地位，以及方文山和周杰伦如何将这些经典元素融入流行音乐中，来说明经典元素的加入能够提升流行作品的艺术价值和生命力。

　　两个论述段都认同经典元素的融入能够提升作品的深度和持久性。周昊哲的段落更侧重于音乐作品本身的质量，特别是歌词和旋律的深度，而刘峻豪的段落则侧重于经典元素如何被现代流行文化所吸收和重新诠释。两者都提出了有力的观点，但区别在于前者的论述更侧重于音乐作品的内在品质，而后者的论述则更侧重于流行文化与经典元素结合的外在表现。

【考场实例1】　学习今说（2022·北京卷）

古人说，"学不可以已"，重视学习是中华民族的优良传统。在当代中国，人们对学习的理解与古人有相同之处，也有不一样的地方。

请以"学习今说"为题目，写一篇议论文。可以从学习的目的、价值、内容、方法、途径、评价标准等方面，任选角度谈你的思考。

例文节选

学习今说

古时王冕曾为了学习，坐佛膝上一整夜，就算佛像面目狰狞也无法转移其注意力。然而，《2022国民专注力洞察报告》表明，当代学生连续专注时长仅八秒且逐年递减，这是怎么回事？

在我看来，这是因为虽然古今学习势头一样，但学习途径却大为不同。

首先，古今学习之势并无二般，人们都可以为了学习展现出乐此不疲的态势。欧阳修读书有三"上"——枕上、厕上、马上，可谓勤勉；今人读书亦有三"上"——出租车上、公交车上、地铁上，亦可谓抓住碎片时间投入学习了吧！如果说归有光闭门学习的持之以恒是值得敬佩的，那么如今老年大学座无虚席的震撼场面也是令人敬佩的吧！由此可见，古人今人在学习动力、学习劲头、学习态势上基本相同。

不过，学习途径可就大为不同了。王冕坐佛膝上，一人一书一寺庙；归有光扃牖而居，一人一书一木屋。他们的学习对象只有手上的书本，学习环境仅有空荡的屋舍——学习途径十分单一；今人则大大不同，随着互联网进入生活，家家户户有了手机和电脑，线上环境、线上资源、线上互动成为我们学习途径的重要组成部分，这为我们带来多元性、丰富性、先进性的同时也为不专注埋下祸患。

在议论"学习今说"这个话题时,"今"字就提醒了我们一定要用古今对比来构思行文,但这个古今对比并不是简单地说"古好今坏""古坏今好",而是要具体到古今学习之间的同与不同、不同之处给今日的学习带来了怎样的影响,这样才算是切题。

【考场实例2】 传统文化助力中国式发展(2023·北京西城高三二模)

近些年来,传统文化成为"中国式"创新发展的灵感来源和重要元素。从国际交往中的文化传播,到国内生产生活中的产品制造、文旅开发等方面,都涌现出许许多多独具魅力的创意和实践,引发社会广泛关注。

对此,你有怎样的认识或思考?请联系现实,自选角度,自拟题目,写一篇议论文。

例文节选

传统文化助力"中国式"发展

首先,传统文化是一座资源宝库,其中蕴藏的智慧可以为今人所用。在西医面对疟疾束手无策的时候,屠呦呦从中医经典《肘后备急方》"青蒿一握,以水二升渍"的描述中,找到了灵感,带领团队研制出造福人类的青蒿素。面对反全球化浪潮涌动,我们相信先贤"己欲立而立人"的原则,于是发展丝绸之路、构建人类命运共同体,倡导国家间和而不同、美美与共。由此可见,从物质层面到价值理念,传统文化对于中国式发展都有着重要意义。

其次,传统文化犹如一面旗帜,成为中国走向世界的一张名片。现如今,中国俨然成为全球第二大经济体。然而,与经济硬实力不匹配的文化软实力,限制了我国在国际舞台上的话语权。破局之道何在?正在传统文化当中。从上世纪李小龙用中国功夫一脚踢碎"东亚病夫"的牌匾，到近年来潮牌李宁将云纹、盘扣等传统服饰元素与汉字文化融入设计，凭一抹"中国红"闪耀纽约时装周，传统文化无疑是让世界认识中国的重要媒介。因此，为了提升我国国际影响力，助推中国式发展，我们就必须利用好传统文化。

  作者通过对比论证的方法，展示了传统文化在不同领域对中国式发展的助力作用。首先，作者对比了传统文化在物质层面的应用，如屠呦呦团队利用中医智慧研制青蒿素，以及在国际交往中，传统文化如何帮助构建人类命运共同体，倡导和而不同的价值观。接着，作者又对比了传统文化在文化软实力方面的应用，如李小龙和李宁品牌如何通过传统文化元素提升中国在国际上的影响力。通过这种对比，作者强调了传统文化在促进中国式发展中的双重作用，既包括物质层面的创新，也包括文化层面的国际交流和影响力提升。从形式上来看，文段中的对比并不明显，实际上则是对这一思维方式的灵活理解和运用。

要点十四

类 比

通过比较不同类别、领域之间事物某些方面、已知的相似性，推断事物其他方面也可能具有某些未知的相似性，这种思维方法运用到议论文写作中，就是我们常说的类比论证。通过类比，我们可以利用已知或熟悉的事物来理解未知或不太熟悉的事物，从而使复杂的观点或概念更加易于理解和接受，进而增强论证的说服力与表现力。我们看下面这两个议论段：

> **监控**
>
> 近日，一则关于泰迪狗不堪控制，试图撞毁家中监控的短视频爆火。这不禁让人联想到之前的一则旧闻：一位江苏家长在孩子高考后拆除了监控，感慨监控"陪伴了孩子六年"。虽然孩子的态度和感受未曾被提及，但这不由得让人得出这样的结论："狗犹如此，人何以堪！"如果动物都尚且无法接受监控下的生活，人，特别是孩子，可能更加无法承受如此长期的窥视和约束——哪怕，家长是以爱的名义。

在上面的议论段中，作者通过近期泰迪狗"试图撞毁家中监控"的事例，引出

"监控"这一话题,随后联系了"江苏家长在孩子高考后拆除监控"的旧闻。作者将宠物对监控的不适应与人对监控的反感进行了类比,得出了"狗犹如此,人何以堪"的结论,凸显出监控对生命个体的压迫感,以此增强了论证的效果。

> **思维模式**
>
> 人脑和电脑差不多。对于电脑来说,操作系统很重要。操作系统就像是一个中枢神经系统,负责协调和管理电脑各个部分的工作。它确保电脑能够高效、稳定地运行各种应用程序。同样地,对于人脑来说,底层思维模式也扮演着类似的重要角色。一个人的思维模式决定了我们如何看待世界、如何处理信息以及如何作出决策。一个健康的底层思维模式有助于我们清晰地思考、准确地判断和有效地解决问题。因此,重视并培养良好的底层思维模式,对于个人成长至关重要。

在上面的议论段中,作者先说明操作系统在协调、管理电脑运作中的重要作用,接着强调思维模式如同电脑的操作系统,决定了人的信息处理、决策能力,以及对世界的认知方式。最后得出结论:培养健康的底层思维模式对个人成长至关重要。

中学生熟知的文言文中,应用类比论证的典型例子是《邹忌讽齐王纳谏》。邹忌首先描述了自己与城北徐公比美的经历,并通过妻、妾、客的赞美,以及自己后来的省悟,认识到他们之所以赞美自己,是出于各自的原因(私我、畏我、有求于我)。随后,邹忌将个人的生活状态与齐王的治国处境进行了比较。他指出,齐王身处高位,受到宫妇左右、朝廷之臣以及四境之内百姓的奉承和敬畏,这种情况与他自己受到妻、妾、客的赞美相似。邹忌由此得出结论:齐王在这种环境中很容易被蒙蔽,正如自己最初以为自己比徐公美一样。最终,告诫齐王通过自我反省和听取不同意见来认清真相。

由自身推及君王、由小家推及大家、由生活领域推及政治领域的过程,正是一个类比的过程。恰切地使用类比思维,能在文章中写出令人耳目一新的论述段,具体示例如下。

【考场实例1】 齐桓公·管仲·鲍叔（2020·全国I卷）

阅读下面的材料，根据要求写作。

春秋时期，齐国的公子纠与公子小白争夺君位，管仲和鲍叔分别辅佐他们。管仲带兵阻击小白，用箭射中他的衣带钩，小白装死逃脱。后来小白即位为君，史称齐桓公。鲍叔对桓公说，要想成就霸王之业，非管仲不可。于是桓公重用管仲，鲍叔甘居其下，终成一代霸业。后人称颂齐桓公九合诸侯、一匡天下，为"春秋五霸"之首。孔子说："桓公九合诸侯，不以兵车，管仲之力也。"司马迁说："天下不多（称赞）管仲之贤而多鲍叔能知人也。"

班级计划举行读书会，围绕上述材料展开讨论。齐桓公、管仲和鲍叔三人，你对哪个感触最深？请结合你的感受和思考写一篇发言稿。

要求：结合材料，选好角度，确定立意，明确文体，自拟标题；不少于800字。

例文节选

功成不必在我，功成必定有我

春秋期间，鲍叔成功地辅佐小白即位为君，本可以加官晋爵享受优待的他选择举荐曾经的对手管仲，只因为在鲍叔眼里，管仲拥有比他更高的才能。鲍叔的做法间接使得齐桓公九合诸侯，一匡天下。可以说，假如没有鲍叔避位让贤、甘居人下的博大心胸与格局，不仅管仲未必能成为一代名相，齐桓公也未必能一统天下。由此可见，一个人若拥有如鲍叔这样的格局和为大局奉献自我的精神，何愁大事不成？

接下来，请同学们思考一个问题：你是否愿意将个人理想融入国家的发展中去，即便你无法站在那群山之巅？

鲍叔的奉献精神和大爱，又让我想到了大家当下熟知的燃烧自己、照亮山村贫困女孩的张桂梅。她是华坪女高的校长，却过得极其困苦。她告诉学生们"要站在群峰之巅俯视平庸的沟壑"，而自己却独自忍受着二十几种疾病的折磨。一次，为了让她买几件像样的衣服，县委书记给了她七千元，而她却用这些钱为学校置办了两台电脑。张桂梅在老师紧缺之时自己顶上任教，当学校稳定运行之后又退居幕后，关心学生的衣食住行。像她这样，一心为贫困女孩办学校，为国家脱贫事业默默奉献，而不求自己功成名就，不正是鲍叔精神在当代的体现吗？

在上面的议论段中，作者首先通过鲍叔和管仲的故事，说明在政治领域中甘居人下、为大局奉献的精神能够成就大事；然后通过张桂梅校长的事迹，将这种精神推及教育领域，并强调了这种精神在当代的重要性。（详见实践篇"周昊哲考场作文与点评"）

【考场实例2】 规矩与天性（2022·北京东城一模）

有人说一个人的成长需要以规矩为边界；也有人说，顺着人的天性发展，人才能成长得更健康。

请以"规矩与天性"为题目，写一篇议论文。

例文节选

规矩与天性

古人曾提出养人犹种树，要顺其天性才可助其成长，而其他种树人的"过犹不及"之法也导致了树的衰败。其论断是否足够完备暂且不谈，但可以在当今时代引发人们思考：个人成长中规矩与天性如何把控。我认为，处理好此问题，关键在于把握二者之间的"度"。

首先，顺天性有其必要性。正如古人所言，树之成长需要"土故培平"，假若我们偏要反其道而行之，怎能使其茁壮？个人成长亦然。小朋友生性爱玩，我们偏要在其三年级的时候令他读完初中课本，并把周末全都用来学习，如此强行"催熟"的孩子极大可能会出现心理问题，为长远发展埋下祸患。因此，顺人之天性对个人成长有基础性意义。

不过，仅靠顺人之天性就能培育出德智体美劳全面发展的人才了？当然不行。孩子上网不加节制，有了网瘾怎么办？孩子缺乏道德法律的教育约束，走向犯罪怎么办？诸如此类问题，单靠顺其自然注定会导致隐患无穷。所以，我们需要规矩来规范个人行为，把稳人生的舵盘。

若说顺天性为基础，那么明规矩则是保障，保障我们始终沿正道而行。当树木因旁枝杂叶过多而肆意掠夺主干的养分，养树者必会以大剪刀修剪之。个人成长亦然。我们都是人生剧场的现场演员，很少人能做到在第一次就有明辨是非的能力，所以我们需要家长、老师作为"过来人"以规矩引导我们走正道而不致误入歧途。《论语》中所言"据德，守仁，依礼"之大用正在于以修身规矩规范自我、完善自我。因此，规矩同样不可或缺。

文章通过将树木生长的自然规律与人的成长过程进行比较，强调了人在成长中顺应天性的重要性，以及需要引导和规范的必要性。（详见实践篇"周昊哲考场作文与点评"）

要点十五

假 设

假设论证，是一种基于假设条件的推理。它首先设定一个或多个前提假设为真，然后依据这些假设进行分析，以探讨可能产生的结果或影响。高中阶段的文言文名篇《六国论》中的"向使三国各爱其地，齐人勿附于秦，刺客不行，良将犹在，则胜负之数，存亡之理，当与秦相较，或未易量"就是一段相当经典的、基于多个前提假设为真的假设论证。

当你为如何增强论证的充分度而发愁时，不妨尝试一下假设论证。

> 人类成熟文明的传承，主要是靠文字。文字的选择和汇集，就成了书籍。如果没有书籍，那么，我们祖先再杰出的智慧、再动听的声音，也早已随风飘散，杳无踪影。大而言之，没有书籍，历史就失去了前后贯通的缆索，人群就失去了远近会聚的理由；小而言之，没有书籍，任何个体都很难超越庸常的五尺之躯，成为有视野、有见识、有智慧的人。
>
> ——余秋雨《风雨天一阁》

余秋雨《风雨天一阁》中，基于"如果没有书籍"，对于历史和文化的发展进行的探讨，就是一种假设论证。假设论证有一个标准的句式："如果a，那么b"，但写作从本质上看，是一个创作活动，因此熟练运用假设这一思维方式即可，语言的形式是自由的，不必拘泥。假设论证可以有以下两个角度：

1. 事件A真实存在，分析时可以假设没有A，那么，会产生怎样的变化

批判精神

在漫长的人类历史中，批判是思想进步、社会发展的源头活水。没有哥白尼的批判精神，就没有中世纪欧洲神学大厦的坍塌，也就没有我们所生活的星球的真相；没有费尔巴哈的批判精神，也就没有黑格尔哲学的"扬弃"，也就没有马克思主义的登场；没有共产党的批判精神，也就没有社会主义建设时期的拨乱反正，也就没有波澜壮阔的改革开放。正是在批判之中，我们突破了已知，走出了狭隘，解构了旧事物。

不盲从主流思想

当主流思想不利于社会进步时，我们要选择不随主流，坚守真理。主流思想产生于社会上大多数人的约定俗成，但当它成为社会进步的绊脚石时，我们应当对它说"不"。中世纪的欧洲有教会把持整个社会的主流思想，不容异端思想存在，然而身处教会中的布鲁诺发现了亚里士多德哲学讲义中的漏洞后，决定站出来接过哥白尼的天体学说而不与教会为伍，即便引来火刑之祸也毫不动摇。若非布鲁诺坚持真理而不盲从主流，我们如今对宇宙的探索恐怕要倒退上百年！从人类社会发展角度看，一时的主流未必代表真理，正因有像布鲁诺一样虽被主流包围，但仍然批判对待的"不随者"，我们的社会才能逐渐进步。

> **被翻拍的经典**
>
> 　　不断出现的翻拍之作虽然常常不尽如人意,但不断被翻拍本身恰恰正是经典还在影响着当代人的最好证明。只要大家还在热烈地讨论着林黛玉、孙悟空、赫敏,只要经典还热烈、鲜活、热闹地存在着,就比什么都重要。
>
> 　　翻拍的作品多了,经典就活了。经典只要是活的,就总会有更新的经典诞生。假如有一天再也没人翻拍《红楼梦》了,年轻人问"80后"小龙女是谁,《哈利·波特》也成了独属于"90后"的独家记忆,那才是我们最该为新新人类感到悲伤和担忧的事情。

　　"没有a,就没有b,也就没有c""若非a,恐怕就要b""假如有一天,再也没有a"的论述,既是假设论证,同时又是一段文意递进的排比句。

2. 事件A并不实际存在,分析时可以假设有A,那么,会产生怎样的变化

> **热　爱**
>
> 　　热爱可抵万难。当我们足够热爱我们所做的事情,我们就自然而然地不会过多在意使其成功的外部条件而是专注于这件事的内在驱动力,从而带来风雨无阻的行动力。村上春树在《当我谈跑步时我谈些什么》的"至死都是十八岁"一章中写道:并不是有个人跑过来找我,劝我跑步,我才开始沿着马路跑步,我只是出于喜欢。纵然受到别人阻止,我都不曾改变,这样一个人又能向谁求索什么呢?是啊,他爱跑步爱得纯粹,还需要什么其他理由来支撑自己坚持跑下去吗?不需要了!反观我们自己的生活,多少次的半途而废,多少次的一曝十寒,多少次的三分钟热度……假如我们能找到村上春树对跑步的那份纯粹的热爱,我们也许无须刻意地自律与他律,而只靠着一腔热爱,就足以让我们用尽一切办法向目标迈进。

信 念

  坚定的信念是个人追求目标过程中所持的一种深信不疑的态度和精神支柱。坚定的信念能够激发我们的潜能，增强我们的信心和力量。

  没有人天生就是强者，信念的坚定程度决定了我们的力量大与小、强与弱。村上春树并非天生擅长跑步，但他参加全程马拉松的信念很坚定，刻苦训练的动力很充足。最终，由于他坚持不懈，在六十岁时，花甲之年的他终于实现了这个人生目标。反观我们自己，假如我们有高考逆袭的坚定信念，就不会因为某几次考试失利而轻易否定自己，也更容易做到胜不骄、败不馁，保持一种稳健态度，不断努力，直至实现最后的成功。

  上面两个议论段都是先举村上春树作为正面例子和自身进行对比，接着通过假设自己有村上春树的热爱、信念会怎样，进一步对生活和学业进行反思。

要点十六

模 型

　　模型，即认知模型，是某个专业领域中，运用专业概念认识与思考的独特方式。认知模型如同一把钥匙，帮助我们以解锁隐藏在现象背后的深层规律，让我们得以一种更为全面、深入且富有创造性的视角去审视写作的话题。模型和专业概念之间有着紧密的联系：专业术语是构成认知模型的基础，认知模型则是对这些术语进行综合运用和深入思考的框架。

　　使用认知模型，即跳出单一学科的框架束缚，将不同领域的知识体系与思维模式融会贯通，巧妙地运用在论述的过程中，可以更全面、深入地审视写作话题，从而避免人云亦云、千篇一律的同质化表达，展现作者广博的知识面和深厚的学养，更能打破常规，以独特的视角和深刻的见解，获得让人耳目一新的阅读体验，是一个有效的论证策略。

【考场实例】 传统文化（2023·北京西城高三二模）

　　近些年来，传统文化成为"中国式"创新发展的灵感来源和重要元素。从国际交往中的文化传播，到国内生产生活中的产品制造、文旅开发等方面，都涌现出许许多多独具魅力的创意和实践，引发社会广泛关注。

对此，你有怎样的认识或思考？请联系现实，自选角度，自拟题目，写一篇议论文。

要求：论点明确，论据充实，论证合理；语言流畅，书写清晰。

例文展示

旧曲新弹引风潮

周昊哲

近些年，如"祝融探火""嫦娥问月"等一系列新颖的航天名词吸引了人们的注意力。在我看来，传统元素一定会在当下和未来成为中国式时代发展的重要动力。

为什么这样的命名方式就能引发广泛的社会关注？

首先，从传播学的角度来看，传统文化的旧曲新弹实质是进行一种"审美增量"。所谓"审美增量"，就是给本来一点都不平易近人的航天学名词加以传统意象的修饰，进而使探火系统、探日系统、北斗导航增添了审美情趣。即便是对航天领域没有丝毫兴趣的人也有可能会因为"嫦娥的呼唤"产生一睹探月系统真容的冲动，关注度也就随之上升了。

其次，随着我国综合国力的提升，人们的文化自信也随之建立起来，进而对中华优秀传统文化的认可度也就大幅提升。同样一个人去商场买家具，20年前"全盘西化"，20年后反而对一套雕刻着"祥云"传统花纹的桌椅情有独钟，以及现代青年男女喜欢穿着汉服在西湖边上拍照留念——这些社会现象印证了我们在当下对传统古韵的渴求。

不过，有不少人认为传统文化在当今充其量只是起到点缀作用，没有什么大用。我不认同这样的看法，传统元素之用不仅能在起名字上有点缀，而且能为中国式时代发展提供灵感。

在艺术创作领域，舞蹈家林怀民说："我设计动作时力避大跳是因为大跳是西方芭蕾常用的套路，我们为什么不能从中国的太极拳架寻找灵感，刚柔并济呢？"除此之外，还有赵梁设计的现代舞蹈把太虚幻境、禅茶和昆曲融合，让东方美学的当代实践获好评无数——传统元素正成为艺术设计者的重要灵感来源。

在国际交往领域，"人类命运共同体"理念如今为维护世界和平与发展做出重大贡献，而这一理念其实源自古代儒家"和合共生，天下大同"思想；"正确义利观"是我国对外经济交往的信条，而这一观念其实源自古代儒家"见利思义"的处事观——传统元素正成为我国对外交往的重要灵感来源。

当然，中华优秀传统文化浩如烟海，即便是精华也未必适用于当下发展需要。因此，掌握正确的迁移应用之法尤为重要。一种为"同化性迁移"，一种为"顺应性迁移"，前者是照搬模仿，后者是加工转化，我们要舍前者而取后者，这样才能让传统文化适应社会实际，从而使中国式时代发展因传统元素而增益。

旧曲新弹固可贺，风潮卷起之时当思自勉：要弹出中国特色与时代特色。

分析认知模型在本文中的应用：

写作目的	常见表达	认知模型化之后的表达
讨论传统元素融入现代文化有奇效的原因。	传统文化源远流长，博大精深，传统文化的加入会让现代文化更有古韵，从而唤醒人们的文化记忆。当航天器与我国古代神话故事相结合，我们会有一种古今梦幻联动的震撼感。	从传播学的角度来看，传统文化的旧曲新弹实质是进行一种"审美增量"。所谓"审美增量"，就是给本来一点都不平易近人的航天学名词加以传统意象的修饰，进而使探火系统、探日系统、北斗导航增添了审美情趣。

写作目的	常见表达	认知模型化之后的表达
讨论如何让传统文化更好地促进中国式时代发展。	要想让传统文化更好地融入现代文化，我们需要对其进行创造性转化和创新性发展。在内涵上，取其精华，去其糟粕，作出符合时代价值的最新诠释；在形式上，推陈出新，革故鼎新，给出符合时代方向的最新表达。这样，中国式时代发展就会因传统元素而增益。	掌握正确的迁移应用之法尤为重要。一种为"同化性迁移"，一种为"顺应性迁移"，前者是照搬模仿，后者是加工转化，我们要舍前者而取后者，取其精华，并做符合时代要求的创新转化与发展，这样才能让传统文化适应社会实际，从而使中国式时代发展因传统元素而增益。

第七章

如何融情于理

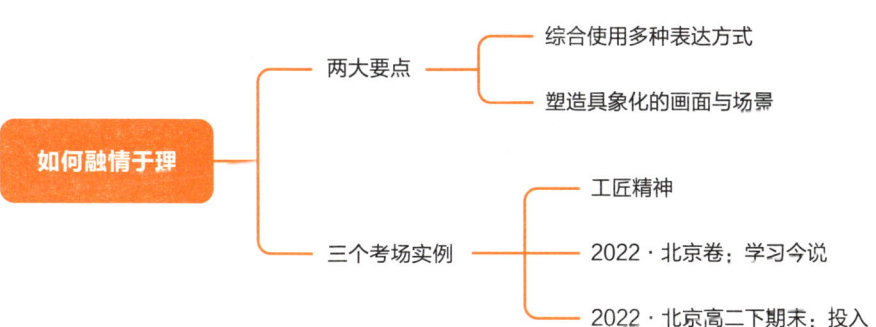

综合使用多种表达方式

在学习写议论文的过程中，我们往往倾向于将焦点集中在逻辑严密的论证与观点的阐述上，这当然是很重要的。然而，一篇真正的考场佳作，绝不只有冷冰冰的逻辑，打动人和感染人的，也从来不只是硬邦邦的道理。

考场议论文并非学术论文，而是一种以议论为主体，以多种表达方式为辅助的应用文体。因此，我们也应该注意到，要想写出一篇出色的议论文，得有灵活、综合运用表达方式的意识：说明为论点提供坚实的支撑；描写唤起读者的直观感受与共鸣；记叙增强文章的可信度与感染力；而抒情则用来联结作者与读者之间的情感，以此达到融情于理、以情动人的效果。

1. 记叙

没有基本的对于人物、事件准确、严谨的述说，即记叙，议论文也就没有了最为基本的、可以信赖的事实依据，所举事例也就失去了可信度。

> 文森特·梵高的大名现在可谓家喻户晓；然而在他生活的那个年代，他却只是一位寂寂无名的穷画家，一生只卖出了一幅画。后来，他还进了精神病院，最

终 39 岁时用手枪结束了生命。令人唏嘘不已的是，梵高死后，他的画作迎来了越来越多人的赏识与尊重；其独具一格的创作风格也得到了认可。他的生命就如划过天边的一道流星——璀璨而又短暂。

对梵高本人而言，他的一生无疑是失意的、潦倒的，但对于全人类而言，他的一生却是意义非凡的。如果梵高在最艰难的日子里，放弃了作画，另谋生路，或许他会获得更幸福的人生；但他却永远实现不了心中的梦想，而世界美术史也会就此失去一位大师。理想与现实难免会有落差，但是，梵高的故事总是会无数次地叩问我们内心：坚持自己的梦想，或许会在贫困中度过一生，但是也唯有如此，我们才有可能在历史的长河中，留下自己的名字。

在上述议论段中，首先，对文森特·梵高生平的详细记叙，构成了后文论述的基础。其次，通过对梵高生平的准确描述，读者也能够了解其经历，感受其情感，从而增加对文段中观点的接受程度。此外，生动具体的记叙也丰富了文章的内容，增强了文章的可读性与感染力。

2. 说明

举例时往往也需要使用说明这一表达方式。通过说明，我们可以提供清晰、准确和详细的事实依据，对事物、概念、过程或现象等进行必要的阐述、解释，使文章更为严谨、可信。

孔子讲"和而不同"，周总理说"求同存异"，同行路上，尊重差异十分必要。西藏出土了这样一个银瓶：瓶子规格依照唐的形制，金质纹饰来源于古罗马文化，瓶身上的大胡子形象，则带来了浓郁的波斯风情。不同文明在这一个瓶子之上汇聚，融不同文明的精粹于一体，创造出了如此巨作，给今天的观者带来美的享受。文明的差异带来文明的美感，如果一味追求共同前行而抹去差异，文明是倒退而不是发展，是破坏而不是创造，诚不可取也。

在上述议论段中，通过具体描述银瓶的形制、纹饰和瓶身上的形象来源，作者直观、形象地呈现出一个不同文明之美汇聚和融合的具体事例，达到了为论证服务的目的。

3. 描写

在议论文中，通过对人物、事实、场景、环境等进行具体、生动、形象的刻画，即采用描写的方式，不仅能够唤起读者最为直观的感受，还能够引发内心的共鸣与反思，从而增强文章的说服力与读者的认同感。这里所说的描写，并非严格定义下的描写。我们无须像写记叙文一样，关注动作描写、神态描写等类型，而只是抓住关键处，完成关键的几笔，以塑造形象、描摹画面，起到辅助议论的写作目的。描写时，要能充分调动人的感官感受，如视觉、听觉、触觉、嗅觉等——其中，最重要的就是视觉。

在调动人视觉体验的写作技巧中，有一个很重要的手法是像画家一样重视对色彩的呈现。这种手法在散文和考场记叙文中比较常见，且有较为充分的使用。比如：

> 我喜欢你的颜色。那或许是青青葱葱、星星点点的绿，小小的嫩芽在细碎的靛蓝石子里，是一条针脚绵密、花纹复古的地毯。偶尔有风扬起成堆的沙土，铺天盖地的昏黄。可能你总在我看不真切时轻轻耸肩，掸去灰尘，光洁如新。估计再过一个月，你便是一团又一团渲染开来的墨绿色了吧。夏雨初涨，茸茸的青苔此刻便活跃地攀上你的肩头，深浅不一，大小错落，两边的杂草也疯长开来，浓妆艳抹的绿占满了视野。你在冬天的衣着总是让人捉摸不定。所有的春华秋实散去，原本只剩下靛蓝的石子被冻得发灰，幸至一场薄雪，砂糖颗粒一样的白，像是蓝色糖果上的糖衣。若是上面还有几点似有若无的蓝，那必是我留下的脚印。不知哪家的炮声一起，便仿佛宣告着你的新衣的完成。红色的鞭炮纸屑从村庄的

入口延伸至寂静马路，这边红色艳丽，那边依旧蓝得沉静如水。尽管家家户户都扫起红纸，还是有零星的红夹杂在石子间——一条盛开着红色野花的小路。（选自四中某学姐的《写给小路的一封情书》）

在调动人视觉体验的写作技巧中，还有一个很重要的手法，是像导演一样塑造动态的场景。我们不妨来看一段现象级的表述：

当你背单词的时候，阿拉斯加的鳕鱼正跃出水面。当你算数学的时候，南太平洋的海鸥正掠过海岸。当你晚自习的时候，地球的极圈正在五彩斑斓。但少年，梦你要亲自去实现，世界你要亲自去看看。未来可期，拼尽全力。当你为未来付出踏踏实实努力的时候，那些你觉得看不到的人和遇不到的风景，都将在你的生命中出现。

——董宇辉在东方甄选直播间担任主播时，最出圈的"董言董语"之一

在上述文段中，生活的广阔和美好、少年的奋斗和梦想，都通过生动的画面呈现出来，动人心弦的说服效果也就因此实现了。当然，在议论文中，描写自然不能求多，能在一句两句之中恰到好处地点染一笔，足矣。

4. 抒情

议论文的写作需要抒发感情。然而，什么叫作议论文的抒情呢？要想做到在议论文中恰到好处地抒情，不是动不动就"啊！"的一声感叹些什么，而是首先要明白一件事——当我们在写议论文的时候，实际上，无论我们的思考过程多么理性，我们都是在用自己独特的立场、身份、利害、爱憎、价值观进行写作。

刘峻豪学长的《热爱劳动，从我做起》（详见实践篇"刘峻豪考场作文与点评"）思想积极向上，感情真挚，既有对现代科技发展背景下劳动观念变化的深刻

洞察，同时也表达了对劳动精神的尊重和传承，以及对劳动的深刻认识和积极倡导，强调了劳动在社会发展和个人成长中的重要作用。

刘峻豪学长的《学习今说》（详见实践篇"刘峻豪考场作文与点评"）中提出了学习的更高境界——追求真理和获得彻悟，通过孔子和当代种子学家钟扬博士的例子，展现了学习的纯粹和快乐，以及对知识的渴望和对真理的追求。字里行间流露出的是对知识的尊重和对学习的热爱。

需要注意的是，我们也要避免不痛不痒、不咸不淡、不冷不热的文章，而要写有温度、有情感的文章。坦率地面对自己的愤怒、忧虑、恐惧和希望，并坚持在交流和对话中真诚地表达。唯有如此，才能真正做到融情于理，写出一篇以理服人、以情动人的好文章。

要点二

塑造具象化的画面与场景

以上四种表达方式在议论文中最为基础且常见的写作能力是：塑造具象化的画面与场景。

具体应用示例如下。

【考场实例1】 工匠精神

> 胡双钱是中国大型商用飞机制造首席钳工，他在35年里亲手加工过数十万个精密零件，没出现过一个次品。他用手工打磨出来的零件，精密程度堪比现代化数控车床加工出来的零件。王津是故宫文物钟表修复师，他修了大半辈子钟表，数百件文物在他手中起死回生。有时，修好一座钟表要花上他好几年时间，每个零件都要经过反复调校，不能有一丝一毫误差。孟剑锋是传统工艺美术錾刻师，他錾刻的"纯银丝巾果盘"曾作为国礼赠送给外国元首。为了制作出完美的作品，他不断改进錾刻工具，反复实验，不允许有一丁点瑕疵。
>
> 这些人身上，都体现出了可贵的"工匠精神"。对于"工匠精神"，你有什

么思考和感悟？请自选角度，自拟题目写一篇文章。文体不限。

> 数百年前，郑和宝船满载无数中国工匠细心雕琢的精美瓷器驶向西洋，扬中华文化之威于四海；而今，中国商飞客机从跑道上升起，巨大的机械有机体内是无数中国工人匠心磨制的精密零件在有序地配合运行。工匠精神蕴含在代代劳动人民的汗水与智慧之中，承载了代代中国人的梦想，是民族不断前行的驱动力。

宝船下西洋与客机起飞的动态化场景，使得工匠精神有了具象的呈现，令人印象深刻。

【考场实例2】 学习今说（2022·北京卷）

> 古人说，"学不可以已"，重视学习是中华民族的优良传统。在当代中国，人们对学习的理解与古人有相同之处，也有不一样的地方。
>
> 请以"学习今说"为题目，写一篇议论文。可以从学习的目的、价值、内容、方法、途径、评价标准等方面，任选角度谈你的思考。
>
> 要求：论点明确，论据充实，论证合理；语言流畅，书写清晰。

> 是否有这样一个夜晚，昏昏欲睡的你对着摊开的卷子，抿了一口放凉了的苦咖啡。你告诉自己：再学一会儿，一会儿就好。与此同时，一个念头闪过脑海：我们，究竟为什么而学？古往今来，无数学子对此有过各自的答案；如今站在十八岁的路口，当代青年也当作出自己的回答。

从极其贴近当代少年的学习场景切入之后，作者立刻发出对学习目的的深刻追问。读者在被具体场景感染，引发共鸣的同时，文章的主题"学习的目的"也迅速自然地被引入了。

【考场实例3】 投入（2022·北京高二下期末）

《现代汉语词典》中，对"投入"这个词条有如下解释：①进入某种阶段或状态；②形容做事情聚精会神，全力以赴；③指投放资金；④投放的资金。

请以"投入"为题，选择自己熟悉的一个方面或角度，恰当运用表达方式，写一篇有真情实感的文章。文体自选，立意自定，不少于700字。

> 诗人贾岛忘我斟酌"推、敲"二字，一头撞上了韩愈的车队；科学家安培在路上偶得灵感，竟以车厢做黑板演算，待马车开动才察觉异样。此二人，乃是对于"投入"的最佳诠释：全神贯注、物我两忘。

诗人贾岛推敲诗句与科学家安培以车厢做黑板演算，是后文"投入"的两个具体、生动的场景。先对场景进行描写，再具体解释投入的特点（全神贯注、物我两忘），一方面有助于引起读者兴趣，增强文章的感染力，另一方面也能够助力于后文的论述。

第八章

如何以辞动人

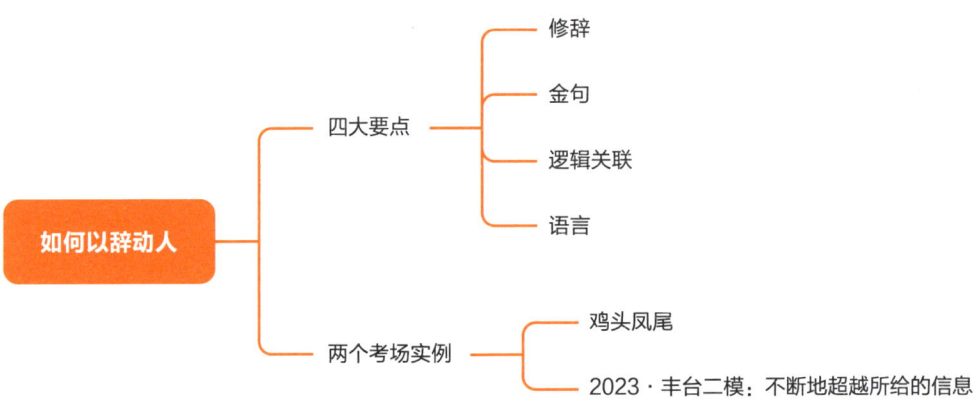

要点一

修 辞

汉语王国是一个讲究修辞的国度。在议论文中，我们也同样应该重视自己的语言和表达。好的修辞，犹如画龙点睛，能为说理起到增光添彩的作用。修辞的手法有很多，其中在议论文中比较常见的有排比和比喻。

1. 排比

排比作为一种修辞手法，能够极大地增强文章的表现力和说服力。通过将多个结构相似、语气一致、意思也相互关联的句子或短语排列在一起，文章的气势会更加磅礴，作者的观点、立场也会因此更加鲜明、突出。与此同时，排比还能够加强文章的节奏感和音韵美，使文章形式上更加整齐划一，语言上更加流畅舒展。此外，排比还具有一定的强调作用。通过将多个并列的句子或短语放在一起，作者可以更加有力地突出自己想要强调的内容，使之在读者心中留下深刻的印象，因此，排比是议论文写作时值得借鉴和运用的修辞手法。

> **文化骄傲**
>
> 浙江是文化遗产大省，素有"文物之邦"的美誉。继杭州西湖文化景观列入

世界遗产名录后，大运河也成为世界文化遗产。我们无法想象，杭州如果没有西湖，还能不能称为"人间天堂"，还会吸引多少客人；我们无法想象，史上若无京杭大运河，那得凭借什么来维系南北经济文化大动脉；我们无法想象，浙江如果没有五千年的良渚文化、八千年的跨湖桥文化、一万年的上山文化，那么，我们的"文化骄傲"将去往哪里寻觅？

（2015年6月16日，河北新闻网时评，《遗迹遗存也是金山银山》，作者徐迅雷）

三次"我们无法想象"这一句式结构，构建了一组步步推进的行文逻辑：西湖—京杭大运河—年代一个比一个更为久远的良渚文化、跨湖桥文化、上山文化等事实，充分论证了段首句对"浙江是文化遗产大省，素有'文物之邦'的美誉"这一评价。

排比在议论文写作中的具体应用示例如下：

奉 献

樊锦诗说："国家的需要就是我的志愿。"她言出必行，毕业后放弃了安逸的城市生活，毅然前往大漠建设破败的敦煌来响应国家号召，这意味着她放弃了名校毕业带来的就业机遇，意味着她放弃了追求个人物质生活的大富大贵，意味着她从此走上了一条艰苦卓绝的人生道路——但她毫无怨言——我心归处是敦煌。在我看来，我们的社会缺少的不是精英，而是在个人成就达到顶峰时愿意践行"己欲立而立人，己欲达而达人"的崇高价值理念，将个人理想融入国家发展的精英。樊锦诗作为祖国敦煌文化的建设人才，其奉献精神值得我们在实现个人成功后自我勉励。

在上述议论段中，通过排比句式，作者层层递进地强调了樊锦诗为了国家需要所做出的巨大牺牲，展现了一代知识分子感人至深的奉献精神。

> **批 判**
>
> 在漫长的人类历史中,批判是思想进步、社会发展的源头活水。没有哥白尼的批判精神,就没有中世纪欧洲神学大厦的坍塌,也就没有我们所生活的星球的真相;没有费尔巴哈的批判精神,也就没有黑格尔哲学的"扬弃",也就没有马克思主义的登场;没有共产党的批判精神,也就没有社会主义建设时期的拨乱反正,也就没有波澜壮阔的改革开放。正是在批判之中,我们突破了已知,走出了狭隘,解构了旧事物。

在上述议论段中,排比句不仅展示了批判精神在不同历史时期、不同领域中的具体体现,还揭示了批判精神是推动社会进步、思想解放的重要力量,具有很强的说服力。

2. 比喻

议论文的核心是"说理",但这并不意味着语言不可以修辞化。能够在慎思明辨的基础上,恰当地使用文学化的语言表达,文章就既有了思考的深度,也有了文学的亮度。

比喻在议论文写作中的具体应用示例如下:

> **心动与行动**
>
> 然而,一些人只做心动者而不做行动者,仅仅是因为不懂得行动的重要性吗?当然不止如此,在我看来,更大的原因是行动本身比心动更困难。行动,意味着人要主动脱离自己的"舒适区",意味着人要主动寻求一种突破,意味着打破原先已经适应的生活状态,自然,随之而来的就是劳累感甚至挫败感。可是,扪心自问,我们之所以不会像一些生物一样没能逃过自然选择而被淘汰,不正是因为我们有独属于人类的"能动性"吗?我们怎能如野草,风一吹就歪,雨一打

就低头呢？

在上述议论段中，短小精悍的比喻句起到了强化论点、增强语言生动性和感染力的作用。

比喻也可以用一个段落完成，如：

遗　憾

月相有阴晴圆缺，人生有悲欢离合。我们没有办法每天让满月从地平线上升起，正如我们没有办法让心中全是欢乐与满足。我们别无选择，只能接受人生的种种遗憾和不完满。也正如四季更替无法抗拒，春花秋月各有其时，人生亦是如此，无法总是处于顺境。我们无法阻止冬天的寒冷和萧条，正如我们无法避免生活中偶尔的失落和挫折。我们只能顺应自然的规律，接受人生的起伏和不完美，正如我们欣赏四季的变换，理解并接受人生中的悲欢离合。

在上述议论段中，比喻的作用是通过月相的阴晴圆缺来形象地表达人生中的悲欢离合，以及其中的遗憾。语言的生动性和感染力，更加强化了人生无常和接受这一现实的必要性。

青年与创新

如果把国家发展的过程比作鸟儿的飞行，那么创新就是鸟儿的翅膀，为国家发展有效赋能。而鸟儿唯有羽翼丰满，才可凌空翱翔，组成双翼的每一根羽毛，正是我们这个时代的每一个青年。如果把国家比作一艘航行在浩瀚大海中的巨轮，那么创新就是这艘巨轮的引擎，为国家的航行提供源源不断的动力。巨轮要想穿越大海，抵达彼岸，就必须拥有强大的引擎。而引擎的每一个部件，则正是时代中的每一个青年。如果将国家比作一条河流，那么创新便是河流中不断推动水流向远方的波浪。而构成这些波浪的每一滴水，正是我们这个时代的青年们。创新之于你我，乃是时代呼唤，责无旁贷。青年之于创新，乃是人生使命，义不容辞。

在上述议论段中，比喻的作用则是将国家发展的过程比作鸟儿的飞行，创新比作鸟儿的翅膀，强调了创新对于国家发展的重要性。接着又通过把青年比作组成双翼的每一根羽毛、引擎中的每一个部件，进而强调了青年在国家创新中的关键作用。

美美与共

走进春日的花园中，随手摘下一朵，便能让人惊叹于它的婀娜多姿；然而当这万紫千红、种类繁多的花簇拥在一起，又因为共同表现了春的生机与活力，而美美与共。

改革开放以后，党和国家出台了一系列政策，给国营经济、集体经济、个体私营经济不同的政策，保护每个正当行业，鼓励个体差异化的发展。与此同时，不同特点的青年也能根据自己的兴趣、特长选择从事的专业，自然也就在收获个人成功的同时，为国家发展更好地做出贡献。由此观之，若把国家比作大花园，让每一个花朵烂漫盛开是相同目标；而差异性种植、施肥则是保证百花齐放、争奇斗艳的关键所在。

在上述议论段中，比喻的作用是通过春日花园中花朵的婀娜多姿和万紫千红的花簇拥在一起的景象，形象地表达不同特点和兴趣的青年共同为国家发展做出贡献的和谐与美好。

值得注意的是，议论文当然是可以用修辞的，但是，这里说的比喻修辞，指的是一个统摄全篇的修辞组合，而不是单纯的许多个句子内部的修辞。对于不立志以文采取胜的同学，一篇文章当中的修辞组合只用一套就够了。一套修辞组合之外，文章中仍然要使用准确、简洁、严谨、流畅的议论语体。这就像贵妇出席正式场合，要么素面朝天，全靠气质支撑，要么就戴一套珠宝闪亮登场。满身首饰乱飞，让人眼花缭乱，就不好看了。

在议论文写作中，我们推荐使用以下两种方式。

方式一：一用到底，贯穿全文。

话题：行走

> 中心论点：在人生的路途上，每个人都是背着理想这个行囊的行者。
>
> 分论点1：有时候，我们面前是一片坦途，春光明媚，春暖花开。
>
> 分论点2：有时候，面前却又是重重险峰，畏途巉岩，处处难关。
>
> 结论：坦途也好，险峰也罢，生命是不可回头的进程。古人早已看透，写下了"人生如逆旅，我亦是行人"，而你我也必然只有奋然前行，永不止步。

方式二：反复使用，贯穿段落。

经典像是文化界的长辈，辈分较高，似乎有着不可撼动的地位。流行是个年轻人，初出茅庐，血气方刚，眉宇间透着藏不住的狂狷之气，似乎总想挑战长者的权威。

每个人上路之前，心中都有一个关于远方的美好想象。这个想象就是指引未来方向的指南针，就是青山那边盛开的虞美人，就是夜幕苍穹上永远闪亮的北斗辰。

比喻套餐最好也同时用在对论点的美化和润色上，即让论点修辞化（成为金句)。当然，最好不过的是，这个修辞化的论点，也能直接成为题目（假如题目可以自拟的话），如：

> **行者无疆**
>
> 中心论点：在人生的路途上，每个人都是背着理想这个行囊的行者。
>
> 分论点1：有时候，我们面前是一片坦途，春光明媚，春暖花开。
>
> 分论点2：有时候，面前却又是重重险峰，畏途巉岩，处处难关。
>
> 结论：坦途也好，险峰也罢，生命是不可回头的进程。古人早已看透，写下了"人生如逆旅，我亦是行人"，而你我也必然只有奋然前行，永不止步。
>
> 世界这么大，想去哪儿看看就去哪儿看看呗。世界这么大，干吗要画地为牢呢？世界这么大，何必要故步自封呢？以行者无疆的态度活着，人生无疑会精彩很多。

因此，下面的语段类型是不推荐的：

> 奔涌不息的江河忘记一路的跋涉艰辛，却铭记心中对汪洋的向往，矢志向东，终于成就百川归海的澎湃；展翅翱翔的雄鹰忘记昨夜的风雨雷电，却不忘心中对天空的眷恋，毫不退缩，终于实现搏击长空的豪迈。
>
> 如果生活真的是一次探险般的航行，就避免不了航道上暗礁丛生、旅途中风雨不断；如果生活真的如同一场勇敢的开荒，就不能奢望沿途没有遍布的荆棘、环生的险象。记忆是一个标明了容量的心灵瓶子，总把那些晦暗不幸的经历牢牢地死守，只会徒劳占据心的可用空间；当记忆中丛生丑恶，美丽便找不到扎根的土壤。记住那些欣欣向荣，未来路上才能充满激情向往；让记忆馥郁芬芳，心灵才能扬帆远航。

上述语段虽然使用了大量修辞，但反而因为语言的繁复与华丽，出现了"以辞害意"的问题，不能让读者准确把握其论证过程和核心观点。

但下面的语段类型是大力推荐的：

> 在晴朗的夜晚，每当我们抬头仰望星空，就会看到无数的星星在天幕上闪烁，那些星星中，有的只能发出很微弱的光芒，于是便被埋没在了这茫茫银河里；有的星星却能发出耀眼的光芒，就好像北极星，永远都会帮你指引方向。
>
> 人的一生短短数十载，所经历的大大小小的事情就好像天上的繁星一样不计其数，其中，有的只是一晃而过，无法给你留下深刻的印象，就好像那些不起眼的小星星一样；也有的给你的一生带来巨大的影响，就好像耀眼的北极星一样，成为你生命的坐标。对于一个人是这样，大到一个国家也是如此：在历史的长河里，有许多事件成了北极星，给一个国家甚至一个民族带来了极其深远的影响。
>
> 古人说"以史为鉴"，英国诗人雪莱曾经说过："历史是一首用时间写在人类记忆上的回旋诗歌。"古往今来，无论在哪里，在什么时候，人们都意识到，历史引导着发展的方向。对于一个人、一个国家、一个民族来说的重要性，就正如那指引方向的北极星。一个摒弃历史的人、国家甚至民族是不可能有长足的进步和发展的。

上述语段类型语言简洁明了，通过"星星"这一具体形象来比喻人生中的经历和影响，既生动形象又易于理解。同时，该语段还巧妙地将"不起眼的小星星"与"耀眼的北极星"进行对比，突出了重要经历对人生的影响。

金 句

顾名思义，金句就是像金子一样有价值的句子。在一篇议论文中，从形式上看，金句应该短小精悍、朗朗上口；从内容上看，金句则应该与文章的核心内容密切相关。下面我们通过对比来认识一下金句：

清晰准确的句子	金句
在满足基本生存需求之余，也应该追求精神层面的滋养和审美享受，关注心灵的成长与丰富。	假使你有两块面包，你得用一块去换水仙花。
对于那些已经明白道理、反应敏捷的人，不需要过多的解释和强调就能理解问题的关键所在。	响鼓不用重锤敲。
发生重大问题或灾难时，每一个参与者或因素都难辞其咎，没有一个是完全无关的。	雪崩的时候，没有一片雪花是无辜的。
即使是微不足道的力量，也能为伟大的事业增添光彩。	以萤烛末光增辉日月，以晨雾之微补益山海。

金句不仅是一篇文章中的闪光点，更应该是读者对一篇文章印象最深刻的记忆点。恰当地使用金句，能有效增强文章打动人心的力量。

以下三个基础、常见的写作方法，可以帮助你创造出属于自己的金句。

1. 对立矛盾

在句子中使用反义词，不论是动词、名词、形容词都可以。反义词就是两个意思相反的词，包括：绝对反义词和相对反义词。绝对反义词，指两个词语意思相反，对立矛盾，如：真—假、赞美—批评。相对反义词，指两个词语意思并举，对比鲜明，如：方—圆、春天—夏天。

> 我们所居的世界是最完美的，就因为它是最不完美的。这话表面看来，不通至极，但是实则含有至理。假如世界是完美的，人类所过的生活——比好一点，是神仙的生活；比坏一点，就是猪的生活——便呆板单调至极，因为倘若件件事都尽美尽善了，自然没有希望发生，更没有努力奋斗的必要。人生最可乐的就是活动所生的感觉，就是奋斗成功而得的快慰。世界既完美，我们如何能尝创造成功的快慰？这个世界之所以美满，就在有缺陷，就在有希望的机会，有想象的田地。换句话说，世界有缺陷，可能性才大。（朱光潜《无言之美》）

对立矛盾在议论文写作中的具体应用示例如下：

> 我们常常觉得，理性和感性是一对反义词，但实际上并不是这样。理性的反面不是感性，而是本能；感性的反面不是理性，而是麻木。凭本能的人不会成功，内心麻木的人不会幸福。很多自以为感性的人，不过是追随自己的本能，好吃懒做、喜怒无常；很多自以为理性的人，不过是对世界的感受麻木，没有感受，不会感动。所以，"理性"和"感性"这两个词，根本不是一对反义词，而

是一对我们要靠后天学习才能获得的品质，是两条我们可以用来提升自我的通道。用理性来纠正我们的本能反应，用感性来激发我们麻木的心灵。

2. 一字成金

在句子中围绕关键字，进行"一字成金式"组词，对相关、相似、相近或相反、矛盾的词语进行比较和讨论，如：

傲	"傲骨不可无，傲心不可有。无傲骨则近于鄙夫，有傲心不得为君子。"——张潮《幽梦影》
气	要鼓起勇气和保持正气，需要有呆气。——邹韬奋《呆气》
来	这种奖赏，不要误解为"抛来"的东西，这是"抛给"的，说得冠冕些，可以称之为"送来"。……其实，这正是出于那是"送来"的，而不是"拿来"的缘故。——鲁迅《拿来主义》

一字成金在议论文写作中的具体应用示例如下：

> 比热门更重要的是热爱。人们在选择专业和职业道路时，往往容易受到社会舆论和就业前景的影响，倾向于选择那些看似热门、就业率高的领域。然而，钟芳蓉同学的故事却给我们上了生动的一课，那就是：比热门更重要的是热爱。虽然专业是冷的，但心是热的呀！热爱，是成就事业、实现自我价值的基石，是比任何热门趋势都更为重要的选择标准。

3. 借鉴化用

在句子中，通过对已有表达（如成语、俗语、名言警句等）的借鉴，创造出一个新的句子。这个新的句子或段落既要保留原有表达方式的某些特征，如语言风格、修辞手法等，又要能够准确地传达作者的观点或情感，同时给读者带来新颖的阅读感受。

借鉴化用在议论文写作中的具体应用示例如下：

> 人们常说，为学日益，但我要说，为学也要"日损"。傲气要减，因为只有虚心向学，勇于承认自己的不足，才能不断吸收新的知识和智慧。娇气也要减。学习之路上困难常在，道阻且长，只有保持坚韧的态度，才能真正有所成长，真正有所获得。

"为学日益"本是一个常见的、人们熟知的说法，但借鉴化用之后，就可以创造性地写出"为学日损"的句子，精辟地表达自己的观点。

在真实的写作场景中，以上三种方法常常共同发挥作用——"比热门更重要的是热爱"之后，又有"虽然专业是冷的，但心是热的"，这一段论述当中既有一字成金，也有对立矛盾。而在"为学日损"这一句之中，更是"借鉴化用"和"一字成金"两种金句制造法的重合与综合。

三种方法在议论文写作中的综合应用，具体示例如下：

> 明代胡居仁讲求学，"苟有恒，何必三更眠五更起；最无益，莫过一日曝十日寒"。清朝曾国藩讲打仗，"结硬寨，打呆仗"。在绝大多数领域中，成功都不是大步快走换来的成绩，靠的都是小步迭代中的付出。
>
> 为学和作战如此，商业领域又何尝不是如此？通过对美国两万多家公司长达九年的研究，管理学家吉姆·柯林斯在《选择卓越》一书中提出：在商业领域中，在一个公司发展中起到重要作用的，是稳定性的、持续的长期努力，而不是跳跃式、间歇性的努力。实际上，美团创始人王兴也一样深刻地意识到了这个道理。正因如此，从团购起家到不断开展新业务，餐饮外卖、酒店旅游、打车服务……即使面临着激烈的市场竞争，美团始终秉持着"日行30公里"的理念，一路探索新的增长点并持续迭代运营策略，终成行业佼佼者。正所谓"企者不

立，跨者不行"，我们不能做一个凭心情大跃进的跨者，要做一个永不止步的行者。

"大步"和"小步"的表述，使用的是对立矛盾法。"我们不能做一个凭心情大跃进的跨者，要做一个永不止步的行者"同时包含了"一字成金"和"借鉴化用"两种金句制造法："跨者"对"行者"的表述使用的是一字成金法，而这句话本身则是对老子名言"跨者不行"的借鉴与化用。

逻辑关联

运用修辞和打造金句的目的是让你的语言更加具有打动人、感染人的作用。而在一篇文章中，有意识地使用关联词，加强句子之间形式上的逻辑关联，则是为了让你的论述清晰严密，更好地展现文章的行文思路。文章关键句中的关联词可以成为你论证的路标，文章的推进会因此更加清晰，结构也会因此而更加分明，如：

> 杜甫之所以能有集大成之成就，是因为他有可以集大成之容量。而其所以能有集大成之容量，最重要的因素，乃在于他生而禀有一种极为难得的健全才性——那就是他的博大、均衡与正常。杜甫是一位感性与理性兼长并美的诗人，他一方面具有极大极强的感性，可以深入到他接触的任何事物，把握住他所欲撷取的事物之精华；另一方面又有着极清明周至的理性，足以脱出于一切事物的蒙蔽与局限，做到博观兼美而无所偏失。（摘编自叶嘉莹《轮渡复七律直言进及其承先启后之成就》）

关联词在议论文写作中的具体应用示例如下：

学 习

然而，不要说客观条件本不应该成为一个人专注力低下的借口，更不必说如今网络化的学习从客观上看还能带来诸多优势，就算它是彻彻底底的负担，我们也不可以因其难克服而不克服。今人学习读书专注力问题，诚然有学习途径的客观影响，但若想改变现状，仍需向内反省。

顺水逆水

由此看来，选择顺水还是逆水，看似只是一种行为选择，实则是一种价值观的选择。我认为，在主流思想腐朽时，诚然顺水安稳，逆水艰难，但真正成功的人的心中从不是一生只求安稳，而是更强调"向前，向上，向善"，逆水而行，彰显了人类追求真理的坚定不移，更为可贵。

以上两个议论段，通过有意识地强化关联词的使用，不仅可以有效统摄分论点，还能够清晰地提示整篇文章的层次与结构，顺畅地完成上下文的过渡。

下面这篇文章在写作时，有意识地强调了关联词的使用，请大家在阅读时关注：

【考场实例】 鸡头凤尾

俗话说："宁为鸡头，不为凤尾。"你认同这一观点吗？请完成一篇文章。

例文展示

鸡头或比凤尾高，凤尾但比鸡头美

万君

到底是做好学校中的最后一名，还是做差学校中的第一名？这似乎就是一个典型的"鸡头凤尾"之问。

在我看来，选择的关键，首先正在求学者本身。倘若你热情奋进，抗压能力一流，何不在一个更好的教育环境中，在优秀同伴和师长的影响下，携手加速前行？但倘若你更需要在正向反馈中获得信心与前进的动力，何不从容选择一个更能获得成就感的集体？其实，学校没有好坏之分，只有与求学者本人的特点契合与否。也唯有如此，鸡头凤尾之选择，才有可能真正助力一个人的成长。

其次，选择的关键，在于求学者的实际情况与个人、家长的期待适配而不错位。家长不顾孩子的意愿，硬逼一个不胜压力的孩子去当名校差生，或者强迫一个乐于挑战的少年采取更"稳妥"的方案，甚至求学者自己认不清自身的特质，而选择了一个本不适合自己的地方，这难道不正是许多少年丧失学习动力、内心痛苦不已乃至产生心理问题的罪魁祸首吗？一个良好的教育大环境，正应该是让适合当鸡头的人开心去当鸡头，让适合当凤尾的人坦然去当凤尾的环境。只有在这样的环境里，每个人才能真正做到只需要基于自己的特点，而不让父母的期待、外界的评价、自身的自尊心等影响自己的选择。

再者，"宁为鸡头，不为凤尾"，这样一个基于对自我实力的评估而采取的更为稳妥的选择，实际上隐含着一种如今普遍存在的、对未来生活的恐惧。

生活中很多事大约都是如此吧？越是重要的决定，越是在前景不明朗的时刻，我们就越是倾向于一种更为保守的选择：到底要创业还是考公？到底是选择爱我的人，还是我爱的人？如此的纠结和矛盾，和鸡头凤尾之问一样，体现的正是我们对职业选择、爱情婚姻、学业发展的恐惧。还有，不当凤尾就一定能成为鸡头？这到底又是怎样的一种误区呢！学习和成长是一个动态的过程，无论在哪里，无论是谁，一旦放弃努力，就都无法一直轻松地优秀下去。要我说呢，抱着当个鸡头就能轻轻松松、无脑躺赢的消极心态去择校，多半的结果，就是成为鸡尾，即所谓差学校中的最后一名。

最后，鸡头凤尾之问永远都是少数人的假想难题。因为大多数的我们不过只是普普通通的"中不溜儿"，无论我们在哪里，都有竞争的压力，都有成长的难题。在竞争日益激烈的今天，无论是学生还是家长，都希望可以过得轻松一些，但人生真的没有所谓的 easy 模式，没有一帆风顺的捷径可走，更不可能仅仅通过对教育环境的选择而完全规避成长中所有的问题。我们必须认识到：只有直面困难，学习能力的提高和个人的成长才能真正完成。

至于我本人，我知道挫败、自我怀疑等内心感受，是我加入一个优秀的群体必然付出的代价，但我相信，优秀的人身上的光芒，一定会照亮我个人前行的道路，无论过程怎么磕磕绊绊，我终究会因为他们的存在，走得更快，走得更远。因此，即便有可能在学习成绩方面成为所谓的凤尾，但如果有机会，我也一定会纵身加入一个最为优秀的群体。

因为，在我看来，当周围的人都比我强的时候，一定是我获得成长加速度的宝贵机遇，一定是我全面成长的黄金岁月。在这里，我的收获，也一定远比单纯的考试排名丰厚得多——是的，和关注群体之中处于什么位置相比，我更关注自身处于一个什么样的群体之中，以及自己到底有什么收获。相信当你这么看待这个问题的时候，也一样会发现：

那五彩斑斓的凤尾，远远比高高在上的鸡头美丽。

我们为大家提供了一个常用关联词的清单。大家可以在修改作文的时候，参考这张表格，通过关注、增加、修改、调整关联词的方式（尤其是分论点、核心句），加强文章的逻辑性。

常用关联词清单

关系	常用关联词
并列	既……又……，一方面……另一方面……，有时……有时……，有的……有的……，不是……而是……，是……不是……，同样，还，换句话说
承接	也，首先，其次，最后
递进	不但（不仅、不只、不光）……而且（还、也、又）……，尚且……何况（更不用说、还）……，况且
选择	与其……不如……，宁可……也不……，或者……或者……，不是……就是……，要么……要么……，或许……或许……，可能……可能……，也许……也许……
转折	虽然（虽、尽管）……但是（但、可是、却、而、还是）……，但是，但，然而，只是，不过，相反
假设	如果（假如、倘若、若、要是、要、若要、假若、如若）……就（那么、那、便、那就）……，即使（就是、就算、纵然、哪怕、即便、纵使）……也（还、还是）……，试想
因果	因为（因）……所以（便）……，由于……因而……，因此，故此，故而，之所以……是因为……
条件	只要……就……，只有……才……，除非……才（不）……，无论（不管、不论）……都……
目的	为了，以便，免得
阐释	例如，实际上
总结	总之，综上所述

要点四

语　言

虽然每个人的语言风格不一而同,但大体而言,在议论文的写作中,追求"简练干净、从容流畅、响亮悠扬、大气沉稳",总是不错的。

那么这样的风格应该如何养成呢?接下来,本书将介绍两个基础、常用的写作方法:长中有短、散中带齐。

经典的文言文有一种独特的美感,其来源则是错落有致、骈散结合的语言形式,如:

> 竹似贤,何哉?竹本固,固以树德,君子见其本,则思善建不拔者。竹性直,直以立身;君子见其性,则思中立不倚者。竹心空,空以体道;君子见其心,则思应用虚受者。竹节贞,贞以立志;君子见其节,则思砥砺名行,夷险一致者。夫如是,故君子人多树之,为庭实焉。
>
> ——摘自白居易《养竹记》

在《养竹记》的选段中,白居易通过长句铺陈了竹子的各种美德,如"竹本固,固以树德""竹性直,直以立身""竹心空,空以体道""竹节贞,贞以立志"。与此同时,每个长句内部,包含着四字短语或六字短语的语言结构,因此形成了一种错落有致的美感。同时,这些长句与短句之间,又用"君子见其……则思……"的句式进行连接,因此既有自由流畅的散文之美,又不失整齐划一的骈文之韵。

> 不知其子视其父,不知其人视其友,不知其君视其所使,不知其地视其草木。故曰:与善人居,如入芝兰之室,久而不闻其香,即与之化矣。与不善人居,如入鲍鱼之肆,久而不闻其臭,亦与之化矣。丹之所藏者赤,漆之所藏者黑,是以君子必慎其所与处者焉。
>
> ——摘自《孔子家语》

在《孔子家语》的选段中,作者同样运用了"长中有短,散中带齐"的表达方式。"不知其子视其父,不知其人视其友,不知其君视其所使,不知其地视其草木"等通过排比的手法,将多个观点并列呈现,气势磅礴。而在这些长句之间,又穿插了短小的比喻句以引出结论,如"与善人居,如入芝兰之室;与不善人居,如入鲍鱼之肆"——这些短句不仅生动形象,还与长句相互呼应,使得整个段落既有散文的灵活性,又有骈文的严谨性。

> 景公之时,雨雪三日而不霁。公被狐白之裘,坐堂侧陛。晏子入见,立有间,公曰:"怪哉!雨雪三日而天不寒。"晏子对曰:"天不寒乎?"公笑。晏子曰:"婴闻之古之贤君,饱而知人之饥,温而知人之寒,逸而知人之劳。今君不知也。"公曰:"善!寡人闻命矣。"乃令出裘发粟,与饥寒。令所睹于涂者,无问其乡;所睹于里者,无问其家;循国计数,无言其名。士既事者兼月,疾者兼岁。孔子闻之曰:"晏子能明其所欲,景公能行其所善也。"
>
> ——摘自《晏子春秋》

《晏子春秋》的选段也体现了这种表达特色。晏子与景公的对话，既有长句的铺陈，如晏子对景公"饱而知人之饥，温而知人之寒，逸而知人之劳"的批评；又有短句的精练，如景公的"善！寡人闻命矣"的回应。整个对话过程，既流畅自然，又条理清晰，长句与短句、散文与骈文的结合，使得对话内容既富有哲理，又易于理解。

在议论文写作中，流畅的考场语言便正是吸收了传统精华的书面语言，形式上有长中有短、散中带齐的特点，具体示例如下：

> "持坚守白，不磷不缁"是大名鼎鼎的"双忠砚"上的一段铭言。此句源出《论语》，原文是"不曰坚乎？磨而不磷；不曰白乎？涅而不缁"。意思是，不是说很坚硬吗？怎么磨，也不会变薄；不是说很纯白吗？就是放进污水里，也不会染黑。宋时，岳飞稍加改动，成此八字，择一方"纵九寸有奇，形圆而椭"的端溪砚，镌刻其上，表明不忘收复之决心。百年后，此砚为另一位宋室孤忠谢枋得珍藏、款题。曰："枋得家藏岳忠武墨迹，与铭字相若，此盖忠武故物也。"谢枋得去世后，这砚台更是得逢其所，为声名更为大众熟知的文天祥所有。文天祥得此激励，继岳飞、谢枋得之后，随即在砚上又刻了一段文字："砚虽非铁磨难穿，心虽非石如其坚，守之弗失道自全。"并再次提醒自己：一片丹心，清操厉雪，初衷不改，精忠报国。一方端砚，三颗赤胆，百年精神，从此在一方小小砚台，重叠共生。后世因此，命名"双忠砚"。收藏者也因此代代珍视，爱惜非常。

【考场实例】 不断地超越所给的信息（2023·丰台二模）

信息化时代，海量的信息广泛而深刻地影响着人们的生活。而教育心理学家杰罗姆·布鲁纳说："人类的精神生活中最独特的一件事情，是人们会不断地超越所给的信息。"

材料中"不断地超越所给的信息",引发了你怎样的联想和思考?请联系现实生活,自选角度,自拟题目,写一篇议论文。

例文展示

信息时代:不断超越,不畏浮云

四中某学长

当今时代因科技革命带来的最显著的特征就是社会的信息化。小到个人的姓名、年龄乃至样貌,大到气候变化、山川形易,一切都以信息为载体。这提醒我们思考:应当如何处理纷繁入耳的信息?有人说:应该充分学习并接受这些信息。我说不假,但若要充分发挥信息的价值,要在接受的基础上,不断超越所给的信息。

接受信息是一种学习过程,增加了人们的知识储备。孔子生于春秋,但他以宗庙礼器、宫廷典章,认识到郁郁周礼;欧阳修生于北宋,但他以韩文旧本,学到原篇,重发掘古文务实风尚。在人类学中,这被称为"棘轮效应",人类接受旧有信息,才积量变为质变,使文明螺旋上升式发展。苟无如此,人类恐怕仍聚居于穴中,"茹毛吮血,杀人如麻"吧!

但是,随着接受信息的累积,人们会逐渐形成固有思维。正如庄子所说:"曲士不可以语道,束于教也。"冲破思维定式,也就是超越信息,在此便显得至关重要。

超越信息,让我们形成更开阔的视野。回望历史,可见一斑。邹忌讽齐王纳谏,齐王大赏谏者,门庭若市,从而冲破蒙蔽,超越自己的固有认知,以成霸业。反观18世纪俄国作家笔下的"多余人",他们沉溺于贵族视角而不可能了解到民众情之所系、心之所想。推及今日互联网和大数据机制形成"信息茧房",信息带来认知谬误的可能性不降反升。每个人就如电影《楚门的世界》中的楚门一样,被困在自己的小世界中。正因如此,信息时代,更应超越信息,打破头顶上的信息囚笼。

在超越之上,还应更进一步,不断超越。不断超越强调对信息的深入探索,从而反过来丰富信息,扩大总体的信息储备。人类的探索并无边界,不断超越的探索,让科学和文化的发展继续前行:倘若亚里士多德的真理不受冲击,何来席卷欧洲的科学革命和启蒙思潮?倘若真如开尔文在20世纪初所说"科学大厦业已建成",又如何解释放射科学和量子力学与相对论的横空出世?揆诸今日,不断超越则意味着在知识之广度上兼顾深度。互联网中信息以碎片化的形态存在,人易致广大而难致精深,通过不断超越将信息内化,是今日处理信息的不二法门。

王介甫登临高山,身居高层,则"不畏浮云遮望眼"。今日你我,面对网络信息的重重掩蔽,也当视信息如高山不临其巅而不休,不览其小而不止,取全互联网之精华为我用,也品味一番"不畏浮云"的盈盈喜意。

第九章

如何完善升级

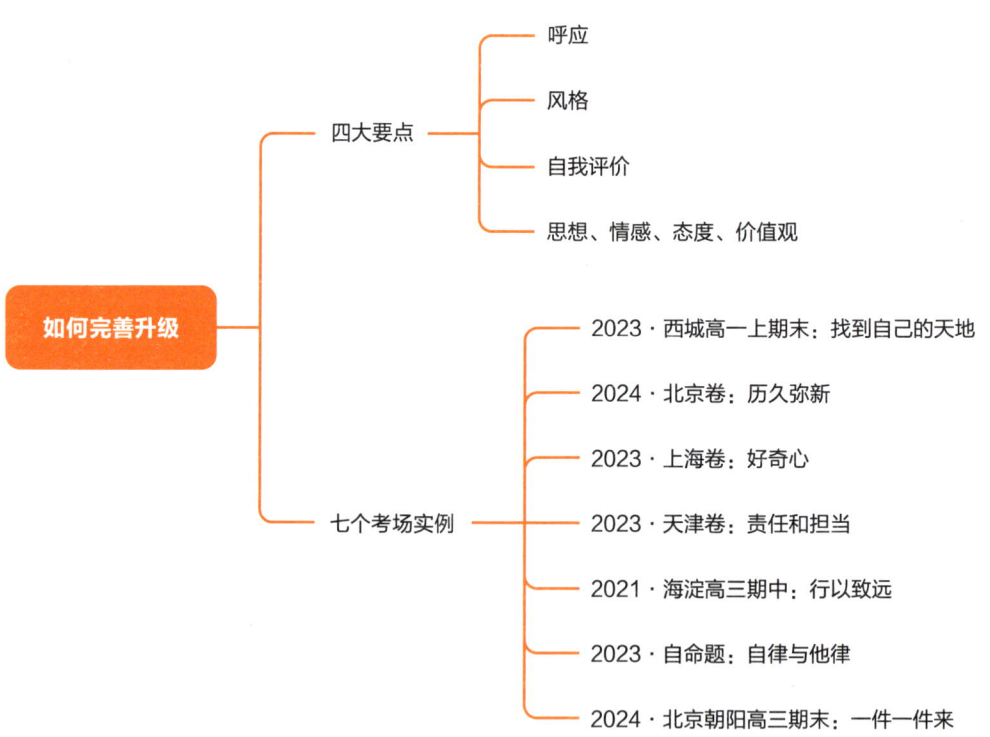

要点一

呼 应

  在脱口秀中,"call back"是一种幽默技巧,指的是喜剧演员在表演过程中重复之前提到的一个笑话或概念,以此来制造幽默效果,在开头处给观众留下一个悬念,直到表演的最后才揭晓结局,从而呼应前段演出,带给观众以喜剧艺术上的圆满、回环感受。重复和强调可以增加笑点,同时使得整个喜剧表演更加连贯。

  写作中,我们也可以效仿这一手法,为自己的议论文写作助力。议论文《知道》中,作者以"两千多年前的原野上,一位老者骑着青牛,悠然来到函谷关"开头,以"越是在如今这样一个时代,我越是向往那个青牛所走向的远方"收尾,一头一尾,一唱一和,完成了"老子出关"这一素材的前后呼应。这就是议论文写作中一次结构上的"call back"。

  议论文《共享》中,第一段这样写道:

>   《经典咏流传》上,教师梁俊带着乌蒙山区的孩子们唱响"白日不到处,青春恰自来。苔花如米小,也学牡丹开"一诗,婉转动人的歌声中仿佛饱含着脱贫攻坚成功后的喜悦,以及城乡共享教育资源取得更大进展的幸福。是的,共享理念正在新时代社会发展中发挥巨力。

而在最后一段收尾时，又选取了一个巧妙的角度，和开头进行呼应：

> 其实袁枚还有一首咏苔诗："青苔问红叶，何物是斜阳？"这是青苔在感叹阳光分配不均啊！若以斜阳象征美好的发展成果，那么假如我们的共享持续深入发展，那将会是："白日曾不到，苔花默默开。如今白日到，青春阔步来！"

除了上面提到的两篇文章（《知道》和《共享》），呼应这一结构上的设计安排，在本书的其他文章中也多次出现。限于篇幅，在此不一一指出。当然，呼应是锦上添的花，并非雪中送的炭。技巧的应用应建立在文从字顺、条理分明的基础上——这是初学者在借鉴运用时需要注意的。

【考场实例】 找到自己的天地（2023·西城高一上期末）

> 阅读下面材料，按要求作文。
>
> 不可能人人都是船长，水手也有水手的精彩；
>
> 在这世界上，每个人都能找到自己的天地。
>
> 有宏伟大业，也有琐碎小事，
>
> 无论大小，做最适合你的事吧。
>
> 以上诗句引发了你怎样的联想和思考？请以"找到自己的天地"为题，写一篇记叙文或议论文，不少于700字。

例文展示

找到自己的天地

万君

我发现最近讲的课文里，每个人都找到了一片属于自己的天地。

不信，你且来看：朱自清有曲曲折折的荷塘，苏东坡有明月当空的赤壁，史铁生有久处不厌的地坛，就连那位写起风景来不动声色的大儒姚鼐，也有一片只剩下纯白与苍黑色的、安静到极致的泰山顶。这些，难道不正是独属于他们的天地吗？讲完课文之后我始终在想：这片天地对他们来说，到底意味着什么？当朱自清走向荷塘时，身后是日常生活、社会角色里不可不承担的责任；当苏东坡走向赤壁时，身后是贬谪时期数不尽的困顿与疲惫；当史铁生走向地坛时，心中是一个男孩在残疾之后无可解决的人生难题与苦痛……

所以，这片天地对他们来说，到底意味着什么？我想，那仅仅属于他们的荷塘、赤壁、地坛和泰山顶，那仅能安放他们心灵的天地，对于他们而言，或许不是什么文学创作之路上的发现与收获，而只是现实世界外的一份慰藉，只是精神王国中的一寸净土罢了。只有在这里，他们才能够放下现实世界里不得不面对的一切，获得一点暂时的自在与自由；也只有在这里，他们才可以舒展姿态、沉静心绪，或放松身心、享受安适，或超然物外、默然沉思。

未来的道路到底应该怎么走？时代的局势到底会怎么变？有时候，即便是那些文学史上都留有姓名的大人物，置身其中的那一刻，恐怕也是想不明白的。

他们想不明白了，才会走到这一片天地里来。因为月下的荷塘、江面的清风、地坛边上的昆虫和风雪中的青松，只是静静等待着，从不逼迫他们立刻、马上就给出一个明确的答案。

我想，对于当下的我们而言，学习这些课文最大的价值与意义，恐怕也就在于此吧！这些经典的文学作品，仿佛就是要来提醒我们说：在手忙脚乱的线上工

> 作与学习中，在注定没有那么完美的人生里，在势必不能尽如人意的世界上，我们也一样要找到一片属于自己的天地。这片天地也许只是你家马路旁那座夜晚常去散步的无名天桥，也许只是她家小区边那片可以远眺夕阳的微型花园。它们不必遥远，不必宏大，不必美丽；相反，只要它们能在日常生活中随意探访，和我们随心相处，随时相伴，就已经足够了。
>
> 人生中一定要有必须奔赴的目的地吗？人生中一定要有必须实现的大梦想吗？也许吧，反正从小到大，老师、家长和社会，都是这么告诉我们的。所以我们早习惯了朝着远方的目的地和大梦想，以规定的动作、一刻不停地全速奔跑着。
>
> 可是，你和我分明也都有跑不动的时刻啊。如果这个时候，能够在某个无拘无束的小天地里，用自己喜欢的姿势跳上一段开心的舞蹈，那该是一件多么快乐的事。
>
> 祝愿这世上的每个人，都能在奔跑的途中，找到一片尽情跳舞的天地！

在这篇文章中，呼应的应用不仅体现在对《荷塘月色》《赤壁赋》《我与地坛》《登泰山记》等素材的重复使用上，还体现在对"找到自己的天地"这一主题的反复强调和深化中。

要点二

风 格

福楼拜说:"对于最伟大的作家,我们不该指望从他们那里找到只有二流作家才会有的那种一本正经的规范。"事实也的确如此,伟大作家的创作往往能超越常规,拥有更为自由和创新的表达方式。正是这种不拘一格的创作态度,造就了具有深远影响和独特价值的作品。

议论文的写作虽然不是文学创作,但也应各有风采,而形成自己稳定的风格更有利于在考场上持续输出,高效成文。

【考场实例1】 历久弥新(2024·北京卷)

几千年来,古老的经典常读常新,杰出的思想常用常新,中华民族的伟大精神亘古常新……很多事物,在时间的淬炼中,愈显活力和价值。

请以"历久弥新"为题目,写一篇议论文。

要求:论点明确,论据充分,论证合理;语言流畅,书写清晰。

例文展示

历久弥新

周昊哲

当今时代，距离苏格拉底、孔子他们的时代已经过去两千多年了，然而，我们现在依然能听到许多人激情讨论着苏格拉底对公平正义的连续追问，依然能看到许多人虔诚挖掘着孔子《论语》的当代价值。我想，这也许就是伟大思想的历久弥新吧，它们不仅打破了时间的限制，流传至今，而且能不断引发人们新的思考与解读，从而给我们以新的启迪与智慧。

作为新时代的青年，我们从小就读经典、学经典，试图以这种方式找到通往伟大的可能，可是，究竟是怎样的作品才能真正做到历久弥新呢？

在我看来，"深入浅出"是让作品历久弥新的必要条件。

一方面，只有让作品体现的思想厚重起来，触及事物发展的本质规律，才能够扛得住时间的大浪淘沙。当你在读《红楼梦》的时候，你读的是群体封建化与个体现代化之间不可调和的矛盾；当你在读《三国演义》的时候，你读的是"合久必分、分久必合"的历史圆周率；当你在读《西游记》的时候，你读的是信仰、欲望的纠缠不休；当你在读《水浒传》的时候，你读的是不同出身与立场的社会人性。我们初读经典所看到的文本只是那"冰山之巅"，而所谓的历久弥新，正是发生在不同时代的读者与作者对于"冰山基座"的无限探讨之中。

另一方面，讲好故事，让作品被更广泛的人群接受与喜爱也很重要。传播学家施拉姆说，传播效果与内容有用性成正比，与获得成本成反比，也就是说，如果有厚重的思想却晦涩难懂，那么只有固定的少数人愿意阅读，它的传播效果将会大打折扣，就算内容极其深刻，也只能成为沧海遗珠了。小学的我读《西游记》，就喜欢看打架的章节，只为孙猴子超强的战斗力折服；初中的我重读《西游记》，开始佩服孙猴子"大闹天宫"时候的反抗精神；高中的我再读《西游记》，最终因孙猴子头上的"金箍"产生深思，在心性、欲望、信仰的纠缠中走向成熟。经典作品绝不会故作高深，它只会让人在不同年龄阶段、不同人生境遇中常读常新。当我们读这些经典作品的时候，我们不仅仅是窥探某一段历史背景，一定还会于过程中找到自己在作品里的影子，让心灵震撼——这样的作品，方可历久弥新。

随着AI技术的发展，当下的人们都或多或少地有对"我是否会被AI替代"的焦虑感，而我认为在这时候讨论"历久弥新"的话题尤为重要，因为也许未来有一天AI真的能够写出一本让人拍案叫绝的小说，但是它永远不能回答有关永恒性的问题：我是谁？我从哪儿来？我要到哪儿去？

人类最大的优势，就是拥有着源远流长的历史文脉，拥有着像《人类简史》《红楼梦》《论语》等历久弥新的经典作品，它们连接当下与过往，让我们能够永远有一份"人类共同记忆"，从而在人类历史长河中获取先贤的参考答案，找寻当下的出路——而这，也许就是"历久弥新"的最大价值。如果有一天，你遇到了看似无法解决的难题，不妨去看看那些经典作品，因为历史上的"你"一定在某些时刻解决过它们，你只需要重新拾起那些昨日经验，然后适当转化，从而开创人生新局。

【考场实例2】 好奇心（2023·上海卷）

一个人乐意去探索陌生世界，仅仅是因为好奇心吗？

请写一篇文章，谈谈你对这个问题的认识和思考。

例文展示

不仅仅是因为好奇心

托塔老师李智勇

一个人乐意探索陌生世界，当然不仅仅是因为好奇心。好奇心的火光太微弱，实在不足以抵御探索路上的霜刀冰剑、刺骨严寒！

探索陌生世界，不是王孙公子轻摇折扇的寻幽探胜。在远古时代，部落需要迁徙，派出最壮硕的勇士探路，十停中几乎回不来一停。幽幽树林，森森河谷，虎啸猿啼，怪蟒无数，环境对陌生闯入者极不友好。往事已杳，创业，可以视为今天经济森林中的探险，每年大浪淘沙，能活下来几个？OFO小黄单车，固一时之雄也，如今安在哉？

然而，这项对个体极其危险的行为，对群体，却意义巨大、收益巨大。

刘慈欣《三体》中有个著名论断，宇宙中，资源的增长是代数级，种群数量的增长却是几何级。探索陌生世界，是为族群开掘明天的源头活水。而且，停止探索后，思想上的一潭死水比资源的坐吃山空更可怕，人人因循守旧，人人浑浑噩噩，还做着天朝上国的迷梦，这段沉沦岁月有多不堪，翻翻史册看看去，白骨堆山、血泪斑斑啊！

所以，向风高浪急处进发，要为族群带回春消息的斥候船队，怎么可能只靠好奇心这一副薄薄的船帆？要有足够的兜底保障，解除后顾之忧；要有足够的激励机制，让人你争我赶；要有鼓励探索的文化和仰慕创新的氛围。不能都拿了好几个专利了，相亲时候，还是听到这么一句：你小子这么聪明，怎么不考公务员啊？

我们的祖先是农夫，在一块固定的田地上春种秋收了几千年，这种生产方式，孕育了安土重迁、不爱冒险的传统。我们太喜欢萧规曹随，我们太偏好旱涝保收，这都可以理解，然而，不确定的明天要来了，惊涛拍岸，浊浪滔天，停滞就是极大的风险！我们得转变观念，如果你能，请踊跃探险；如果不能，看着勇士们孤身走暗巷、披风褴褛，别吝啬自己的掌声，起码不要百般诋毁，甚至威胁挂人家路灯！

解放思想，可称社稷本；开辟鸿蒙，敢为天下先！

【考场实例3】 责任和担当（2023·天津卷）

阅读下面的材料，根据要求写作。

与有肝胆人共事

从无字句处读书

一代人有一代人的使命与挑战，一代人有一代人的责任和担当。一个世纪前，在津求学的青年周恩来撰写了这副对联，在交友处事与读书求知方面警勉自己。

品读此联，你有怎样的联想和思考？请任选角度，结合自己的体验与感悟，写一篇文章。

要求：①自拟标题；②文体不限（诗歌除外），文体特征明显；③不少于800字；④不得抄袭，不得套作。

例文展示

满怀冰雪，浩荡百川

天津某考生

我特别喜欢辛弃疾的一句词："唤起一天明月，照我满怀冰雪，浩荡百川流。"这般纯净高洁的自然之境，也是人格之境。历代国人都在探求修身兼济之路，周总理年轻时的对联也是如此，我们唯有胸怀肝胆之气，阅尽山河，方能承担使命，立于时代潮流。

总理的上联强调一个人要有肝胆，就像辛词中所说的"满怀冰雪"，内心有了一片浩然之气，才能有"虽千万人吾往矣"的气魄。记得小时候在天津的周邓纪念馆，老师给我们讲了总理在上海与敌人展开殊死斗争的故事，当时我第一次听说他那位"一身肝胆"的战友钱壮飞。钱壮飞长期从事潜伏工作，多次敏锐发现危险，在龙潭虎穴之中冒着生命危险及时发出信息，使同志们转危为安。总理曾说："要不是钱壮飞，我们这些人都不存在了。"与有肝胆人共事，彼此携手并肩，不畏千难万险，这源于内心的正义以及对国家的赤诚。

总理的下联告诉我们，当我们内心有了肝胆之气，还要不断增加阅历，武装头脑。身处学校的书生，要注重知行合一，放下书本，感受天地万物。2009年开始，由大学生创办的"科技小院"在全国各地兴起，学生们与当地农民一起劳作，总结书本知识，不断研发新的科技成果，水果玉米、冰激凌萝卜等已经走上大众的餐桌。书生不能死守书本，奔走在城市的人们更应该认真阅读社会这本大书。外卖小哥王计兵将人生百态写入诗歌，在寺庙送外卖时还有奇思妙想："时间在催，我还有许多单子需要及时配送，此刻，我才是菩萨，面对众多的许愿人。"他如同一个来自民间的行吟诗人，记录下劳动者的辛苦和自尊。作为新时代的青年，我们要牢记，世事洞明皆学问，天地万物即文章。正如百川东流，历经高山大川，才能更加浩荡。

内心的肝胆之气与外界的历练打磨，才能让我们成为合格的青年，担起时代的使命。高考前一天，在航天研究所工作的父亲告诉我，为中国航天事业做出巨大贡献的陆元九先生去世了。父亲曾经无数次用这个名字激励我，而总理的对联，正是以陆元九为代表的那一代学子的真实写照，他们饱经战火洗礼，心怀爱国之心，从而担负使命，为国家的强盛贡献了自己的一生。吾心自有光明月，山河大地拥清辉，他们为天地立心，彰显了高尚人格，谱写了时代华章。

河出潼关，因太华之阻而增其奔涌；风回三峡，因巫山为隔而显其怒号。

一代青年有一代青年的使命与担当，而一身肝胆与阅尽世事，是有志青年的必修课，我们内有冰心，乾坤明媚，布履一双，山河踏遍，最终才能"唤起一天明月"，傲立天地之间。

（《语文月刊》，2023年第8期，P87）

【考场实例4】 行以致远（2021·海淀高三期中）

《荀子》中说："道虽迩，不行不至。"是的，如果不迈开双腿向前走，即使是很近的路，也永远到达不了目的地。何况，个人成长、事业进步、国家发展、文明延续，都有一条漫长的路要走。"行"是到达远方所必需的。

这段文字引发了你怎样的联想和思考？请以"行以致远"为题，写一篇议论文。

要求：观点明确，论据充实，论证合理，书写清晰。

例文展示

行以致远

北京某考生

古人云："千里之行，始于足下。"行，是迈步向前，亦是勇于向未知的远方进发；远，是遥远的目的地，更是理想和使命的彼岸。行是远的必备条件，只有行得好，行得长，方能致远。

不仅个人需要坚定地向前才能成功，一个国家和民族的文化更需要不断前进，才能薪火永继。对于文化而言，要想真正到达延续千年的彼岸，必要行得"新"，行得"久"，行出活力，行出长性。

中华文化源远流长，行至今日，不能只依靠传承精粹，还要赋予"行"以创新发展的时代内涵。试看故宫文创，《千里江山图》、"御猫"，让国人不自觉地爱上宫墙之内的奇珍美景，恋上千年中华历史；试看李子柒，将"东篱"与美食结合，染古国诗心以烟火气，使传统与现代碰撞，让田园生活和诗情画意随着互联网席卷全球。"行"不是简简单单地沿老路行走，在时代高速发展的今日，因循守旧就是画地自限，会在汹涌向前的时代浪潮中被淘汰。新时代，文化的远方，不仅是延续，更是发展，是进步。若想到达远方，就要让我们的文化边行路边换上新装，取传统之精华，添时代之新颜。唯有此般"行"才非行尸走肉，而是行出花样，行出高度。也唯有这样的行，方能将远方的路行得更宽。

与个人之发展征程不同，文化的延续道路漫长，动辄几千年。这样的大道之行，更要求我们坚定信念，明确并坚守前进方向，不能中途易辙，偏离理想中的模样。在西方文明冲击下，咖啡、大片、代购、圣诞已经渗入了我们的生活，冲淡了重阳的菊香和翰墨之魂。发黄的诗卷、破碎的古琴音，岂不是我文化之路偏曲的警示？在"乱花渐欲迷人眼"的世界文化包围下，我们欣喜地发现，大运河雅集、两岸汉字艺术嘉年华、敦煌舞、古诗操……真正坚定不移地踏着千年文化积淀，一步一个脚印地向前、向前，以藐视群雄的姿态，助我文化突出重围，使日渐模糊的文化未来，恢复了清晰定位。只有坚持原有的正确道路，不走弯路，才能将传统更好地带到现代，将现代的精神文明献给远方。坚定行，方能行得更远。

诚然，只有前行才能到达远方，但不意味着前行就能使文化延续。正如刘慈欣所说，"不给文明以岁月，而给岁月以文明"。有了光明的未来指引，文明前行的旅程也更应丰富多彩，如此，其行以致远方有价值。

行以致远，要求文明行得妙、行得正、行得久，才能将千年文化在旅程中发扬光大，以献后世。助力中华文明行远，是每个华夏儿女的共同职责与使命。

（《高中议论文写作十五讲》，周曼云，语文出版社，2021，P126）

【考场实例5】 自律与他律（2023·自命题）

有人说，"有一种品质，可以使一个人从碌碌无为的平庸之辈中脱颖而出。这个品质不是天资，不是教育，也不是智商，而是自律"。然而事实上，凭借自律脱颖而出的人屈指可数，绝大多数人的成功往往还需要亲人、老师、朋友，甚至陌生人的劝诫阻止，也少不了伦理、纪律、法规等的管制约束。

以上材料引发了你怎样的联想和思考？请以"自律与他律"为题，写一篇文章。

要求：选准角度，确定立意，明确文体。

例文展示

自律与他律

万君

你还记得在《西游记》的原著中，孙悟空头上的金箍是何时戴上去的吗？

十四回中，唐僧在五行山下揭掉咒语，收孙悟空为徒。二人上路之后，野猴子孙悟空滥杀了六个毛贼，还不听唐僧的劝阻与训诫，金箍由是被观音设计戴上。对此，这个猴子可是没少焦躁，没少生气。甚至在去往西天的取经路上，他都一直很不情愿呢！

不过，你还记得，这恼人的金箍又是什么时候消失的吗？

第一百回，九九八十一难终了结束。师徒四人，连马五口，连同灵山诸神，都在佛前听讲。这时，孙悟空被封为斗战胜佛后的第一件事，就是请求师父去掉他头上的束缚。

我都是个佛了，是不是就不用戴金箍了？您老快帮我拿下来吧！

师父一笑，你都是个佛了，又哪里还会有金箍呢？

金箍的"有和无",分明是一个人在成长的过程中,自律与他律二者之关系最好的说明:

自律是个人对自我的控制能力,是发自内心的高标准和严要求。而他律,则是外界以规范、规则、制度等形式对个人施加的约束。

孙悟空打杀的那六个毛贼的名字,分别叫作:眼看喜、耳听怒、鼻嗅爱、舌尝思、意见欲、身本忧。长大后回看,真是细思极恐:他们,分明就是孙悟空内心欲望的六个分身啊!

但欲望其实是杀不死的,诱惑其实是可以致命的。

尤其是在你的成长之初,就更是如此了。

心智尚不成熟的小孩子,抵御欲望和诱惑的能力尤其薄弱,因此,必然要依靠外界之力。每天可以使用多长时间的iPad?玩多久的游戏?晚上几点之前必须回家?对孩子负责的父母一定有极为严格的约束,不会听之任之,放任自流。什么场合、什么时间才能使用手机?作业要写到什么程度?对学生负责的学校,也必然会有极为明确的要求。有人说,每个孩子的优秀都是有迹可循的。这可循之"迹"的形成,一定离不开父母和学校的强力干预。

管束、训诫、监督、戒律……这些通常都不会让人愉快,却是不可或缺的成长要素。

但是,父母终将老去,而学生也终将毕业,小孩子也终究会长大成人。说到底,他律是家庭教育和学校教育的手段,而不是家庭教育和学校教育的目的。

学校和老师常常会对同学们耳提面命,不断提醒,要把"要我学"变成"我要学"。这正是源自教育者的忧患意识:孩子啊!在一个终身学习的时代,毕业之后的你要想有所成就,唯有依靠自己对自己的敦促与激励。指望别人?对不起,没有谁会再管你。

所以说,他律决然不可能是什么长久之计。一个人,必然要在接受他律的过程中,逐渐内化为自律。唯有如此,才能够真正实现个人的进步和成长。

当然,自律比他律更难实现。

正是如此，在康德的墓碑上，刻着迄今为止人类思想史上可能是最为气势磅礴的一句名言："有两种东西，我对它们的思考越是深沉和持久，它们在我心灵中唤起的惊奇和敬畏就会日新月异，不断增长，这就是我头上的星空和心中的道德定律。"宇宙无垠，天穹浩渺。一个人内心对自我的约束竟然可以如此庄严，如此恢宏，如此神圣，如此凝重。你我敢不自警？

古人曾经说："人间私语，天闻若雷；暗室欺心，神目如电。"今日与君共勉之！

如果每位考生都遵循着同样的模式，使用相似的论据和论证方式，那么文章便如同流水线上的产品一般，毫无辨识度可言了。通过上面五篇考场例文，我们可以感受到这些作者都已形成了自己稳定的风格。事实上，议论文写作同质化的现象越是突出，我们就越是要找到并坚持自己的写作风格。这不仅仅是为了在应试中脱颖而出，更是因为——唯有如此，才能真正促进一个人自我认知的提升和思想的深化。

自我评价

在议论文写作中,修改作文的过程是不可缺少的一环。修改的本质是对自己思维过程和表达方式的审视。正因如此,修改文章可以让我们完善论证的过程。而修改的魅力也正在于通过打磨自己的书面语言,来锻造我们真正的思维能力。

"我的中心议题和观点到底是什么?""文中关键词语的界定是统一的还是并不一致呢?""到底是什么样的证据支持了我的论述?""我真的有效论述了还是只不过单纯罗列了一些事例呢?""我的结论是建立在某种假设上或者仅在某些条件下有效吗?""不同的人会用什么样的理由来反驳或削弱我的立场?我该如何反驳他们的观点或者进一步对我的看法进行阐释?"多问这些问题,就能够有效地提升自己的思维品质和论述能力。

我们为大家准备了一份议论文的自我评价清单。希望你通过这份清单,在学习的过程中,快速而准确地识别出议论文写作中的基本问题。

自我评价清单

① 论点或论题是否有分析讨论的必要性？论点和论题是否有独到见解？

论点和论题是议论文的核心，应具有阐释、探讨的必要性，应能体现写作者的思想品质。

② 论据中是否能够提供具体的基本事实？是否有细节，具体而不笼统？

基本事实能为一篇文章提供真实可信的信息作为论证的论据，是作者发表观点的基础。

③ 论据是否能够切中作文题目的关键性词语？

论据应当紧密围绕作文题目的关键性词语展开，以确保文章的主题明确、内容集中。论据的真实性和准确性是议论文的基本要求。如果论据不准确，文章也就没有了宝贵的可信度。

④ 思维过程是否足够清晰，有基本的层次？

议论文应当具有清晰的思维过程、逻辑关系、层次结构，对此我们必须有足够的重视。

⑤ 语言表达是否准确、连贯、流畅，是否使用了关联词？

准确的语言能够避免因用词不当或含混不清而影响理解；连贯性是逻辑结构的体现，流畅的语言能够增强文章的可读性，其中关联词的使用在实现语言连贯性方面有相当显著的作用。

⑥ 是否展开了充分而丰富的论证？

充分而丰富的论证是议论文的重要组成部分，要能够为有效论证提供坚实的说理基础。

⑦ 开头是否新颖、独特、精彩？文章的各部分之间是否有呼应？

文学化语言则为议论文增添色彩，能加深读者对论点的印象，使文章更加具有吸引力。增加文章各部分之间的呼应感，文章的逻辑层次和结构安排都会变得更加充分、饱满。

⑧ 文章是否能够呈现出作者的情感、态度、立场、个人特色？

作者的情感、态度、立场、个人特色是论证的基础，能够增强文章的说服力和感染力。

⑨ 句子是否长中有短、散中带齐，句式与标点是否稳中有变？

对古代经典文章的借鉴和学习、句式和标点的丰富运用，能增加句子的流畅和饱满程度。

⑩ 在准确的基础上，是否有文学化、口语化的元素融入语言表达中？

文学化、口语化的语言能够加深读者对论点的印象，增强一篇文章的可读性和感染力。

要点四

思想、情感、态度、价值观

在一篇文章中，思想深度决定了文章的立意高度，充沛真挚的情感决定了文章的感染力，积极乐观的人生态度体现了青春的面貌，价值观则是道德判断、社会责任和人文关怀的映照——它们共同组成了议论文的重要评价标准。为帮助大家升级完善自己的文章，接下来，本书将借助"八六一法则"，对议论文中的思想、情感、态度、价值观等内容展开具体论述。

"八六一法则"中的"八"指的是下列表格中左侧的八个关键词：

审慎	面对各种信息，有审慎之心
积极	面对各类事件，有积极之心
进取	面对人生历程，有进取之心
关切	面对时代他人，有关切之心
共情	面对一切生命，有共情之心
包容	面对多元观念，有包容之心
尊重	面对不同选择，有尊重之心
敬畏	面对世间万物，有敬畏之心

"八六一法则"中的"六"指的是下列表格中右侧的六种人:

战马派	**骑手派**
完美派	**成长派**
但是派	**幸好派**
因为派	**无论派**
务实派	**务虚派**
个人派	**他人派**

"八六一法则"中的"一"指的是我们每个人都需要回答的人生问题:

人生有且仅有一次,你要以怎样的方式度过,才能不负此生?

接下来,我们聊聊"八六一法则"的具体应用。

1. 八个命题倾向

从命题的视角来看,本书总结出了八个关键词:审慎、积极、进取、关切、共情、包容、尊重、敬畏,旨在帮助大家从命题的角度去理解与体会议论文写作的要点。下面我们结合考场实例来分别体会一下。

命题角度	议论文写作时需要把握的要点
审慎	不轻信和盲从,拥有理性、独立的思想,从而让立论具有严谨性与思辨性
	【考场实例1】 评价他人的生活(2016·上海卷) 随着现代社会的发展,人们的生活更容易进入大众视野,评价他人的生活变得越来越常见,这些评价对个人和社会的影响也越来越大。 人们对"评价他人的生活"这种现象的看法不尽相同,请写一篇文章,谈谈你对这种现象的思考。

【考场实例2】 得与失（2021·浙江卷）

有人把得与失看成终点，有人把得与失看成起点，有人把得与失看成过程。

对此，你有怎样的体验与思考？写一篇文章，谈谈自己的看法。

注意：①角度自选，立意自定，题目自拟。②明确文体，不得写成诗歌。③不得少于800字。④不得抄袭、套作。

【考场实例3】 时间与事物的价值（2021·上海卷）

有人说，经过时间的沉淀，事物的价值才能被人们认识；也有人认为不尽如此。你怎么看？请写一篇文章，谈谈你的思考。

要求：（1）自拟题目；（2）不少于800字。

积极	敢于面对困难和挑战，保持乐观和积极，从而建立充满正能量的文风

【考场实例1】 时间（2021·天津卷）

如果说时间是一条单行道，那么纪念日就是道路两侧最醒目的路标，它告诉我们怎样从昨天走到了今天。时间永不停步，纪念日不会消失。记住它，可以让日历上简单的数字成为岁月厚重的注脚，而它也不断提醒着我们带着初心奔向前方。

你对这段话有怎样的理解和感悟？请结合自身体验，写一篇文章。

【考场实例2】 为什么不能这样（2013·安徽卷）

有的人看到已经发生的事情，问："为什么会这样？"我却梦想一些从未发生的事情，然后追问："为什么不能这样？"

——萧伯纳

要求：选好角度，确定立意，明确文体（诗歌除外），自拟标题；不要脱离材料内容及含意的范围作文；不要套作，不得抄袭，不得透露个人相关信息；书写规范，正确使用标点符号。

【考场实例 3】 大树的旅行（2015·安徽卷）

阅读下面的材料，根据要求作文。

有一棵大树，枝繁叶茂，浓荫匝地，是飞禽、走兽们喜爱的休息场所。飞禽、走兽们谈论着自己去各地旅行的经历。大树也想去旅行，于是请飞禽、走兽们帮忙。飞禽瞧不起大树没有翅膀，拒绝了。大树于是想请走兽帮忙。走兽说，你没有腿，也拒绝了。于是，大树决定自己想办法。它结出甜美的果实，果实里包含着种子。果实被走兽们吃了后，大树的种子传播到了世界各地。

请根据上面的材料，自选角度，自拟题目，写一篇不少于 800 字的记叙文或议论文。

进取	追求卓越，不断进步，保持活力与激情，从而使文章充满青春的活力和感染力

【考场实例 1】 未知之境（2024·新课标 Ⅱ 卷）

本试卷现代文阅读 I 提到，长久以来，人们只能看到月球固定朝向地球的一面，"嫦娥四号"探月任务揭开了月背的神秘面纱；随着"天问一号"飞离地球，航天人的目光又投向遥远的深空……正如人类的太空之旅，我们每个人也都在不断抵达未知之境。

这引发了你怎样的联想与思考？请写一篇文章。

【考场实例 2】 责任和担当（2023·天津卷）

阅读下面的材料，根据要求写作。

与有肝胆人共事
从无字句处读书

一代人有一代人的使命与挑战，一代人有一代人的责任和担当。一个世纪前，在津求学的青年周恩来撰写了这副对联，在交友处事与读书求知方面警勉自己。品读此联，你有怎样的联想和思考？请任选角度，结合自己的体验与感悟，写一篇文章。

要求：①自拟标题；②文体不限（诗歌除外），文体特征明显；③不少于 800 字；④不得抄袭，不得套作。

【考场实例3】 自己站起来（2014·四川卷）

阅读下面的文字，根据要求作文。

人，只有在自己站起来之后，这个世界才能属于他。

这句话引发了你哪些思考？请自选角度写一篇不少于800字的文章。

（1）标题自定，文体自选；（2）不得抄袭，不得套作；（3）用规范汉字书写。

关切	关注生活与现实，关心他人和国家大事，从而使文章具有现实意义和人文关怀

【考场实例1】 论生逢其时（2021·北京卷）

每个人都生活在特定的时代，每个人在特定时代中的人生道路各不相同。在同一个时代，有人慨叹生不逢时，有人只愿安分随时，有人深感生逢其时、时不我待……

请以"论生逢其时"为题目，写一篇议论文。

要求：论点明确，论据充实，论证合理；语言流畅，书写清晰。

【考场实例2】 互联网·人工智能·问题（2024·新课标Ⅰ卷）

随着互联网的普及、人工智能的应用，越来越多的问题能很快得到答案。那么，我们的问题是否会越来越少？

以上材料引发了你怎样的联想和思考？请写一篇文章。

要求：选准角度，确定立意，明确文体，自拟标题；不要套作，不得抄袭；不得泄露个人信息；不少于800字。

【考场实例3】 学习今说（2022·北京卷）

古人说，"学不可以已"，重视学习是中华民族的优良传统。在当代中国，人们对学习的理解与古人有相同之处，也有不一样的地方。

请以"学习今说"为题目，写一篇议论文。可以从学习的目的、价值、内容、方法、途径、评价标准等方面，任选角度谈你的思考。

要求：论点明确，论据充实，论证合理；语言流畅，书写清晰。

共情	和他人形成合作关系，并能够与之共情，从而理解不同立场，让论证更具感染力

【考场实例1】 学习与他人相处（2024·全国甲卷）

阅读下面的材料，根据要求写作。

每个人都要学习与他人相处。有时，我们为避免冲突而不愿表达自己的想法。其实，坦诚交流才有可能迎来真正的相遇。

这引发了你怎样的联想和思考？请写一篇文章。

【考场实例2】 讲好故事（2023·新课标Ⅰ卷）

好的故事，可以帮我们更好地表达和沟通，可以触动心灵、启迪智慧；好的故事，可以改变一个人的命运，可以展现一个民族的形象……故事是有力量的。

以上材料引发了你怎样的联想和思考？请写一篇文章。

要求：选准角度，确定立意，明确文体，自拟标题；不要套作，不得抄袭；不得泄露个人信息；不少于800字。

【考场实例3】 说纽带（2017·北京卷）

纽带是能够起联系作用的人或事物。人心需要纽带凝聚。当今时代，经济全球化的发展、文化的交流、历史的传承、社会的安宁、校园的和谐等都需要纽带。

请以"说纽带"为题，写一篇议论文。

要求：观点明确，论据充分，论证合理。

包容	认识差异，接受多样性，保持开放包容，从而立足不同观点，让论证更全面充分

【考场实例1】 预测（2017·上海卷）

预测，是指预先推测。生活充满变数，有的人乐于接受对生活的预测，有的人则不以为然。请写一篇文章，谈谈你的思考。

要求：（1）自拟题目；（2）不少于800字。

【考场实例2】 一花独放不是春（2023·全国乙卷）

吹灭别人的灯，并不会让自己更加光明；阻挡别人的路，也不会让自己行得更远。

"一花独放不是春，百花齐放春满园。"如果世界上只有一种花朵，就算这种花朵再美，那也是单调的。

以上两则材料出自习近平总书记的讲话，以生动形象的语言说出了普遍的道理。请据此写一篇文章，体现你的认识与思考。

要求：选准角度，确定立意，明确文体，自拟标题；不要套作，不得抄袭；不得泄露个人信息；不少于800字。

【考场实例3】 中国味（2019·上海卷）

倾听了不同国家的音乐，接触了不同风格的异域音调，我由此对音乐的"中国味"有了更深刻的感受，从而更有意识地去寻找"中国味"。

这段话可以启发人们如何去认识事物。请写一篇文章，谈谈你对上述材料的思考和感悟。要求：（1）自拟题目；（2）不少于800字。

尊重	坚定个体选择，尊重其他人的选择自由，从而避免论点武断和偏颇

【考场实例1】 落差或错位（2020·浙江卷）

每个人都有自己的人生坐标，也有对未来的美好期望。家庭可能对我们有不同的预期，社会也可能会赋予我们别样的角色。在不断变化的现实生活中，个人与家庭、社会之间的落差或错位难免会产生。

对此，你有怎样的体验与思考？写一篇文章，谈谈自己的看法。

【考场实例2】 学习与他人相处（2024·全国甲卷）

阅读下面的材料，根据要求写作。

每个人都要学习与他人相处。有时，我们为避免冲突而不愿表达自己的想法。其实，坦诚交流才有可能迎来真正的相遇。

这引发了你怎样的联想和思考？请写一篇文章。

【考场实例3】 被定义与自定义（2024·天津卷）

在缤纷的世界中，无论是个人、群体还是国家，都会面对别人对我们的定义。我们要认真对待"被定义"，明辨是非，去芜存真，为自己的提升助力；也要勇于通过"自定义"来塑造自我，彰显风华，用自己的方式前进。

以上材料能引发你怎样的联想与思考？请结合你的体验和感悟，写一篇文章。

要求：①自选角度，自拟标题；②文体不限（诗歌除外），文体特征明显；③不少于800字；④不得抄袭，不得套作。

敬畏	敬畏自然与时间的力量，从而看到人类的有限性，懂得自我节制，让论点更为深刻

【考场实例1】 钓大鱼（2010·上海卷）

根据以下材料，选取一个角度，自拟题目，写一篇不少于800字的文章（不要写成诗歌）。

丹麦人去钓鱼会随身带一把尺子，钓到鱼，常常用尺子量一量，将不够尺寸的小鱼放回河里。他们说："让小鱼长大不更好吗？"两千多年前，我国孟子曾说过："数罟不入洿池，鱼鳖不可胜食也。"意思是，不要用细密的渔网在池塘里捕捞小鱼，这样才会有更多的鱼。

实际上，其中的道理也贯穿在我们现实生活中的许多方面。

【考场实例2】 自然的近与远（2015·广东卷）

阅读下面的文字，根据要求作文。

看天光云影，能测阴晴雨雪，但难逾目力所及；打开电视，可知全球天气，却少了静观云卷云舒的乐趣。

漫步林间，常看草长莺飞、枝叶枯荣，但未必能细说花鸟之名、树木之性；轻点鼠标，可知生物的纲目属种、迁徙演化，却无法嗅到花果清香、丛林气息。

从不同的途径去感知自然，自然似乎很"近"，又似乎很"远"。

要求：

①自选角度，确定立意，自拟标题，文体不限。②不要脱离材料内容及含意的范围。

③不少于800字。④不得套作，不得抄袭。

【考场实例3】 智慧（2015·江苏卷）

根据以下材料，选取角度，自拟题目，写一篇不少于800字的文章；文体不限，诗歌除外。

智慧是一种经验，一种能力，一种境界……

如同大自然一样，智慧也有其自身的景象。

将以上八个关键词综合运用于议论文写作，有助于完成一篇逻辑严密、内容丰富、观点公正、情感真挚的文章。

2. 六种解题思路

在议论文写作中，如何在纷繁的观点中找到立意的根基，是每位考生面临的挑战。为此，本书提出了六种价值判断与行为选择策略：战马派与骑手派、完美派与成长派、但是派与幸好派、因为派与无论派、务实派与务虚派、个人派与他人派（以上这些所谓的派别的区分是为了方便记忆而提出的，并未采取科学的分类标准，一组概念之间彼此并非严格意义上的矛盾对立关系，六种概念之间亦有交叉重合的部分）。

接下来，我们将通过对这六种价值判断与行为选择策略的讨论，帮助同学们厘清议论文写作的底层逻辑，以便大家能够在面对不同题目时，尽快选定角度，确定立意。

战马派还是骑手派？

骑手派！

苏格拉底和斐德罗对话时，曾经提出过一个灵魂战车理论。他们当时认为：黑马、白马与骑手，三者共同组成了一辆灵魂战车。其中，黑马代表欲望灵魂、白马代表情绪灵魂，而骑手则代表理性灵魂。欲望与情绪要在理性的驾驭之下，带动"灵魂战车"向前。

在这里，我们姑且借助这个寓言给两种人命名，一种称之为战马派，一种称之为骑手派（战马和骑手在这两个概念里的含义均有拓展与丰富）。

战马派总是犯糊涂，把理性和感性对立起来："理性和感性，哪一个更重要？"骑手派则清醒地意识到："理性的反面不是感性，而是本能；感性的反面不是理性，而是麻木。总是跟随本能的人不会成功，麻木的人不会幸福。我们应该用理性来纠正我们的本能，用感性来激发我们麻木的心灵。感性和理性不是非此即彼的选项，而是两个需要我们不断历练才能拥有的良好品质。"

战马派总是不死心："有没有一种方法，可以快速、有效、轻松地学会某样东西？"骑手派却从一开始就有极为清醒的意识："学会一样东西的本质就是短期足量重复，这就决定了这种想法不可能成真，学习本身向来就没有什么捷径可走。"

战马派总是相信直觉和本能，相信权威与知识，总是跟风随大溜，但骑手派"博学之，审问之，慎思之，明辨之，笃行之"，他们热爱学习，刻苦学习，且终身学习，他们有独立精神和批判性思维，常常反思，时时自省——世界上总是充满分别听起来很有道理、放在一起又常常互相矛盾的说法。众说纷纭之中，骑手们总是能够清醒地做出自己的判断，并坚定地践行。也正因如此，骑手派不仅在工作之中更能做到专业，在生活之中也更理解生活。

与之对应的也很遗憾的是，战马派并不拥有这样的元认知能力、决策能力和执行能力。

这六种类型的人在处理理性和感性的关系上各有侧重，而骑手派（理性骑手型和感性骑手型）通常被认为在工作和生活中更为成功和幸福，因为他们能够更好地平衡理性和感性，做出明智的决策，并且持续地进行自我提升和学习。

做到不唯书、不唯上、不唯他、不唯洋，只唯实，一切从实际出发，按客观规律办事。

以这样的标准要求学生的老师，是骑手派。

骑手派热爱求知，永远保持好奇心与探索欲，他们是心态永远年轻的人，无论在地球上生活了多长时间，他们永远保持着一份蓬勃向上的生命力。哦，他们还有生机勃勃的少年气。

而对于知识的好奇和探索，可以超越生理的需要，彰显出人类智慧的魅力。正是如此，布鲁诺才会为心中的真理忍受牢狱和火刑，南极科考的队员们才会不畏寒冷与饥饿坚持带回重要的矿石标本，今天我们找到了开普勒-452b，这个遥远地悬挂在几千光年外的星球，既不可果腹，也不能前往，但却意味着人类对于实用之外更高远的追求。

在学习生活中，我们同样面对着前人的经验之谈，对于这些曾经闪耀的智慧，我们应该保持着冷静与先锋的头脑，大胆怀疑、动手验证，即使有所牺牲，也值得换来新知。虽然要有一份职业以谋生，要有学历以自证，但这些并不妨碍我们去追求基本生活之上的未知世界。

（《阅读、思考、写作：高分作文完全教程》，中国财富出版社，杨洋，2017，p81）

写出这样议论语段的语文老师，是骑手派。

完美派还是成长派？
成长派！

成长派更在意在未来的日子里一件事有没有一点点变好的可能，而完美派更在意现阶段自身的不足、局限，以及做一件事时可能面临的困难、挫折、问题。当完美派在"真理无穷"面前感到害怕、迷茫时，成长派看到了"进一寸有一寸的欢喜"。

完美派因为当下看不到那个完美的结果而顾虑重重，选择放弃，成长派则会带着信心和勇气开始一次次优化、升级的过程。最终，最看重结果的完美派往往从未开始，而看到过程中的进步就满足的成长派，收获了一个谁也意想不到的成果：

一只新组装好的小钟放在了两只旧钟当中。两只旧钟"嘀嗒""嘀嗒"一分一秒地走着。其中一只旧钟对小钟说："来吧，你也该工作了。可是我有点担心，你走完三千二百万次以后，恐怕便吃不消了。""天哪！三千二百万次。"小钟吃惊不已。"要我做这么大的事？办不到，办不到。"另一只旧钟说："别听他胡说八道。不用害怕，你只要每秒嘀嗒摆一下就行了。""天下哪有这样简单的事情？"小钟将信将疑，"但如果这样，我就试试吧。"小钟很轻松地每秒钟"嘀嗒"摆一下，不知不觉中，一年过去了，它摆了三千二百万次。

这只实干的旧钟表就是个成长派。

四川的边鄙之地上有两个和尚，一个贫穷，一个富有。穷和尚对富和尚说："我想去南海，你觉得怎么样？"富和尚问："你凭什么去啊？"穷和尚说："一个水瓶、一个饭钵，就足够，一步一步走着去啊。"富和尚不以为然："我几年来一直想买条船去，出于各种原因都没去成，你凭什么去啊！"没想到第二年，穷和尚竟然从南海回来了。他把这件事告诉富和尚以后，富和尚露出了惭愧的神色。四川距离南海，不知道有几千里路，富和尚不能到达，而穷和尚却到达了，这是为什么呢？一个人立志求学，难道还不如一个穷和尚吗？

这个行动的穷和尚就是个成长派。

"种一棵树最好的时间是十年前，其次是现在。"这句话告诉我们：虽然做任何事情都有它的黄金期，但任何事情在什么时候都可以开始，这样做的结果也一定远胜于从未开始。

写下这段话的同学就是个成长派。

> 但是派还是幸好派？
> **幸好派！**

面对现实的种种情况，他们会把目光聚焦到客观事物不同的方面上：太阳当空照耀，但是派的注意力在阴影上，而幸好派的注意力在光明上。但是派总是忍不住对人生当中未得到和已失去的东西而懊悔怨恨，而幸好派常常对已经和正在拥有的一切而心生满足。但是派和幸好派实际上拥有一模一样的生活，但是幸好派总能将日常小事、生活中的挫折与危机，甚至人生苦难等一切转化成灵感、机遇、转机，乃至提升能力，锻炼品质，成就一番非凡之事。

谁知道哪一天，写作能力能派上用场？！

但是派从这个句子中看到回报的遥遥无期，所以选择了放弃，而幸好派看到的是付出的万一之得，所以选择了开始。

选择从此开始的同学就是幸好派。

面对杯子里有半杯水的事实，一个人说："真是的，杯子里只有半杯水了。"而另一个说："太好了！杯子里还有半杯水呢！"

说出还有半杯水的人就是幸好派。

一对孪生小姑娘走进玫瑰园，不多久，其中一个小姑娘跑来对母亲说："妈妈，这里是个坏地方！""为什么呢，我的孩子？""因为这里的每朵花下面都有刺。"不一会儿，另一个小姑娘跑来对母亲说："妈妈，这里是个好地方！""为什么呢，我的孩子？""因为这里的每丛刺上面都有花。"听了两个孩子的话，母亲陷入了沉思。

看见刺上有花的女孩就是幸好派。

"一个人一生无法踏遍所有的山川，可是，抬起头，你就会拥有全部的天空。""使沙漠如此美丽的，是它在某处藏着一眼泉水。"——安东尼·德·圣埃克苏佩里《小王子》

"愿你生命中有够多的云翳，来造成一个美丽的黄昏。"——冰心《谈生命》
写下这些文字的作家是幸好派。

> **因为派还是无论派？**
> **无论派！**

面对人生的各种境遇，两派人无时无刻不按照下面两个句式分别做着决定。

| 因为发生了（　　）的事实，所以我只好做出（　　）的选择。 |
| 无论发生了（　　）的事实，我都会做出（　　）的选择。 |

因为派常常会觉得随波逐流，身不由己，自己的人生没有选择，但无论派不会。因为派在这个地球上生活的时间越长，越容易丧失内心的确定性，也越容易让出人生的控制权：因为客观因素总是不断变化的，因为他的决定，总是不得不因为外界的改变而随时做出调整。但无论派不会。即使无论派身处最黑暗的年代、最艰难的境地，也不会丧失内心的确定，无论如何，他们也不会让出人生的控制权——直至死亡将他们带走——无论命运给予他的是什么，他都有绝不动摇的底线、操守，绝不妥协的人生信条和行事原则。在无穷无尽的"变"中，无论派拥有这个世界上最为珍贵的东西，那就是内心的"不变"。因为这份不变，他们也获得了足以支撑整个人生的强大力量。

人所拥有的任何东西都可以被剥夺，唯独人性最后的自由——也就是在任何境遇中选择的一己态度和生活方式的自由——不能被剥夺。"——维克多·弗兰克《活出生命的意义》

在纳粹集中营中活下来的弗兰克，毫无疑问，是一个无论派。

务实派还是务虚派？

务虚派！

务实派着力于把握短期的、成功的、实用的、现实的、结果的重要价值，而务虚派则会以超越前者的目光，凝视长期的、失败的、无用的、理想的、过程的巨大意义。

务实派的注意力在物质的领域中，关注的是见效快的、目的性强的、性价比高的、划得来的东西；务虚派的注意力则在精神的世界中，关注的是人的尊严、意志、态度、道德、理想、情感、志向。哦，对了，以及此生决不能没有的、最特别的存在——美。

有些同学可能会对此有疑问：务实派难道没有可取之处吗？重视实用、关注结果难道是错误的吗？答案当然是否定的。脚踏实地、注重实用当然重要，但在本书中对务虚派价值观的提倡，并非对务实派的全部否定与舍弃，两者之间也绝非矛盾对立的关系。我们甚至认为，务实的行事作风，恰恰是务虚的最佳手段。但所谓价值观，不是对正确性和合理性的讨论，而是对重要性的取舍。因此本书强调的重点在于注意力和着力点的区别上，其关键在于在全面认识两者的前提下，以超越的眼光和态度，对后者表达出尊重、关照和认可。

我最怕

[俄罗斯] 罗日杰斯特文斯基

我最怕

人们睁开双眼

毫不惊奇

对白昼习以为常

活着

不追求童话的幻想

而出入诗句

像进修道院游逛

捕捉火烈鸟

为烹炸下饭

逮住小金鱼

为了煮熬鲜汤

<u>写下这首诗歌的诗人,是一个务虚派。</u>

"吾魂兮无求乎永生,竭尽兮人事之所能"是加缪给《西西弗神话》的题词。这既是加缪毕生的座右铭和行为准则,也是高度概括他的生存哲理,即不求永生,竭尽人事。神话中的西西弗每天不停地把一块巨石推上山顶,而石头由于自身的重量又滚下山去。诸神认为再也没有比这种无效无望的劳动更严厉的惩罚。但加缪却称赞他是一位充满抗争精神的英雄:"他超出了他自己的命运,他比他搬动的巨石还要坚硬。"俄狄浦斯说:"尽管我历尽艰难困苦,但我年逾不惑,我的灵魂深邃伟大,因而我认为我是幸福的。"每天全身心推巨石上山的西西弗同样拥有幸福与胜利:巨石永远滚动,而他永远前进。巨石就是他的事业,而他的命运也因此不是被动地被安排,而是主动地创造。也正因为如此,在世界的荒谬之中,他活出了属

于他的意义。

如此看待人生本质的加缪，是一个务虚派。

人类用自己的力量和智慧，创建了无数辉煌的业绩，运动场上一个又一个世界纪录的刷新，科技领域一项又一项发明创造的诞生，展现了人类生命力的无穷魅力。哪怕生命的残缺者，也可以发挥生命潜力，展现生命活力。中国神话里的刑天，就是一位残疾勇士，他与天帝战斗，败后被砍掉了头，又以两孔为目，以脐当口，继续搏斗。春秋时理学家左丘明、战国军事家孙膑、西汉文学家司马迁、唐朝和尚鉴真、明朝郑和、古希腊盲人荷马、美国总统罗斯福、英国科学家霍金、美国盲人海伦·凯勒，都是身体残疾而生命活力强大的典型。（《高中作文要义——思维、材料和技巧》，罗晓晖，华东师范大学出版社，2012，p54）

写下这个议论文段的老师，是一个务虚派。

能不能获得利益、有没有用处固然很重要，务虚派并不否认这一点。但在他们看来，更重要的是价值和意义。

务实派

努力很重要，但比努力本身更重要的，是努力的方向。努力要在正确的大方向上努力，要顺应时代的趋势而努力。假如努力的方向错了，就需要我们及时反思与调整，只有如此，我们才能积小胜为大胜，最后取得一番成就。明知不可为而执意为之，付出就会彻底白费。所以，我们应该尽快认清形势，找准定位，然后在这个基础上，选择可为之事去努力。

在征服南极的竞赛中，斯科特当然是一个失败者。不得不说，阿蒙森的准备工作确实比他充分得多。出发前，阿蒙森就做了详细的调查和计划，他效法爱斯基摩人，用爱斯基摩犬作为动力；而斯科特直到得知阿蒙森将要出发，才仓促动身，选用的还是不适应南极环境的西伯利亚矮种马，而且途中还有一箱食物发霉了——这在探险中是致命的疏忽……于是，阿蒙森成为踏上南极点的第一人，而斯科特最终命丧归途。这是两位极地探险家带给我们的第一个启示：凡事做好充分的准备，特别是留出余量和空间，才能提高成功的概率。

除此之外，斯科特和阿蒙森还有一个最大的区别。不管天气好坏，阿蒙森坚持每天前进三十公里。相反，斯科特就比较随心所欲了。天气好就走他个四五十公里甚至六十公里，天气不好的时候，就睡在帐篷里，吃点东西，吐槽一下恶劣的天气，然后寄希望于尽快转晴。这是两位极地探险家带给我们的第二个启示：成功是长期持续努力、每天进步一点点的结果，而不是毕其功于一役之后的收获。无论外部环境如何，不管运气好坏，不怨天尤人，稳定地保持前进的状态，这才是更为关键的成功秘诀。

正是"日拱一卒"，最终才"功不唐捐"。

务虚派

假如努力了也不一定会成功，努力就没有价值和意义了吗？假如努力的方向乃是一生志向之所在，那么，我们又何妨以"虽千万人吾往矣"的态度，毅然决然地前行？就结果而言，《老人与海》中桑迪亚哥的努力一定是失败的，但是，那鱼骨架旁，他那战斗到最后一刻的身影，难道不正是人类最为高昂的斗争精神的代表吗？正是因为总有人像桑迪亚哥一样不计成败地努力着，渺小而脆弱的人类才做成了一件又一件不可思议的事：我们把飞船送到太空，我们把足迹印上月球，我们攻克了一个又一个绝症……越是在一个讲究利害的时代里，我越是佩服桑迪亚哥们的努力。

在征服南极的竞赛中，斯科特当然是一个失败者。不得不说，阿蒙森的准备工作确实比他充分得多。出发前，阿蒙森就做了详细的调查和计划，他效法爱斯基摩人，用爱斯基摩犬作为动力；而斯科特直到得知阿蒙森将要出发，才仓促动身，选用的还是不适应南极环境的西伯利亚矮种马，而且途中还有一箱食物发霉了——这在探险中是致命的疏忽……于是，阿蒙森成为踏上南极点的第一人，而斯科特最终命丧归途。这是两位极地探险家带给我们的第一个启示：凡事做好充分的准备，特别是留出余量和空间，才能提高成功的概率。

除此之外，斯科特和阿蒙森还有一个最大的区别。不管天气好坏，阿蒙森坚持每天前进三十公里。相反，斯科特就比较随心所欲了。天气好就走他个四五十公里甚至六十公里，天气不好的时候，就睡在帐篷里，吃点东西，吐槽一下恶劣的天气，然后寄希望于尽快转晴。这是两位极地探险家带给我们的第二个启示：成功是长期持续努力、每天进步一点点的结果，而不是毕其功于一役之后的收获。无论外部环境如何，不管运气好坏，不怨天尤人，稳定地保持前进的状态，这才是更为关键的成功秘诀。

正是"日拱一卒"，最终才"功不唐捐"。

然而，仅仅因为没有率先升起英国国旗，我们就要彻底否定斯科特团队的南极之行吗？答案显然是否定的。斯科特团队虽然落后于阿蒙森团队，但是，即使沮丧地发现被挪威人捷足先登，斯科特和他的同伴们也不忘做科学考察和采集标本；即使疲劳不堪、饥寒交迫，他们仍然坚持背着重达十几公斤的标本，顽强地在风雪中艰难地徒步前进；甚至在生命的最后一刻，他们也不曾放弃那些珍贵的资料。斯科特团队对科学的执着坚守和一往无前的探险精神，一样值得永远的尊敬与纪念。和阿蒙森团队一样，他们同样展现了人类对未知世界的探索精神和面对自然挑战的非凡勇气。

我必须要说，他们，同样是属于全人类的英雄。让我们向英雄致敬！

> **个人派还是他人派?**
> **他人派!**

个人派更看重自己的利害和幸福,在个人派的注意力区间中,他们更聚焦和自己相同的观点,更关注符合自己利益的立场。他人派能看见群体,理解不同的意见,维护多方的立场,并致力于对公共福利的捍卫与追求。

个人派对个人的利益更看重,对别人的道德要求更高。他人派则深知道德是对自己的要求,而并非对他人的约束乃至绑架,总能以更为人性化的视角对待他人,甚至一切生命乃至自然万物。因为对于这些生命,他们抱持着极大的尊重、共情与仁爱。

当然,在这份尊重与仁爱中,排在首位的,是他人派对自己的爱与尊重,对自己唯一的、仅有的人生历程的珍视,是对自我人生价值的追求与渴望。而这,正是爱身边的他人,爱自己的民族、自己的国家的基础。当然,也正因如此,他人派才比个人派更关注这个时代,也才比个人派拥有更强的责任心与使命感,也才以在"造福他人、服务社会、改变世界"中实现自我人生价值为毕生之追求。必要的时候,他们懂得奉献,愿意牺牲,因为他们知道,只关心自己的人第一不会成功,第二不会幸福,但这份奉献与牺牲不是"不爱自己,只爱别人"的情感分裂,而是"深爱自己,却更爱别人"的伟大抉择。

东汉时期,官员杨震去郡里上任时,路过昌邑,他以前举荐的荆州秀才王密如今正是此地的县令。为了表示感谢,王密夜里揣了十斤黄金前来送礼。杨震不肯收,王密劝道:"黑夜里谁知道呢?您收下吧!"杨震说了一句很有名的话:"天知,地知,你知,我知,怎么能说没有人知道呢?"

拒绝回报的汉朝官员杨震,毫无疑问,是一个他人派。

鲁国有一个规定:但凡在外赎回被卖为奴隶的同胞的人,可以回来报销赎金。

子贡赎回了一个人，却没有回来领报销金。孔子竟然批评了他："你有社会影响力，你这么做，这个社会对于做好事的道德标准就提高了，如此一来，那些没钱的要再赎人的顾虑就大了，受难同胞被赎回的可能性也就小了。"后来，子路救了一个落水的人，那人送给他一头牛表示感谢，子路收下了。孔子反而表扬了子路："这么一来，鲁国人一定会勇于救落水者啦！"

如此看待学生所作所为的孔老夫子，是一个他人派。

那两个婆子见没人了，一行走，一行谈论。这一个笑道："怪道有人说他家宝玉是外像好里头糊涂，中看不中吃的，果然有些呆气。他自己烫了手，倒问人疼不疼，这可不是个呆子？"那一个又笑道："我前一回来，听见他家里许多人抱怨，千真万真的有些呆气。大雨淋的水鸡似的，他反告诉别人'下雨了，快避雨去罢'。你说可笑不可笑？时常没人在跟前，就自哭自笑的；看见燕子，就和燕子说话；河里看见了鱼，就和鱼说话；见了星星月亮，不是长吁短叹，就是咕咕哝哝的。且是连一点刚性也没有，连那些毛丫头的气都受的。爱惜东西，连个线头儿都是好的；糟踏起来，那怕值千值万的都不管了（指晴雯撕扇之事）。"

——《红楼梦》（第三十五回）

有所谓"亲亲而仁民，仁民而爱物"特质的宝玉，是一个他人派。

愿中国青年都摆脱冷气，只是向上走，不必听自暴自弃者流的话。能做事的做事，能发声的发声。有一分热，发一分光，就令萤火一般，也可以在黑暗里发一点光，不必等候炬火。此后如竟没有炬火：我便是唯一的光。

——鲁迅《热风·随感录四十一》

如此祝愿青年、到今日仍然热度不减的鲁迅先生，是一个他人派。

想想别人

[巴勒斯坦] 穆罕默德·达维什

当你做早餐时想想别人

别忘了喂鸽子

当你与人争斗时想想别人

别忘了那些想要和平的人

当你付水费单时想想别人

想想那些只能从云中饮水的人

当你回家，回你自己的家时，想想别人

别忘了那些住在帐篷里的人

当你入睡点数星辰的时候想想别人

还有人没有地方睡觉

当你用隐喻释放自己的时候想想别人

那些丧失说话权利的人

当你想到那些遥远的人们

想想你自己，然后说：

"我希望自己是黑暗中的蜡烛。"

写下这首诗歌的达维什，是一个他人派。

在我年纪还轻、阅历不深的时候，我父亲教导过我一句话，我至今还念念不忘。"每逢你想要批评任何人的时候，"他对我（小说的叙述者尼克）说，"你就记住，这个世界上所有的人，并不是各个都有过你拥有的那些优越条件。"

——菲茨杰拉德《了不起的盖茨比》

小说中叙述者的父亲，是一个他人派。

我生来就是高山而非溪流，我欲于群峰之巅俯视平庸的沟壑。我生来就是人杰而非草芥，我站在伟人之肩藐视卑微的懦夫。

如此要求学生的张桂梅校长，是一个他人派。

"为天地立心，为生民立命，为往圣继绝学，为万世开太平。"

——（宋）张载

以"横渠四句"著称的儒者，是一个他人派。

面对别人的苦难，人们的反应大体可以分成三种：

个人派	肯定是他咎由自取！可怜之人必定有可恨之处！
	多亏倒霉的是他不是我，想想他我就满足多了。
他人派	到底要做些什么，我才能够让他获得幸福呢？

面对自己的苦难，人们的反应大体也可以分成三种：

个人派	为什么不幸的人偏偏是我呢？我做错了什么！这不公平！
	接下来该怎么做，才能振作起来，才能活得体面、舒展？
他人派	接下来该怎么做，才能帮助那些像我一样遭遇不幸的人？

我们可以做个个人派，但是不能不尊重、不能不佩服他人派！你至少是一个能真诚反思到自己的局限性，对他人派由衷表达敬佩的个人派。

你至少要理解身在谷底却也仍然不忘为众生担荷的他人派，理解他们的崇高与伟大。他们的身上，散发着人性的光辉，是这个世界上最值得讴歌的人。

"最初的诞生，和最后的死亡一样，都是人生的必然；最初的晨曦，和最后的晚霞一样，都会光照人间。"这是蔡磊老师在《相信》一书的话。

不幸罹患渐冻症的他说："哪怕在药物出来的黎明之前，我倒下了，在'加速自己病情'和'推动药物研发'之间，我也愿意赌一把。"2019年9月，41岁的蔡磊老师确诊为渐冻症。渐冻症又称肌萎缩侧索硬化（ALS），这是一种发病率只有十万分之二的罕见病，没有任何显著有效的治疗方案。患病后的生命期限一般只有两到五年。人生至此，以前的一切成就全部清零，只剩下一个问题要面对：这短短的几年时间，到底应该怎么度过？

罗曼·罗兰在《米开朗琪罗传》中写道："世界上只有一种真正的英雄主义，那就是看清生活的真相之后，依然热爱生活。"这位原京东副总裁、"中国电子发票第一人"，选择了一条"骑着自行车上月球"的英雄之路，一刻不停地开始了和时间的角力：他团结病友，建立渐冻症患者大数据平台，联系企业家、医学家、科学家等各界人士，推进对于渐冻症根源和治疗药物的研究进程，设立动物实验基地，成立信托慈善基金，开启"破冰驿站"直播间……

有人欣然与蔡磊老师同行：

有着渐冻症患者和医生双重身份的我，深深理解这个疾病所带来的痛苦和无奈。所以当最初听到蔡磊先生的故事时，我感到无比的钦佩。这是一场特殊的战争，蔡磊先生在这场人类与疾病之战中，展现了坚韧不拔的精神力量与惊人的勇气。比我更年轻的他，就是我们这个特殊人群的指挥官，我愿当他麾下的一位普通战士。

——武汉市金银潭医院前院长　张定宇

所谓技术，就是指过去异想天开，今天勉为其难，而未来习以为常的事情。我坚信，当我们对生命语言越来越理解之后，遗传病中"绝症清单"会越来越少。同时，我们也看到，已知的罕见/遗传疾病已有8000种之多，甚至大部分国家对什么是"罕见病"都没有统一的发病率定义。我唯一担心的是，我们都在等着别人，而非自己主动采取行动。

改变需从了解开始，对于一种遗传病，这个了解就需要从基因起步。所以我、汪建董事长以及华大集团一起和蔡磊携手，开始对渐冻症群体提供免费的全基因组检测，并期冀能根据检测结果为诊断和治疗提供进一步的帮助。这个消息一出来，很多科研团队都纷纷留言，有愿意提供遗传咨询的，有愿意联系国际病友会合作的，有愿意同步提供微生态干预支持的，甚至多个团队都表示了愿意同步招募适合的群体进行基因和干细胞治疗……所谓"德不孤，必有邻"，大抵如此。而这一切的发生，离不开蔡磊的这次"破冰"行动。或许有一天，渐冻症不再是无"技"可施的绝症。当我们未来总结这一切的时候，亦请不要忘记这个勇敢的名字。

——华大集团CEO 尹烨

有些人表达了由衷的感佩：

他所做的一切早就超出了有限的生命范围，向着无限的生命延伸。作为一个个体，人有的时候是微不足道的，一场疾病、一次意外、一瞬灾难，就能让生命灰飞烟灭；但是，作为一个个体，人的生命也可以无限期地延伸，因为他向人类传递了君子自强、生生不息的信号。作为一个群体，人类之所以能够生存到今天，而且生存得越来越好，不仅仅是因为生育繁衍的天性，更是依靠一代代人不断传递的精神力量和心灵激励。在芸芸众生中，总有一些人，他们就像普罗米修斯一样，即使被铁链锁在峭壁上，每天被鹫鹰啄食内脏，也要把照亮黑暗的火种传递给人类。

——新东方创始人 俞敏洪

从小到大，我听得最多的教诲就是"敢于拼搏"——要敢，还要拼，为自己拼，为祖国拼，为每一分拼。人生如赛场，充满了变数。体育教会了我要永远拥抱不确定性，在不确定中寻找确定，不管对手是谁，都要拼搏厮杀，直到最后一刻。而蔡磊正是这种理念的践行者，在绝境中毫不退缩，选择正面突破。就像他说的："哪怕我知道自己干不过对手，但你敢挑衅我，我就敢跟你干！"

攻克渐冻症，这事儿几乎没人敢做，甚至没人敢想。而蔡磊不仅想了，还去做了；不仅做了，而且拼了。这种精神令我敬佩。衷心希望社会各界能更多地关注渐冻症，关注罕见病，助力蔡磊及所有困境中的人，看见希望，拥抱希望。

蔡磊老弟，你这颗勇敢的心，已经拿到了人生最大的金牌。

——奥运冠军 邓亚萍

蔡磊老师说，感谢老天眷顾，让他得这么个病，让他能在商界驰骋多年后有机会转战生命科学，这是他的使命。他要在有限的时间里，为这个人类未解之谜做出自己的贡献。亚布力中国企业家论坛创始人田源，把蔡磊的努力看作一项体现着中国企业家精神的完美诠释，即挑战不可能，通过创新突破，一步步拓展人类的边界，扩大社会的福祉，创造社会的价值。虽然说"不啬微芒，造炬成阳"，虽然说"成功是为不惧失败的人准备的"，但无论如何，攻克渐冻症绝对不是仅凭一己之力、一家之财就能完成的任务，而大概率是一个需要一代代接力完成的事业。正因如此，对蔡磊个人来说，未来最大的可能依然是：就算有生之年竭尽了全力，命运还是会给他一个失败的结局。假如真是这样，他又要如何面对呢？

蔡磊老师的选择让人泪眼模糊：怕什么，我还可以打出最后一颗子弹！

2022年，他宣布捐出自己的身体，并动员上千名渐冻症患者签署了捐献脑组织和脊髓组织志愿书，以此建立起专门研究渐冻症患者脑和脊髓的人脑组织库。

对此，北京协和医院院长张抒扬颇为动容地评价："这在中国历史乃至人类历史上都是绝无仅有的，这种献身精神值得所有人铭记和学习。这些捐献的英雄将为渐冻症等神经退行性疾病的突破做出重要贡献。"攻克渐冻症的进程，已经因为他的"明知不可为而为之"加速了进程。即使有一天他倒下了，他也是倒在了前进的路上，并且亲眼见证了自己与目标最后但同时也最近的距离。而这，就已经足够了。

无论结果如何，一个奋起抗争的人，永远都不会输掉人生，因为他们战斗到了最后一刻。

蔡磊自比西西弗，也很喜欢中国人的国民英雄——孙悟空。他的网名长期叫"石头"，生病后，微信头像也改成了孙悟空。他希望自己能像从石头里蹦出的神猴一样，即使在五行山下被压了五百年，依然不服输，依然能石破天惊，打个天翻地覆。

"大圣，此去欲何？"

"踏南天，碎凌霄。"

"若一去不回……"

"便一去不回。"

"左臂抬起，右手中的金箍棒垂立天地间，战甲外的披风被高高吹起，紫金冠上的一对凤翅似乎在颤动，威风凛凛，一副天不怕地不怕，跟一切要斗争到底的样子。"蔡磊老师有四尊孙悟空的雕像，这是其中第二尊的样子，也是蔡磊老师"挑战不可能"的样子。

无论大圣回与不回，人们的心中，都已经留下了一个光芒万丈的、勇敢的身影。

3. 一个学习的终极意义

"人生有且仅有一次，你要以怎样的方式度过，才能不负此生？"这是一个每个人都无法回避，也都必须在有限的人生给出答案的终极问题。

2015 上海	人的心中总有一些坚硬的东西，也有一些柔软的东西，如何对待它们，将关系到能否造就和谐的自我。
2022 世界华人学生作文大赛	有人问著名的组织学家聂佛梅瓦基，他怎么能一生都用来研究蠕虫的构造，他很惊奇："蠕虫那么长，人生可是那么短！"有的人，一生只做一件事；有的人，一生经历无数。你更向往哪种生活？

你看，这些作文题，不正是在问关于 YOLO（you only live once）的意见吗？

很显然，以上问题，很难在几十分钟时间一下子想清楚。而这，正是需要我们在平时的语文学习中，勤于动笔和思考的原因。我们的人生，不是一个没有任何外部因素加入、干扰，乃至破坏的模型。正因如此，在每一个不得不考虑具体条件才能做出选择的时刻，我们才会有比较，有纠结，有取舍，有痛苦，有庆幸……正因如此，优秀的议论文从来不只是聚焦于讨论千篇一律的、应然的理想模型，向来不敢于直面各个不同的具体条件、顽固难题、永恒困境——正如一个人，总要直面不完美的世界和不完美的人生。

如果说，写作文真的有什么诀窍的话，那么最具有普适性的就是下面的这一个：

让你的生命和世界，让你的作文和人生从此产生真正的、持久的、紧密的关联。

青年们先可以将中国变成一个有声的中国。大胆地说话，勇敢地进行，忘掉了一切利害，推开了古人，将自己的真心的话发表出来——真，自然是不容易的——但总可以说些较真的话，发些较真的声音。只有真的声音，才能感动中国的人和世界的人；必须有了真的声音，才能和世界的人同在世界上生活。

——鲁迅先生 一九二七年二月十六日在香港青年会

既然如此，我们也就明白了：那些你在中学阶段所写下来的文字，绝不应该是一些与自己无关的、从不曾触动内心的口号，而应该是充满批判精神、抗争精神的自白，是关于你未来人生的正式预告，是一个少年格局、眼界、见识、情怀、理想、追求等一切的证明。

小王子曾与小狐狸有过一问一答，小王子问："仪式是什么？"小狐狸答道："仪式，就是使某一天、某一刻与其他任何时候都不同的东西，你每天四点钟来看我，就是仪式啊。"其实，婚礼等具有庄重感并以一定形式重复出现在人类社会中的事物都可以称为仪式。

我认为，我们的生活是需要仪式的。

我们为何需要仪式？这是因为我们需要仪式带来的庄重感。有人也许觉得，不需要以婚礼的形式来确认爱情，但我依然觉得，举办婚礼是有必要的。诚然，婚礼是一种形式，但却不仅仅是一种形式，它还代表着一种外显的承诺，这种在亲朋好友见证下外显的承诺，相比私下的许愿更为庄重。退一步讲，这种外显的承诺本身也彰显着双方的内心，诚然，生活中不乏不举办婚礼也能白头偕老的例子，但，举办了婚礼无疑会因庄重的形式而加重双方的责任感，进一步稳固爱情。童话世界的小王子不正是因为坚持每天四点准时看望小狐狸，它们之间才越走越近吗？仪式让彼此的约定可视化，让彼此的爱意变得庄重，所以，仪式不可或缺。

以上，是周昊哲学长高三时对爱情、婚姻与仪式的认识。

在我们强调努力时必须看到——并非所有努力最终都必然换来回报。当你看到蔡旭哲的名字出现在各大社交媒体上，你一定知道有成千上万个心怀航天梦的年轻人惨遭淘汰，可他们也一样付出了无数艰辛；当你看到苏炳添站上领奖台，你一定也知道，有无数运动员走着与他同样的道路，最终却无缘奥运。没错，梅花香自苦寒来，但苦寒却不一定使每一枝梅花都凌霜而开。既然如此，我们该用怎样的心态来面对呢？

我认为，我们能做的只有把握当下，只有做最好的自己。

陈道明在跑龙套时期曾说过："即便是一直跑龙套，我也要做最好的那个。"就以龙套君的心态去努力吧：无论最终是否能迎来一个站在聚光灯下的机会，都要矢志不渝地向着目标前进，前进，再前进。在一个个孤独的夜晚中，何必怀疑自我的价值？正如《时间之书》里余世存所说："年轻人，你的职责是平整土地，而非焦虑时光，你做三四月的事，在八九月自有答案。"菱角需要在水底汲取养分，才能在水面开出夺目的花朵，蚕蛹需要在茧房中蜕变才能在阳光下美丽地蝶舞，越王勾践也得卧薪尝胆十八年才一举灭吴。"你只管努力，其他的交给时间"并非什么"鸡汤"，而恰恰是奋斗者心中的希望与信仰。

就算理想最终也没能照进现实，我也依然决定为之努力一把。浸透汗水的青春总是无比珍贵，年少的奋斗本身就值得歌颂。梁启超曾经说："饮冰十年，难凉热血。"就以饮冰者的心态去努力吧：我们之所以拼尽全力去做一件事，并不是因为一定能做得成，而是因为不管什么困难、挫折，无论多少现实冰冷，都杀不死也浇不灭的热情。

以上，是周昊哲学长高二时对理想、现实与努力的认识。

你敢不敢像周学长一样，在文章中写下十几岁时的宣言？你敢不敢像周学长一样，决计像自己说过那样的过一生？是的，你不光要那么想、那么写，还要那么活。

作文的好，一定是在以思考、写作的方式印证自我生命历程的时刻中迸发出来的。

你敢不敢活出一个热辣滚烫？

你敢不敢活出一个热血沸腾？

你敢不敢尽志无悔地过一生？

【考场实例】 一件一件来（2024·北京朝阳高三期末）

> 检测分析、进行矫形、测算残缺部分……面对上万件等待修复的新出土文物，三星堆博物馆的文物修复师们凝神屏息、不急不躁，秉持"一件一件来，久久为功"的精神，努力做好修复工作。"一件一件来"的背后，是深厚的历史智慧，清晰揭示出重要的成事之道："要实实在在干，干一件是一件，干一件成一件。"
>
> 请以"一件一件来"为题目，写一篇议论文。
>
> 要求：论点明确，论据充实，论证合理；语言流畅，书写清晰。

一件一件来

万君

检测分析、进行矫形、测算残缺部分……面对上万件等待修复的新出土文物——等等，这可是上万件文物啊，修复工作之浩大艰巨，由此可见一斑。换作一般人，心态肯定崩了：文物这么多，修复起来这么难，我能不能都修好啊，就算都能修好，又得干到什么时候啊！

可是，三星堆博物馆的文物修复师们却凝神屏息、不急不躁地，一件一件认真修复了起来。这份"凝神屏息、不急不躁"彰显着一条重要的成事之道：任务越是艰巨，未来越是漫长，目标越是难以实现，我们就越是要保持韧性、耐心和定力，一件一件来！

一件一件来，久久方为功。"一件一件来"是久久为功的前置条件。把一百万人送到火星居住！马斯克的计划惊世骇俗，几乎不可能实现。怎么办？答：一步一步来！马斯克从很早就极有远见地设立了目标，并且把一步一步该做什么都列了出来。人类到底最终能不能成功移民火星，这谁也不能打包票，但事情干一件是一件：先造一枚小的运载火箭再说！胡适说"功不唐捐"，荀子说"不积跬步，无以至千里"，不也正是强调"一件一件来"中蕴含的深刻道理吗？短跑健将苏炳添之所以能以9.8秒的成绩成为"亚洲之光"，不正是因为他按部就班地训练、有条不紊地前进，每一次比赛都有阶段性目标和成果吗？不积小胜，何以大胜？只有实实在在干好每一件事，才有做久以至于做成大事的机会。

然而，脚踏实地、按照计划一步一步来，就一定能成功吗？2006年，"猎鹰一号"第一次发射失败；2007年，经过修整和改进，"猎鹰一号"第二次发射失败；2008年，经过再次休整和改进，"猎鹰一号"第三次发射，却依旧以失败告终。在追求理想的道路上，马斯克虽然做到了一步一步来，却依然面临了无数的变数与意外，以致彻底陷入了事业与人生的双重困境。

但正是因为如此，我接下来才要说，"一件一件来"不仅是久久成功的前置条件，更是久久成功的必备心态。2008年9月28日下午，SpaceX团队经过调整与改进，第四次把"猎鹰一号"推上了发射台。九分钟的旅途过后，世界上第一枚私人建造的火箭顺利进入轨道，马斯克也迎来了辉煌的成功一刻。试想，如果没有足够的韧性、耐心以及定力，他要如何支撑自己在至暗时刻也依然工作不停、研究不止，进而完成人类航天史上这一非凡的壮举呢？在巨大的不确定性面前，在挑战与困难面前，"一步一步来"的心态，无疑是化解怀疑、焦虑、恐慌乃至人生虚无感的有效之策。

> 有人觉得，心态再好又有什么用呢？因为有些事，是无论如何也成不了的啊。不管怎么样，马斯克大概率这辈子还是做不到让一百万人移民火星啊！但，假如我们换个角度想一想呢？至少，因为马斯克的努力，如今已经有一枚私人火箭飞上了太空；至少，这个传奇人物的存在，已经为后人的"久久为功"贡献了自己的一份力量，不是吗？而这些，不正是"一步一步来"更大的价值与意义之所在吗？
>
> 在抗击渐冻症的征程上，京东原副总裁蔡磊，开启了一场"几乎没有可能成功"的反击之战。这个和死亡赛跑的患者，这个时间有限且宝贵的英雄，决心为人类攻克这个残酷的罕见疾病而燃烧尽自己的余生。面对渐冻症，随时可能会倒下的蔡磊，最终选择和那些面对上万件出土文物的修复师一样，凝神屏息、不急不躁地、一件一件地艰难推进着。
>
> 是的，一件一件来，久久方为功。但我们可能从来没有问过自己："假如，最后的成功所需要的时间，竟然久到超越了个体有限的生命范围，那又该怎么办？"
>
> 而蔡磊先生，却已经用他的实际行动给出了一个足够响亮的答案：
>
> 生命结束之前，他已经为所有人留下了一个足以照亮未来的火种。

写作是让你看到事件、现象、观点的时候谈认识，面对难题的时候给方法，遇到挫折的时候表态度——能有深刻的洞见、有效的措施与坚定的信仰、崇高的境界当然最好不过，但一个十几岁的少年，要是确实达不到也写不出，那该怎么办呢？

暂时没有结论的事情，你能发现问题，然后认真思考吗？

目前找不到方法的问题，你敢于提出质疑并不懈追问吗？

各有利弊的现实因素，你能艰难地平衡，坚定地取舍吗？

作为一个普通人，你愿意追随伟大和高尚者吗？你能由衷地钦佩、歌颂、赞美、感谢、铭记他们吗？

能在文章当中表达出以上这些思想、情感、态度、价值观，就已经是一位好少年啦！

最后的最后，我们必须要郑重地强调在议论文写作中最重要的一件事：只有超越考试，才能赢得考试。比逻辑、结构、修辞更重要的，永远是文章的思想、情感、态度、价值观。一篇作文如果让老师拍案叫绝，一定是其中的思想、情感、态度、价值观起到了最为关键的作用。因为写作者心中有比高分更高的东西，老师才欣欣然因他的文字动了心。

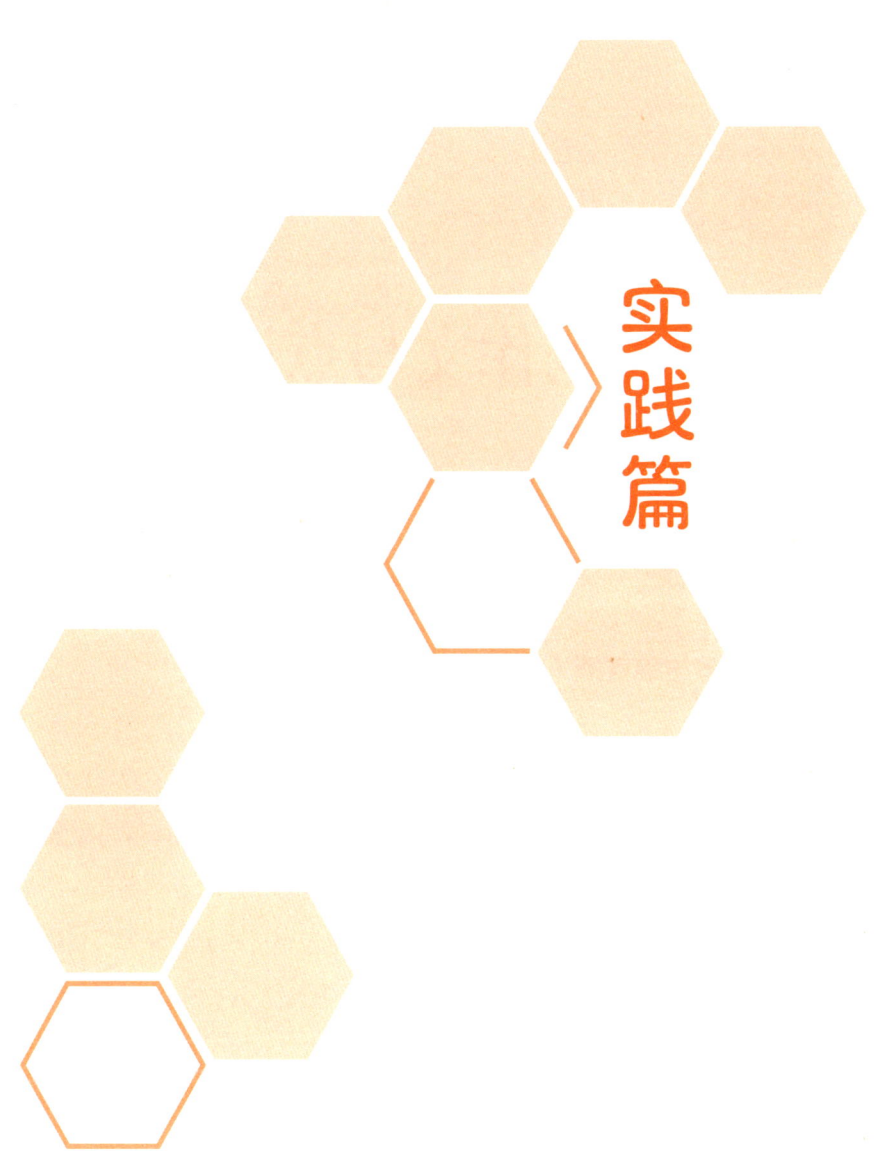

实践篇

周昊哲考场作文与点评

1. 丝瓜藤与豌豆须（2015·山东卷）

阅读材料，根据自己的感悟和联想，写一篇不少于800字的文章。

乡间有谚语："丝瓜藤，肉豆须，分不清。"意思是丝瓜的藤蔓与肉豆的藤须一旦纠缠在一起，是很难分开的。有个小孩想分辨两者的不同，结果把自家庭院里丝瓜肉豆的那些纠结错综的茎叶都扯断了。父亲看了好笑，就说："种它们是用来吃的，不是用来分辨的呀！你只要照顾它们长大，摘下瓜和豆来吃就好了。"

要求：①选准角度，确定立意；②自拟题目；③除诗歌外，文体不限；④文体特征鲜明。

短视思维

周昊哲

一个小孩在打量着丝瓜藤和肉豆须错综复杂的茎叶，心里想着："哇！瓜藤和豆须到底有什么不同啊？"孩子的父亲却予以打击："它们只是用来吃的，何必如此费心思呢？"

父亲的做法会扼杀孩子对自然界的好奇心，而这种好奇心对孩子日后的发展是大有益处的。在我看来，父亲的做法体现了"短视思维"，即只能急功近利地看到眼前的好处。生活中，我们应当跳出"短视思维"，因为它有危害。

"短视思维"会阻挠人类对自然世界的探索与发现。如果按照"短视思维"来看待周围的世界，我们就不会重视一切潜在的可能性，因为这不会产生立竿见影的好处。比如孟德尔分辨藤须，去研究豌豆的高矮性状，最终初步破解了遗传密码。但若也如那位孩子的父亲一样用"短视思维"考量，孟德尔应该选择去研究如何使豌豆增加产量，任何不能让豌豆增产的科学研究都一文不值，因为豌豆只不过是一种食物而已。若果真如此，人类对自然科学的认知水平将会倒退多少年呢？

既然"短视思维"因其急功近利而存在固有弊端，我们就应该跳出"短视思维"，培养"长远思维"。所谓"长远思维"，就是不囿于眼前利益，能预设长远意义的思考方式，它能让我们成为最终的人生赢家。

长远思维不仅在科研领域有意义，在人生中，在官场中也有价值。还记得郑相吗？他不接受无端的馈赠，拒绝接

> 材料作文原本需要对材料进行概括、提炼和分析。这里则选择了对材料进行延展，用一个具象化的场景对作文题中的内容进行了回应，也不失为一个行之有效的办法。

> 孟德尔的例子来源于初中的生物教材。可见，写作的素材无处不在。无论是课本还是生活，都可以为我所用，写入文章。

> 提出一个陌生而重要的概念"长远思维"后，概念界定和价值阐释，能让上下文紧密衔接在一起。

受他人赠送的鱼，看似在当下吃了一时之亏，却能在日后免于因受贿而失去官职的大麻烦，于是最终保住了官职；反观《人民的名义》的赵处长，把贪污的钱藏在冰箱里，看似当下获得更多财富，实则自断后路，最终被反贪总局查出，锒铛入狱。两相对比，我们可以发现：具有"长远思维"的人更容易避免贪小便宜吃大亏的错误，从而在人生长跑中成为最终赢家。

> 影视作品、歌词等也都是素材，这需要平时的积累。

如何培养长远思维？我认为我们应有一种大局观。下围棋时，走一步看三步的人总会比走一步看一步的人更强大，因为大局观的存在让我们对未来有预测，对当下有权衡，不至于被一时的得失束缚。360杀毒软件从市场中脱颖而出，正是因为创始人周鸿祎有市场大局观：杀毒软件免费使用，看似亏本大半年，实则为日后创造了价格优势，并在半年后以广告增值服务盈利，而此时同行再无竞争之力，360杀毒软件一跃成名。生活中也是如此，有大局观的人生方可诚惶诚恐于当下，运筹帷幄于未来。

> 这里对事件经过的叙述不可或缺，它和"有市场大局观"的评价相匹配。

所以，请呵护那位分辨藤须的孩子，因为那是在呵护一个更为远大的未来。

2. 齐桓公·管仲·鲍叔（2020·全国I卷）

阅读下面的材料，根据要求写作。

春秋时期，齐国的公子纠与公子小白争夺君位，管仲和鲍叔分别辅佐他们。管仲带兵阻击小白，用箭射中他的衣带钩，小白装死逃脱。后来小白即位为君，史称齐桓公。鲍叔对桓公说，要想成就霸王之业，非管仲不可。于是桓公重用管仲，鲍叔甘居其下，终成一代霸业。后人称颂齐桓公九合诸侯、一匡天下，为"春秋五霸"之首。孔子说："桓公九合诸侯，不以兵车，管仲之力也。"司马迁说："天下不多（称赞）管仲之贤而多鲍叔能知人也。"

班级计划举行读书会，围绕上述材料展开讨论。齐桓公、管仲和鲍叔三人，你对哪个感触最深？请结合你的感受和思考写一篇发言稿。

要求：结合材料，选好角度，确定立意，明确文体，自拟标题；不要套作，不得抄袭；不得泄露个人信息；不少于800字。

功成不必在我

周昊哲

同学们好！今天我演讲的题目是：功成不必在我。

春秋期间，鲍叔成功地辅佐小白即位为君，本可以加官晋爵，享受优待的他选择举荐曾经的对手管仲，只因为在鲍叔眼里，管仲拥有比他更高的才能。鲍叔的做法间接使得齐桓公九合诸侯，一匡天下。可以说，假如没有鲍叔避位让贤、甘居人下的博大心胸与格局，不仅管仲未必能成为一代名相，齐桓公也未必能一统天下。由此可见，一个人若拥有如鲍叔这样的格局和为大局奉献自我的精神，何愁大事不成？

> 材料作文要扣合材料内容。另外，对材料内容的概括与提炼、分析与延展最好在正文首段完成。

接下来，请同学们思考一个问题：你是否愿意将个人理想融入国家的发展中去，即便你无法站在那群山之巅？

> 以发言稿的形式发表对一个问题的看法，虽然和议论文的常见形式不同，但其本质没有不同。

鲍叔的奉献精神和大爱，又让我想到了大家当下熟知的燃烧自己、照亮山村贫困女孩的张桂梅。她是华坪女高校长，却过得极其困苦。她告诉学生们"要站在群峰之巅俯视平庸的沟壑"，而自己却扛着二十几种疾病，"俯首甘为孺子牛"。一次，县委书记给了她七千元，让她买几件像样的衣服，而她却用这些钱为学校置办了两台电脑。张桂梅在老师紧缺之时自己顶上任教，当学校稳定运行之后又退居幕后，关心学生的衣食住行。像她这样，一心为贫困女孩办学校，为国家脱贫事业默默奉献，而不求自己功成名就，不正是鲍叔精神在当代的体现吗？

> 既是对题目的呼应，又是对中心论点的强调，同时也是对中心论点的拓展延伸。

功成不必在我，功成必定有我，这才是我们应有的价值观！

反观当下，有些人会把"对自己有没有好处"作为行为选择的唯一衡量标准，还美其名曰"穷则独善其身"，实则是"精致的利己主义"。其实，将个人融于集体与国家，既是体现一个人的奉献与大爱精神，也是每个人以躬身入局的方式实现个人人生价值。司马迁说："人固有一死，或轻于鸿毛，或重于泰山。"评价一个人是否成功，不在于他是否名震天下，光彩夺目地俯视群众，而在于他在整个社会发展中体现了什么价值。因此，以个人之力奉献于整体，即便不是一览众山小，那又如何？兼善天下的担当本身就值得歌颂。

> 对比论证，让立论更加充分，有感染力。

> 这里的总结归纳体现了"八六一"法则当中"他人派"的价值观。

同学们，未来人生路漫漫，而大爱与奉献方可抵万难，功成不必在我，功成必定有我！谢谢大家！

3. 显功与潜功（2022·北京朝阳高三二模）

2022年4月16日，随着神舟十三号飞船平安降落，太空出差半年的三名航天员顺利回到地球怀抱。神舟十三号载人飞行任务取得圆满成功。光彩夺目的"显功"离不开几代航天人的呕心沥血、累积潜绩，也离不开无数无名英雄的深藏功与名。其实，任何事情的成功都是如此，既有"显功"，也有"潜功"。

材料中"既有'显功'，也有'潜功'"，引发了你怎样的思考？请联系现实生活，自选角度，自拟题目，写一篇议论文。

要求：论点明确，有理有据；语言流畅，书写清晰。

潜功十年，难凉热血

周昊哲

神舟十三号降落在地球表面，当翟志刚等三位宇航员走出来的那一刻，所有的摄像头都聚焦在他们身上，全国人民都为他们喝彩，这就是他们的显功；可是无论摄像头多么接近他们，我们都无法充分了解他们不为人知的漫长训练过程，这就是潜功。所以，显功是一种外显的成功结果，潜功则是默默奋斗的过程。

> 使用形象化的语言，塑造具象化的场景。

对于人生而言，显功是一种对潜功的回报，而潜功则造就了显功。

显功的存在是对一个人潜功所创造的价值的肯定。在航天领域，经历了二十三年不为人知的航天模拟训练的翟志刚成功完成了神十三的航天任务，随之而来的记者采访、成为英雄式人物，这些无不是显功的体现，同时也给予了翟志刚最直接、最有力的肯定；在体育领域，苏炳添在奥运会百米

> 此处与开头的"神州十三号降落在地球表面"形成呼应。

赛跑中成功跑进十秒,奖牌、影像等昭示着显功,也让他数十年如一日的艰苦训练成果得以证明。肯定潜功的价值,进而带来人们的自我肯定,这是显功的功用。

不过,显功不会像节日一样自动降临,任何一种显功都来自潜功。翟志刚和苏炳添,虽然一位是航天英雄,一位是体育健将,但他们都在获得荣誉之前付出了比常人更长的时间,忍耐了常人不能忍受的痛苦,潜功十年难凉热血,才换来这一朝精彩亮相。尽管人们所处的年龄阶段不同,从事的活动不同,但显功自潜功来的真理却是普适的。

> 再一次呼应,增强文章的整体性。

在我们强调潜功成就时必须看到——并非所有潜功最终都必然换来显功。当你看到翟志刚的名字出现在各大社交媒体上时,你一定知道有成千上万个心怀航天梦想的年轻人惨遭淘汰,可他们也曾潜功数年;当你看到苏炳添站上领奖台时,你一定也知道,有无数运动员走着与他同样的道路,却无缘奥运。梅花香自苦寒来,但苦寒却不一定使每一枝梅花都凌霜而开,这是时间的无奈。既然显功与潜功往往是不对等的,我们该用怎样的心态来面对呢?

> 推进文章的层次,讨论二者关系的不必然性:A是否必然带来B?

正如题目所说,潜功十年,难凉热血。既然潜功既是显功的必由之路,又是那么孤独寂寞,我们能做的只有把握当下,做最好的自己。陈道明在跑龙套时期曾说:"即便是一直跑龙套,我也要做最好的那个。"人生如戏,陈道明在漫长的跑龙套时期依然自勉奋斗的精神能给潜功者带来启示:无论最终自己是否能迎来一个站在聚光灯下的机会,都要矢志不渝地向着自己的目标前进。在一个个孤独的夜晚不必怀疑自我的价值,想想菱角需要在水底汲取养分才能顺利在水面开出光彩夺目的菱花,蚕也需要度过无光的蛹期才会化茧

> 既是对题目的呼应,又是对上一段内容的承接。

成蝶，越王勾践也曾卧薪尝胆十八年才一举灭吴。就算潜功无法换来显功，浸透了汗水的潜功也无比珍贵，持久地坚韧与奋斗本身就值得歌颂。

> 总结句体现了"无论派"的价值观。

"你只管努力，其他的交给时间"并非一句空话，恰恰是潜功者的希望所在，无论是否会获得显功，莫将春色寄杜鹃，休将黑发唱黄鸡，潜功填满空虚，人生同样精彩。

4. 相信者与实现者（2022·北京丰台高三一模）

有一种力量伴随我们一路同行。这种力量，就是相信。因为相信，我们会全力以赴；因为相信，你我会看到更多光明。但也有人指出，我们是相信者，也理应成为所信的实现者。

对"我们是相信者，也理应成为所信的实现者"，你有何看法和思考？请自拟题目，写一篇议论文。

要求：论点明确，论据充分，论证合理；语言流畅，书写清晰。

为心动和行动架桥

周昊哲

生活中有句俗语："心动与行动是最遥远的距离。"心动，指我们相信自己未来会实现某个目标的念想；而行动，是我们为了实现这个念想的切实行为。很多人都有这样的困扰：我向往诗和远方，为之心动，但最终却没能实现，这是为什么呢？所以，我认为我们心动之后有行动——不仅要做

> "心动"和"行动"是"相信者"和"实现者"的感受和行动。然而，题目的关键词是"相信者"和"实现者"，并非"心动"和"行动"。写作时需要紧紧围绕关键词展开论述，这是想要进一步提升时，特别需要关注的地方。

相信者，更要做实现者。

首先，我们因相信而有实现的欲望。人间所有的事有所成，都离不开一开始的那一份信念。追溯历史可以发现，大泽乡戍卒揭竿而起，斩木为兵，推翻了暴秦统治，是因为他们相信"王侯将相宁有种乎"；相信"自由"的市民与无裤汉发起革命使欧洲一串串王冠落地；相信"从来就没有救世主，也不靠神仙皇帝"的无产者拆骨为炬，始开新天。正如向往阳光的花朵永远会追随光的方向生长一样，那些信念坚定的人也永远追随光明的方向，用行动改变现状。正因有了无比坚定的相信，所以才有了永不言弃的行动，要成为实现者，首先要成为相信者。

> 以向往阳光的花朵类比信念坚定的人，增强说服力。

同时，我们也必须清楚：心动固然重要，但若没有脚踏实地的行动，那么我们的所有相信只能沦为妄想。空想社会主义之所以没有引领革命成功，就在于它仅仅停留在对资产阶级的斥责和对美好未来的纯然构想。我们的生活也是这样，如果没有切实的练习，苏炳添不会跑进十秒，蔡旭哲也不会在太空遨游，诗和远方也永远不会被真正触碰到……因此，切实的行动其实更为重要，因为它是一切心动映入现实的必由之路。

> 这段文字使用了三个事例，其中一个来自政治教材，另外两个出自作文《潜功十年，难凉热血》。这表明素材积累并非仅局限于语文学科，在写作过程中，我们也应锻炼一"材"多用的能力，以提高素材的利用率。

然而，有些人只做相信者而不做实现者，有心动无行动，仅仅是因为不懂得行动的重要性吗？当然不只如此，而是行动本身比心动更困难。行动，意味着人要主动脱离自己的舒适区，意味着人要主动寻求一种突破，意味着打破原先已经适应的生活状态，自然，随之而来的就是劳累甚至挫败感。可是，扪心自问，我们之所以不会像一些生物一样没能逃过自然选择而被淘汰，不正是因为我们有独属于人类的

> 因果分析，推进文章的层次。

"能动性"吗？我们怎能如野草，风一吹就歪，雨一打就低头呢？

作为新时代的青年，我们会心动，也知道行动的重要性，但最关键的是战胜人性中的软弱，用"能动性"为心动和行动架桥。苏镝坷是一位大三学生，他喜欢气象摄影并坚信自己的理想虽然小众但却依然可以实现，所以他自己组建追风团队，跟拍各种气象奇观甚至为当地居民提供警告，他的视频最终在B站大火。他的可贵之处，不只是将心动转化为了行动，还在面临小众理想得不到社会重视，缺资金、缺人手等重重阻碍的基础上依然成功搭建起了心动和行动的大桥。我们应当学习他这种迎难而上、愈挫愈勇的强大力量。

> 人物型举例，举例时要选择与论点相匹配的人物。

诗和远方永远是我们踏过千重浪、走过万里路才能触碰到的美好，愿我们成为相信者的同时也争做实现者，不惧前有险滩，用"能动性"为心动与行动架桥！

5. 顺水而行与逆水而行（2022·北京西城高三二模）

以色列生物化学家阿龙·切哈诺沃因发现泛素调节的蛋白质降解，于2004年获得诺贝尔化学奖。他在接受记者采访时说："小时候，妈妈教导我说，人走入一条河流，可以顺水而行，也可以逆水而行，你这辈子如果想成功，就永远要选择后者，尽管它可能并不舒服。我能有今天，就是按照妈妈给我画的'路线'而行的。"

材料中"可以顺水而行，也可以逆水而行"，引发了你怎样的联想和思考？请联系现实生活，自选角度，自拟题目，写一篇议论文。

要求：论点明确，论据充实，论证合理；语言流畅，书写清晰。

顺水？逆水！

周昊哲

生化学家阿龙·切哈诺沃的母亲曾告诉他：若要成功，当选择逆水而行。当我们步入社会，各个领域总有一种主流思想、主流方向，即母亲口中的"水"，而我们则需要在顺水和逆水之间有取舍。在我看来，我们应该以"水"的属性好坏作为判断和选择的标准。

> 分类讨论，让论述更加全面、严谨。

首先，若主流思想是先进的，我们当然要选"顺水"。先进的主流思想，往往是前人试错加上今人总结而成的，前有车，后有辙，我们沿着车辙行驶，更稳妥。站在巨人的肩膀上，我们沿着牛顿为我们事先勾勒的物理学图景发展到了如今。顺先贤而行，是我们前进的重要动力。

> 承接上文，对"主流思想"阻碍社会发展展开议论，推进文章的层次。（A是否必然带来B？）

不过，任何一种主流思想都是先进的吗？不是的，有时主流思想不仅不值得借鉴，反而阻碍了社会发展，需要剔除。

中欧时期，教会所代表的主流思想是"地心说"，这是脱离了真实宇宙的谬论，若人们长此以往不加分辨地盲从这些观念，我们的天文学探索进程将倒退上百年。

> 用问句点明本段的议题。

因此，当某个主流思想对社会发展起阻碍作用时，逆水而行的重要性就体现出来了。为何中欧时期的天文学领域终究没有止步不前？正是因为有哥白尼不惜与主流思想对抗毅然提出"日心说"，这是经过长期观测和数据分析而非主观臆想而产生的理论。不仅如此，布鲁诺不顾身遭火刑的威逼，坚持捍卫"日心说"不悔改。他们的逆水而行，意味着公然反抗教会，意味着成为整个社会的异类，意味着惨痛入狱甚至被害的结局；但是，他们的逆水而行却推动了社会发展，同时也成为后人的精神风标。对于中欧时期的主流思想而言，他们逆水而行，而这恰恰是在那水流即将汇入黑沼之前，对局势所做出的拨乱反正之举啊！

由此看来，选择顺水还是逆水，看似只是一种行为选择，实则是一种价值观的选择。我认为，在主流思想腐朽时，诚然顺水安稳，逆水艰难，但真正成功的人的心中从不是一生只求安稳，而是更强调"向前，向上，向善"，逆水而行，彰显了人类追求真理的坚定不移，更为可贵。<label>限定讨论，推进文章的层次。</label>

在当逆之时，我们要逆水而行，这就需要我们有一双慧眼和一腔热血。无慧眼无以明辨是非，无热血无以维护真理。<label>借鉴与化用——"非淡泊无以明志，非宁静无以致远"（诸葛亮《诫子书》）。</label>在各个领域都会有主流思想，我们不应盲从，而应像哥白尼和布鲁诺一样审慎思考，小心求证，辨别真伪。然而，阿龙·切哈诺沃的成功不仅是慧眼发现泛素调节蛋白质降解，而且是在面对质疑时坚定自我并以钻探精神一以贯之，他有着对科学的一腔热血。因此，当逆水而行，当以慧眼识真理，以热血护真理。

顺水？逆水！这正是：水向黑沼处，顺水诚安稳，逆水价更高。

6. 规矩与天性（2022·北京东城一模）

> 有人说一个人的成长需要以规矩为边界；也有人说，顺着人的天性发展，人才能成长得更健康。
>
> 请以"规矩与天性"为题目，写一篇议论文。

规矩与天性

周昊哲

古人曾提出养人犹种树，要顺其天性才可助其成长，而其他种树人的"过犹不及"之法也导致了树的衰败。其论断是否足够完备暂且不谈，但无疑在当今时代引发了人们思考：个人成长中规矩与天性如何把控。我认为，处理好此问题，关键在于把握二者之间的"度"。

> 以种树类比对人的教育和培养，并引出下文。

首先，顺天性有其必要性。正如古人所言，树之成长需要"土故培平"，假若我们偏要反其道而行之，怎能使其茁壮？个人成长亦然。小朋友生性爱玩，我们偏要在其三年级的时候令他读完初中课本，并把周末全都用来学习，如此强行"催熟"的孩子极大可能会出现心理问题，为长远发展埋下祸患。因此，顺人之天性对个人成长有基础性意义。

> 本句与开头提到的"养人犹种树"形成呼应。

不过，仅靠顺人之天性就能培育出德智体美劳全面发展的人才了？当然不行。孩子上网不加节制，有了网瘾怎么办？孩子缺乏道德法律的教育约束，走上犯罪怎么办？诸如此类问题，单靠顺其自然注定会导致隐患无穷。所以，我们需要规矩来规范个人行为，把稳人生的舵盘。

> 现象型举例，紧贴生活实际。

若说顺天性为基础，那么规矩则是保障，保障我们始终沿正道而行。当树木因旁枝杂叶过多而肆意掠夺主干的养分，养树者必会以大剪刀修剪之。个人成长亦然，我们都是人生剧场的现场演员，很少人能做到在第一次就有明辨是非的能力，所以我们需要家长、老师作为"过来人"以规矩引导我们走正道而不误入歧途。《论语》中所言"据于德，依于仁，游于艺"之大用正在于以修身规矩规范自我，完善自我。因此，规矩同样不可或缺。

> "若说……那么……"的逻辑关联词，承上启下，增加文章的过渡与衔接。

然而，若人们过度用规矩限制自由，也会为个人成长埋下祸患。就像有商人按照当时一些文人的要求过度折弯梅的枝茎，看似追求那所谓的瘦削弯曲之姿态美，实则会因过分的人为弯曲失去自然的天性美，适得其反，令人心痛。

> 事件型举例，此处化用了龚自珍《病梅馆记》中的一段话："有以文人画士孤癖之隐明告鬻梅者，斫其正，养其旁条，删其密，夭其稚枝，锄其直，遏其生气，以求重价，而江浙之梅皆病。文人画士之祸之烈至此哉！"

那么，天性与规矩间究竟如何选择？

爱因斯坦说："光为什么不能既是粒子又是波？"是啊！个人成长为什么不能让规矩与天性兼得呢？以"调和鼎鼐"的眼光观之。我们既要重视顺天性却不放任天性，以防其泛滥而无大成。也应重视规矩却不乱用规矩，以防其"过犹不及"，产生病态之姿。让规矩与天性各得其所，动态地寓于个人成长之路，犹如鸟之双翼、车之两轮，定可促进个人长远发展。

规矩与天性看似对立，实则统一于个人成长之中，我们应该放弃狭隘的"一元论"，以灵活动态的思维看待，把握好二者之间的"度"。

7. 学习今说（2022·北京卷）

> 古人说，"学不可以已"，重视学习是中华民族的优良传统。在当代中国，人们对学习的理解与古人有相同之处，也有不一样的地方。
>
> 请以"学习今说"为题目，写一篇议论文。可以从学习的目的、价值、内容、方法、途径、评价标准等方面，任选角度谈你的思考。
>
> 要求：论点明确，论据充实，论证合理；语言流畅，书写清晰。

学习今说

周昊哲

古时王冕专心学习，坐佛膝上一整夜，就算佛像面目狰狞也无法转移其注意力。然而，《2022国民专注力洞察报告》表明，当代学生连续专注时长仅八秒且逐年递减，这是怎么回事？

> 分类讨论，相同的是学习势头，不同的是学习途径。

在我看来，这是因为虽然古今学习势头一样，但学习途径却大为不同。

首先，古今学习之势并无二般，人们都可以为了学习展现出乐此不疲的态势。欧阳修读书有三"上"——枕上、厕上、马上，可谓勤勉；今人读书亦有三"上"——出租车上、公交车上、地铁上，亦可谓抓住碎片时间投入学习了

> 人物型举例，举例时要选择与论点相匹配的人物。

吧！如果说归有光闭门学习的持之以恒是值得敬佩的，那么如今老年大学座无虚席的震撼场面也是令人敬佩的吧！由此可见，古人今人在学习动力、学习劲头、学习态势上基本相同。

不过，学习途径可就大为不同了。王冕坐佛膝上，一人

一书一寺庙；归有光扃牖而居，一人一书一木屋。他们的学习对象只有手上的书本，学习环境仅有空荡屋舍——学习途径十分单一；今人则大大不同，随着互联网进入生活，家家户户有了手机和电脑，线上环境、线上资源、线上互动成为我们学习途径的重要组成部分，这为我们带来多元性、丰富性、先进性的同时也为不专注埋下祸患。

> 举例时使用生活中的现象，也是一个不错的策略。

学习读书网络化带来的祸患主要是诱惑太多，无时无刻不挑战着我们的内心定力。不妨设想，你刚要打开手机查阅《红楼梦》中贾府没落的深层评析，爱奇艺的新剧上新让你立刻点了进去；你刚要打开电脑看看神舟十四号的核心技术原理，4399小游戏又吸引了你的目光。诸如此类"拦路虎"的出没不胜枚举，面对如此多的诱惑，今人专注力成问题的原因可知矣。

> 既是举例论证，也是假设论证。运用第二人称，可增强读者的代入感，增加文章的感染力。

然而，求学者不能败给外部因素。不要说客观条件本不应该成为一个人专注力低下的借口，更不必说如今网络化的学习其实是把"双刃剑"，带来诱惑的同时也带来了许多优势，就算它是彻彻底底的负担，我们也不可以因其难克服而不克服。今人学习读书专注力的问题，诚然有学习途径的客观影响，但若想改变现状，仍需向内反省。

> "不要说……更不必说……就算……也不"的逻辑关联词，增强了文章的衔接感。

提高专注力，要靠我们的自我勉励，外加切实可行的方法辅助。首先，我们应当充分认识到学习对未来逐梦的重要作用，把握好当前目标，以深阅读致精专；其次，我们可以采用物理隔离法，把手机放在自己看不见的地方，这样手机信息的"锚定效应"就会被扼杀于始端，从而保障我们有足够的专注力投入学习。

作为新时代青年，我们应当继续效仿古代贤人学习的劲头，发奋读书，也应当直面当代挑战，解决现实困难，在抵抗诱惑的基础上更好地利用互联网优势。这正是：莫批今人趋颓懒，细看却是时代新。若拒诱惑千里外，今人学习更可期。

> 此处的总结句体现了"八六一法则"中的"积极"。

8. 说布局（2023·北京海淀高三期末）

围棋比赛的开始阶段，棋手们总会通盘考虑，布置棋子。善布局者往往能谋全局，析个体，审主次，辨急缓，定次序……以开好局，应变局，育新局。书法绘画、文学创作、人生规划、国家发展等同样少不了布局。

以上材料引发了你怎样的思考，请以"说布局"为题写一篇议论文。

要求：论点明确，论据充实，论证合理；语言流畅，书写清晰。

说布局

周昊哲

小时候常听大人描述"田忌赛马"的故事，那时只当作个趣事对待；如今再次思索，顿觉那"下等马对战上等马"的策略中暗藏着布局的奥妙。布局，是一种人为的事前谋划，在一些国家大事上，用心布局是很重要的。

首先，事前的布局可为事态发展提供预测和宏观指引，从而让人拥有运筹帷幄、决胜千里的底气。下围棋时，走一步看一步的选手必定不如走一步看三步的选手胜算大。国家大事亦然，三国时期，孔明卧居草庐，为刘备铺开三分天下

> 限定讨论的范围。

> 承接上文内容"用心布局是很重要的"，写出第一个分论点，讨论："布局能带来什么意义（A能带来什么意义）？"

的发展规划，在此之后的孙刘联盟、赤壁之战等事件无不是在孔明的布局指引下进行的。吃了这颗发展布局"定心丸"的刘备一路高歌猛进，壮大了蜀国。人心爱稳，喜欢确定下来的事物。一国之发展需有恒，事前的布局便可以起到稳预期、开好局、利长远的功效。

不过，事物的发展一定会完全依照我们设计好的布局进行吗？并不一定，因为任何事物的发展绝非当下的线性延伸，更多的时候反而是受多种因素影响的不规则曲线——布局过后，不确定性仍在。

> 讨论不完备性、不确定性，辅助推进文章的层次。（A是否必然带来B？会不会有C给A带来风险、机遇、困难、挑战？）

人为因素可以是布局过后的潜在变量。赤壁之战前，孙刘两家出谋划策，又是草船借箭，又是苦肉计，又是设置伏兵，意在一举灭曹，可谁能想到关羽念了曹操曾收留自己的旧情而私自放走了他呢？

非人为因素也可以是布局过后的潜在变量。我们的冬奥会本身早已在数月以前就筹划得极其完备，社会面也已提前一个月动态清零，可谁能想到冬奥前两周疫情又卷土重来了呢？

诸如这些布局过后可能对事态发展造成影响的变量不胜枚举，因此，我们诚然要重视事前布局，但若要确保大事能成，我们还需要考虑到布局的不完备性、布局过后的风险性。因此，布局过后随机应变的能力也是不可缺少的。

> 文章当中需要过渡段，起到承上启下的作用。

从某种程度上来说，随机应变的能力在新时代的条件下尤为重要。新时代为中国式现代化的发展提供了土壤，但新时代也是一个百年未有之大变局，于是我们不仅仅需要新的布局来作为宏观指引，还需要策略灵活，以应对不确定性。我们许下了2035年成为创新型国家前列的愿望，也开展了

"十四五"发展布局,然而芯片卡脖子问题忽然成为"拦路虎"。关键核心技术被制约无疑在一定程度上打乱了我国的发展节奏,但我们没有选择僵化的发展,固守从前的节奏,而是积极做出应变,加大科创人才培养力度和科创企业扶持力度,化压力为动力,大慧拨乱,大行实干,大智挺进,从而不囿于既定布局,以应变局、开新局。

> "一字成金"金句制造法。

"有善始者实繁,能克终者盖寡。"优质的事前布局足以开好局,但若想危而不倒、长足发展,积极的应变局同样重要。重布局,善布局,但不僵化布局,而是随机应变,开创新局,方能于百年未有之大变局中使中国式现代化行稳致远。

9. 共享(2023·北京西城高三期末)

"共享",是一种具有特别价值的理念。有人说,共享能够增强群体效应,促进共同进步;也有人说,共享能够增进彼此认同,促进各自发展。

请以"共享"为题写一篇议论文。可以从生活需求、文化交流、社会治理、国际合作等方面,任选角度谈自己的思考。

要求:论点明确,论据充实,论证合理;语言流畅,书写清晰。

共 享

周昊哲

《经典咏流传》节目中,教师梁俊带着乌蒙山区的孩子们唱响"白日不到处，青春恰自来。苔花如米小，也学牡丹开"一诗，婉转动人的歌声中仿佛饱含着脱贫攻坚成功后的喜悦，以及城乡共享教育资源取得更大进展的幸福。是的，共享理念正在新时代社会发展中发挥巨力。

共享，就是大家共同分享，携手共进，这应当成为我们社会永远追求的发展目标。

首先，共享可以实现个体之间的优势互补。经济学领域提到了"比较优势"，即个人分别生产各自擅长的物品，然后到市场上贸易，于是皆大欢喜，市场就是那个共享平台。比如，牧民在草原放牛，渔民在海边捕鱼，各自温饱不愁却饮食结构单一，而一旦互联互通，到市场上贸易，那么牧民可吃到鱼肉，渔民可吃到牛肉，由此丰富了各自的饮食结构，个人生活质量得到极大改善，满足感与幸福感在心中顿生。

> 引用论证，引用经济学概念术语，并简单解释说明。

其次，共享可以扩散社会资源，减少城乡差距，形成发展合力。穆王八骏，可日行千里。中国有十四亿多人口，若共享资源，那么我们迸发出的合力难道不比那八匹骏马强大百倍？从前，教育资源分布不均，城乡差距甚远，城里孩子都大学毕业找到工作了，乡下孩子依然过着艰难求学的苦日子。没有学上，也就断了人生阶层上升的途径，更焚烧了许多乡下人心中那一根考学进城的救命稻草，破灭了生活更美好的希望。如今，在"精准扶贫""教师返乡""一元计划"等鼓励支持乡村教育发展的政策下，中国受教育程度中的城乡差距明显降低。当知识从少部分人手中来到十四亿人手中，何愁现代化道阻且长？

> 假设论证，增强感染力。

> 古今对比，增强论证力度。

如果没有共享理念，那么极大可能会只强调己而敌视彼，社会陷入"巴别塔效应"，登天之阶，举步艰难。一旦社会没有了共享理念，我们的社会就会缺少人类温度，人人变得自私而冷血，并且资源独享带来的分配不均也会阻挠社会进步。在当今本就个人疏离化、社会冷漠化的社会现象中，唯有掀起共享浪潮，才能推动社会更好发展。

好在共享理念逐渐被人们认同，我们的社会变得越来越温情。脱贫攻坚，教育扶智遇到难题？有政府的鼓励政策，有互联网上网友的爱心公益，还有志愿者的义无反顾，返乡建设——我们的社会不断凝聚合力，共建共享，营造了温暖的社会氛围。

> 政治术语使用过多，生动性不足。

好在共享理念被一以贯之地执行，我们的社会变得越来越先进。奴隶社会主张剥削，封建社会主张侵占，产生了独属于奴隶主和封建上层人物的辉煌，但整个社会却苦不堪言，因此不可持续；如今我们的社会主张共享发展成果，人民创造的丰功伟绩由人民共享，因此人民的归属感、幸福感迸发，社会资源也得以充分涌流——理念的先进推动社会的先进，中华民族的伟大复兴便寓于其中。

> 此处袁枚的诗与本文第一段袁枚的诗形成了结构上的呼应。

其实袁枚还有一首咏苔诗："青苔问红叶，何物是斜阳？"这是青苔在感叹阳光分配不均啊！若以斜阳象征美好的发展成果，那么假如我们的共享持续深入发展，那将会是："白日曾不到，苔花默默开。如今白日到，青春阔步来！"

> "白日曾不到，苔花默默开，如今白日到，青春阔步来"是对袁枚诗句的借鉴与化用。

10. 新词语与新时代（2023·北京房山高三期末）

对于新修订的第四版《现代汉语规范词典》增补的近千条新词语，有人认为，"齐抓共管""生态文明""凝心聚力""云计算"等新增的词语，是时代发展的反映；有人认为，"弯道超车""刚需""逆袭""脑补"等新增的词语，是社会生活的彰显；有人认为，"见贤思齐""文以载道""厚德载物""法不阿贵"等新补的词语，是民族自信的展现……

请以"新词语与新时代"为题，写一篇议论文。

要求：论点明确，论据充实，论证合理；语言流畅，书写清晰。

新词语与新时代

周昊哲

俯瞰神州大地，绿水青山促发展；仰望浩瀚宇宙，神舟无帆探幽冥……新时代，就是这样一个生态、经济、科技等多领域繁荣发展的时代；新词语，即在词典中全新推出的词语，新时代来了，于是"生态文明""云计算"等新词语也随之而来。在我看来，新词语是新时代的一种反映，而新时代的发展会推动新词语的形成。

> 分别采用"例举定义"和"内涵定义"界定"新时代"和"新词语"两个概念。

首先，新词语反映着新时代的进步与发展。想当年，我们积贫积弱，乡村老百姓家庭每天对饮食方面的花销记录都要精确到"角"，在衣食尚不满足的条件下，自然顾不上什么生态良好与科技创新了；看如今，"生态文明""云计算"在词典中的正式出现，意味着我们摆脱了牺牲环境换取家庭温饱、滥砍滥伐谋取经济发展的穷苦境地，意味着我们

> 运用"首先""其次"等关联词，从形式上让文章的逻辑更清晰。

有足够的底气与心气研发科技，意味着我们的国家在新时代正向现代化不断迈进。新词语的问世，正印证了我们国家这数十年的砥砺奋进啊！

其次，新时代的进步与发展使得技术迭代升级，新技术的应运而生，也推动了新词语的迭代更新。历史唯物主义告诉我们：当社会存在发展了，社会意识也一定会有所发展。新时代的科技与生态进步便是社会存在的发展，而新词语的问世正是社会意识的进步。若时间倒流十年，GPS定位系统以及移动互联平台尚不成熟，共享单车没有进入人们的生活，怎会有"共享单车"一词进入词典，从而深植于人们的思想之中？所以说，正是新时代让新技术从幻想变为现实，从而要求我们以全新的眼光看待它，以与时俱进的言语解释它，以发展的思维审视它，进而使得新词语横空出世。

> 假设论证，首先前提假设为真，然后依据这些假设进行分析，探讨可能产生的结果或影响，增强论证的充分性。

不过，既然新词语是新时代的产物，那么新词语理应揭示未来，但与"生态文明"和"云计算"一同在词典里新增的词语还有"厚德载物""法不阿贵"这些千年以前的思想主张，这是为什么呢？

> 文章当中需要过渡段，起到承上启下的作用。

我认为，新词语的更新终究是为了更好推动新时代的发展，而中华优秀传统文化是中华民族的根源所在，其中的一些思想弥足珍贵，极具当代价值，而新时代的发展在揭示未来的同时必须不忘本来，让民族文化之根以"新精神"的形式凸显出来，从而厚植发展底气。培养一棵参天大树，智慧的种树人不仅盼望其树冠有直冲云天之势，而且注重根部的养分供给，以保证源源不断的生长动力。谋发展之道亦如养树之法，打捞沉没在浩浩历史中的词语，在"法不阿贵""厚德载物"中发现属于新时代的法治与德治，这是新时代的要求，更是新词语存在的另一番意义——重读经典，找到过去的精华所在，让当下的人们带上过去的智慧迎接新时代与新挑战。

由此可见，新词语的问世不仅昭示着时代发展的新技术，还引导着新时代的人们主动进行文化寻根。对传统的继雅开新，我们筑牢了发展底气；对技术的开疆拓土，我们突破了前沿难题——在新词语中，我们窥见了新时代正展现着更为强大的生命力，从而奔赴可期的未来。

> 运用了"长中有短、散中带齐"的语言。

刘峻豪考场作文与点评

1. 说劳动（2019·全国I卷）

"民生在勤，勤则不匮"，劳动是财富的源泉，也是幸福的源泉。"夙兴夜寐，洒扫庭内"，热爱劳动是中华民族的优秀传统，绵延至今。可是现实生活中，也有一些同学不理解劳动，不愿意劳动。有的说："我们学习这么忙，劳动太占时间了！"有的说："科技进步这么快，劳动的事，以后可以交给人工智能啊！"也有的说："劳动这么苦，这么累，干吗非得自己干？花点钱让别人去做好了！"此外，我们身边也还有着一些不尊重劳动的现象。

这引起了人们的深思。

请结合材料内容，面向本校（统称"复兴中学"）同学写一篇演讲稿，倡议大家"热爱劳动，从我做起"，体现你的认识与思考，并提出希望与建议。

要求：自拟标题，自选角度，确定立意；不要套作，不得抄袭；不得泄露个人信息；不少于800字。

热爱劳动，从我做起

刘峻豪

各位老师、同学们：

大家好！

恩格斯说，劳动在从猿到人的进化过程中起决定性作用；亚当·斯密指出，劳动是一切财富的唯一源泉；我们的祖先也告诫子孙，"民生在勤，勤则不匮"。由此可见，劳动在人的生存、发展中扮演着重要角色。

> 引用论证，丰富论证方式和文章内容，一段之中，兼顾古今中外。

想必大家已经猜到，我演讲的题目正是：热爱劳动，从我做起。

"热爱劳动"，是我们常常挂在嘴边的口号。然而，是否有同学认真考虑过，劳动又苦又累，我们为什么要热爱它呢？我想，可以从两个角度做出回答。第一，劳动推动了社会的发展。从"石油铁人"王进喜，到兰考书记焦裕禄；从"火箭心脏的焊接人"高凤林，到"火药雕刻师"徐立平，我国取得的一项项发展成就、铸造的一件件大国重器，背后都有无数劳动者的身影。第二，劳动淬炼着人的意志。所谓"天将降大任于是人也，必先苦其心志，劳其筋骨"，热爱劳动，积极参加劳动，我们不仅能收获健壮的体魄，更可以培养吃苦耐劳的心性。如果说人是刀，那劳动就是磨刀石啊。

> 就现实问题展开思考，体现了"八六一"法则中"关切"的价值观。

> 用比喻点明人和劳动的关系。

然而，随着科技发展，许多人对劳动的观念正悄然发生着变化：劳动的事，以后可以交给人工智能嘛。从历史上看，人类从最初的刀耕火种，到后来铁器牛耕的应用，再到如今大规模机械化生产，工作量的确越来越少。然而，若是

> 层次推进：不断升级迭代的是劳动工具，不断传承延续的是劳动精神。

透过现象看本质，古今农民一以贯之的是勤恳、踏实的劳动精神。所以，即使人工智能取代部分劳动已成趋势，我们也应当传承劳动精神，因为脚踏实地、勤劳肯干是任何时候取得成功所必须的。相反，如果我们丢掉了劳动精神，过上饭来张口、衣来伸手的生活，就会如晋朝的士族、晚清的八旗子弟，丧失生活的斗志。

> 运用假设论证，让论证更充分。

那么，我们又该如何弘扬劳动精神，营造"人人热爱劳动"的风气呢？

我认为最重要的，莫过于营造尊重劳动的社会风气。现如今，许多人在择业时，潜意识里认为"白领"比"蓝领"要高人一等，其背后正是对体力劳动的轻视。君不见，职校毕业的周楚杰，勇夺世界技能大赛数控铣项目金牌，为国争光；年过七旬的酒店门童陆矞恒，自学英、日、韩、法四门问候语，给外宾留下深刻印象。"三百六十行，行行出状元"，没有低人一等的职业，每一位劳动者都是值得敬佩的。

> 就现实问题展开讨论，体现了"八六一"法则中"关切"的价值观。

除此以外，我们还应该从生活中的小事做起，积极参加力所能及的劳动。譬如在学校积极参加值日，帮老师打扫办公室；在家主动收拾房间，替父母洗碗刷碟。在一件件不起眼的小事中，体会劳动所带来的成就感，养成"眼里有活"的好习惯。长此以往，劳动将刻进我们的 DNA 中，成为相伴一生的好友。

热爱劳动，从我做起。我的演讲就到这里，谢谢大家。

2. 投入（2022·北京西城高二下期末）

《现代汉语词典》中，对"投入"这个词条有如下解释：①进入某种阶段或状态；②形容做事情聚精会神，全力以赴；③指投放资金；④投放的资金。

请以"投入"为题，选择自己熟悉的一个方面或角度，恰当运用表达方式，写一篇有真情实感的文章。文体自选，立意自定。不少于700字。

投 入

刘峻豪

诗人贾岛忘我斟酌"推""敲"二字，一头撞上了韩愈的车队；科学家安培在路上偶得灵感，竟以车厢做黑板演算，待马车开动才察觉异样。此二人，乃是对于"投入"的最佳诠释：全神贯注、物我两忘。

> 以极其贴近当代少年的学习场景切入之后，立刻发出对学习目的的深刻追问，文章的主题"学习的目的"紧随其后，自然而迅速地被引入。

对于任何一个人而言，"投入"，是实现人生价值的垫脚石；更是通向成功殿堂的必经路。

"一分耕耘，一分收获"是妇孺皆知的道理。在大多数人眼里，"投入"，就是比别人付出更多时间、更不遗余力。这是有道理的：正如郎朗，靠每天十小时以上的练习，成为钢琴大师；又如苏炳添，凭数十年如一日的训练，站在了奥运决赛的百米赛道上。然而有人或许会心生疑问：我觉得自己很努力了啊，为什么还是一无所成呢？其实，这是犯了"只拉车，不看路"的问题。比投入本身更重要的，是找准方向。我的优势在哪儿？时代的机遇又在哪儿？二者有没有契合之处？只有想明白这些问题，才能让自己的努力不付诸东流。王国维在《人间词话》中提出的"成功三境界"之

> 用问句点明本段的议题。

首,便是"独上高楼,望尽天涯路",也就是以更广博的视野、更长远的目光,审视前路——我应该向什么地方努力?

反观现实,有多少人尚未达到这一境界。他们看到什么行业挣钱,就蠢蠢欲动;听说某人发了财,立马跟风进场。这样东一榔头西一棒槌,尽管投入了很多精力,结局必然是碌碌无为。再看历史,太史公历时十三年,四处走访考察,编著《史记》;曹雪芹批阅十载、增删五次,写出《红楼梦》。这二人深知自己的使命所在,始终坚定地追寻,才能不顾旁人的羞辱、无惧生活的潦倒,用一生做成了一件事。真可谓"鞠躬尽瘁、死而后已"。像他们这样,先有明确而适合自己的目标,再加以不遗余力的付出,方可称之为投入。

> 现象型举例,举例时要选择与论点相匹配的现象。

> 界定"投入"的概念,完成了文意的一次推进。

如此说来,"投入"的门槛好像顿时高了许多——我一个普普通通的高中生,能做得到吗?先别打退堂鼓。孔老先生不是说了吗:"仁远乎哉?我欲仁,斯仁至矣。"这话放在这儿,依然适用:咱别一口气吃个胖子,从小处着手不好吗?这时,"边际综合效应"法便派上用场了。简单说,就是把困难的任务分解成诸环节,每一环节都悉心谋求微优化,这些微优化产生乘法效应,带来巨大增长。对于我们而言,每当感觉到"高考夺标"的理想过于宏大的时候,不如学一学庖丁解牛,把自己定的目标总分,分解到各科目,再细化到每一道题的得分,一个个题型逐个击破。如此一来,岂有不成功之理?

> 引用概念术语并简单解释,让论证更充分。

当然,谁都会出现道路走偏的情况:人家鲁迅,不还是学了几年医,才当的作家吗?这时,就需要我们有壮士断腕的魄力,挣扎于过去的泥沼,只会让自己越陷越深;及时止损，方为良策。作为年轻人，我们有的是时间去试错、调整。只要找到了适合自己的道路，之前所付出的努力便不算白费；之后所投入的精力必将事半功倍。

投入之重要性，尽人皆知；其方法论，却不是人人都懂。明确方向、小处着手、全力以赴、及时调整，方可得其道也。

3. 顺水而行与逆水而行（2022·北京西城高三二模）

> 以色列生物化学家阿龙·切哈诺沃因发现泛素调节的蛋白质降解，于2004年获得诺贝尔化学奖。他在接受记者采访时说："小时候，妈妈教导我说，人走入一条河流，可以顺水而行，也可以逆水而行，你这辈子如果想成功，就永远要选择后者，尽管它可能并不舒服。我能有今天，就是按照妈妈给我画的'路线'而行的。"
>
> 材料中"可以顺水而行，也可以逆水而行"，引发了你怎样的联想和思考？请联系现实生活，自选角度，自拟题目，写一篇议论文。
>
> 要求：论点明确，论据充实，论证合理；语言流畅，书写清晰。

论顺水与逆水

刘峻豪

人生如行船，"顺水"时"千里江陵一日还"，好比柳絮乘风借力，直上青云；"逆水"时，不进则退，身与时违，举步维艰。人这一生，谁不渴望顺水而行，活得轻松惬

> 人生如行船的比喻，和材料中的"顺水而行""逆水而行"形成比喻的组合套餐。

意？但难免遭遇逆流，须直面困境，逆水而行。

因此，在我看来，如何在顺逆莫测的河流中调整自我状态，是每个人都须面对的课题。

顺水而行，看似轻松，然而越是风平浪静，越是感觉充满机遇，就越容易愚钝麻痹，等着"天上掉馅饼"。殊不知，人生没有等出来的精彩，只有走出来的辉煌。改革开放的政策颁布，为思想松绑，为经济松绑，看似"潮平两岸阔"，却并非每个人都能在改革大潮中有所斩获。而年广九靠"傻子瓜子"做成了"中国商贩第一人"，他成功的秘诀在于敢为人先；马云、刘强东靠电商起家成为风云人物，他们的立足之本是敏锐的判断、果敢的行动。不难看出，即使是顺水漂流，也需要有激流勇进的魄力、掌舵领航的眼光。

至于逆水而行，艰难险阻自不必说。然而，倘若我们以勇气和毅力，抵抗时代的逆流，又何尝不能创造出一番天地？华夏大地上生灵涂炭。"寄意寒星荃不察，我以我血荐轩辕"，是鲁迅先生以这样的热血来唤醒麻木的国民；彼时的中国看不到出路，陈望道同志于是翻译了《共产党宣言》，在无边的黑暗中点亮了希望的微光。面对时代的逆流、旋涡，他们直面困境，力挽狂澜，使得中国渡过了劫难，走上复兴。

由此可见，逆水而行固然极具挑战，但如古希腊神话中所言"唯成大事者，才配拥有最颠沛流离的命运"，溯流而上者的回报往往格外丰厚。

不可否认，每年鲑鱼洄游产卵，只有一小部分可以历尽千辛万苦，抵达上游，大多数溯流而上的鲑鱼在逆流中沉入水底。但鲑鱼的努力是徒劳吗？不是的，它击水的风姿、桀

> 金句，借鉴化用了"人生只有走出来的美丽，没有等出来的辉煌"。

> 假设论证，增强论证的感染力。

鹜的姿态本身就具有非同寻常的价值。正如屈原竭忠尽智，仍无法改变楚国山河日下的时局，但"举世皆浊我独清，众人皆醉我独醒"的绝唱激荡人心；岳飞抗金连战连捷却遭小人陷害，终究未尽"精忠报国"之事业，但"待从头收拾旧山河，朝天阙"的豪迈流芳百世。逆流而上者会面对困境，会有失败的可能，但如果上游处有理想，何不毕生溯洄从之？

> 类比论证，使论证更充分。

一生是"顺水"还是"逆水"并不全由我们把控，具有不确定性。对于我辈青年而言，唯一能确定的是当胸怀大志，当脚踏实地。

唯其如此，才不辜负这一生的航行。

> 首尾呼应，让"航行—顺水—逆水"这一套比喻更深入人心。

4. 规矩与天性（2022·北京东城高三一模）

有人说一个人的成长需要以规矩为边界；也有人说，顺着人的天性发展，人才能成长得更健康。

请以"规矩与天性"为题目，写一篇议论文。

规矩与天性

刘峻豪

所谓天性，说的是人与生俱来的品性；而规矩，则是生活中限制我们的条条框框。天性有好有坏，规矩也并不都合理。只有当天性的释放与规矩的约束相辅相成，人才能健康

> 先对概念进行界定，是很好的写作意识。

成长。

毋庸置疑，天性中好的一面，应当予以发扬。譬如与生俱来的好奇心，是许多重大科学发现的先决条件。2010年的诺贝尔物理学奖，授予了发现单分子层石墨烯的两位科学家。然而当初二人只是出于好奇，用胶条粘在石墨上再撕下。哪曾想如此反复，竟得到了罕见的二维分子结构。又如孩童特有的清澈天真，是无数艺术家终其一生所追寻的。现代主义艺术大师毕加索一生画了37000多幅作品，对此他曾坦言："我14岁就能画得像拉斐尔一样好，却用了一生学习孩子画画。"

> 推进文章的层次：天性有价值，但一味顺应天性，行吗？不行。（只有A，行不行？）

由此可见，在科技创新、艺术创作等需要创新力的领域里，天性的价值毋庸讳言。但这绝不等于在任何领域人们都应该摒弃规矩，一味顺应天性。

人的天性构成非常复杂，荀子认为"人性本恶"，人只有受到约束，才能健康发展。这看法有现实依据。近年来，校园霸凌案件屡见不鲜，令人触目惊心；被惯坏了的"熊孩子"频繁出没于各种场合，让人不堪其苦。由此观之，人性中自私、蛮横的天性，用规矩加以束缚是十分必要的。

> 引用论证，事例贴切、新颖，而且做到了在一段之中，兼顾古今中外。

国有国法、家有家规，这些规矩的存在，就是为了匡正天性中恶的一面，以维护社会秩序稳定。三千七百多年前颁布的《汉谟拉比法典》中，就有"以眼还眼、以牙还牙"的惩治规则。可见早在文明诞生之初，人类就意识到：靠自觉克制人性是幻想；只有明确的奖惩规矩，才能正身黜恶。现代心理学也表明，对规则的敬畏，可以让人将天性中的邪念终止于萌芽状态。"没有规矩，不成方圆"，离开了合理的法律规则，人类社会将与危机四伏的原始丛林无异。

综上所述，我们也应注意把握天性与规矩之间的平衡尺度：一方面，设计合理的法律条令；另一方面，给美好的天性以生长空间。就像市场经济体制下，政府制定市场生产、流通的规矩、规则，仅仅进行宏观调控，给国企、民企的创新天性以生长空间。反之，如果经济领域的规矩定得太死，人们的创新天性无用武之地，市场则成一潭死水。由此观之，好的规矩绝不仅约束天性中坏的一面，更发扬其中好的一面，让个体用主观能动性为社会注入活力。

> 假设论证，增强论证的充分性。

生于新时代，侪辈青年应该在规矩的匡正下，取天性之精华、去其中之糟粕，成长为品学兼优的人才，为国家发展、人类进步贡献力量。

5. 学习今说（2022·北京卷）

> 古人说，"学不可以已"，重视学习是中华民族的优良传统。在当代中国，人们对学习的理解与古人有相同之处，也有不一样的地方。
>
> 请以"学习今说"为题目，写一篇议论文。可以从学习的目的、价值、内容、方法、途径、评价标准等方面，任选角度谈你的思考。
>
> 要求：论点明确，论据充实，论证合理；语言流畅，书写清晰。

学习今说

刘峻豪

是否有这样一个夜晚，昏昏欲睡的你对着摊开的卷子，抿了一口放凉了的苦咖啡。你告诉自己：再学一会儿，一会儿就好。与此同时，一个念头闪过脑海：我们，究竟为什么而学？

> 使用形象化的语言，塑造具象化的场景。

古往今来，无数学子对此有过各自的答案；如今站在十八岁的路口，当代青年也当作出自己的回答。

我认为，学习首先是社会中下层实现阶层跨越的最佳途径。"朝为田舍郎，暮登天子堂"，诠释了古人对于学习可以"逆天改命"的魔力的理解。现如今，华坪女中的女学生们，在校长张桂梅的激励下忘我学习，也是盼望能靠学习走出深山，登上更高的舞台。作为出身低微的普通人而言，学习是改变自己命运的最公平的机会，这也正是每年6月的高考在中国人心中有着极其神圣地位的原因。

> 古今对比，增强论证力度。

其次，学习是一个人安身立命的根本。古人有云"苟日新，日日新，又日新"，意思是说学习可以帮我们适应日新月异的环境。对于古人来说，学习一些观云识天、因地制宜的本事，能把田间庄稼种得更茁壮；学习一些水文灌溉、夯实地基的本事，能把小日子打理得更滋润。时至今天，现代化农业已经普及，同样务农，不懂点生物学知识、机械驾驶技能、计算机技能，连种地都不可能搞得定了。从今往后不再有所谓的"铁饭碗"，只有具备"终身学习"的能力，才能在这个现代化社会安身立命。

然而，除了"改变命运""守好饭碗"等实际的原因，当代青年对于学习终极意义的寻觅还应有更高境界——追求真理，获得彻悟。"朝闻道，夕死可矣"，对于孔子而言，学习不仅是为了获得世俗的满足，更是对真理永恒的追求。当代种子学家钟扬博士也是这样的学者。他为了解高原环境

> "然而……""除了……还应……"等逻辑关联词的运用，展现了文意的推进。

下植物生长的可能性，一边苦学苦读中西文献，一边拖着重病的身体屡次登上"世界屋脊"实地考察。虽然把生命留在了高原，但他富有真知灼见的论文填补了学术空白。

由此看来，无论是在人文科学领域，还是自然科学范畴，最高级的学习目的往往是纯粹的，也是快乐的。它无须任何附属其上的价值做诱饵，仅仅是学习过程本身，就足以使人如痴如醉，把生死置之度外。

其实以上三种学习的意义，彼此不冲突。若你出身卑微、生活困窘，不妨记住"技不压身"，你当广泛、持久地学习，为自己和家人博一个未来；若你已走出衣食之困，不妨充分感受学习之乐，以求造福一方之民。

> 对上文进行概括，起到承上启下的作用。

一个有良好学风的社会，既不会嘲笑"小镇做题家"们，因为懂得他们为此尝遍的世间万般苦楚；也不会神化"学术界权威"们，因为了解他们在治学路上苦中交织着欢乐。

至于我自己，我深感幸运：生在当代，较以范进为代表的古代儒生而言，有更好的机会接近最纯粹的学习。我喜欢复旦大学的民间校训"做自由而无用的灵魂"，希望自己一生也不会忘记学习本质的意义——满足人类与生俱来的好奇心，充实地过好人生。

> 此处的自白，体现了作者对"八六一法则"之中的"一"的思考与回答。

思绪回到摊开的卷子上，我的眼里突然有了光。

6. 说人才（2023·北京四中高三上期中）

党的二十大报告强调，应深入实施人才强国战略，坚持尊重劳动、尊重知识、尊重人才、尊重创造，完善人才战略布局，加快建设世界重要人才中心和创新高地，着力形成人才国际竞争的比较优势，把各方面优秀人才集聚到党和人民事业中来。

请以"说人才"为题目，写一篇议论文。

要求：论点明确，论据充实，论证合理；语言流畅，书写清晰。

说人才

刘峻豪

春秋时期，齐桓公不计前嫌，重用管仲，成就一番霸业；东汉末年，刘玄德礼贤下士，三顾诸葛孔明于茅庐，造就三足鼎立之势；算而今，党的二十大报告中指出，要把各方面优秀人才聚集到党和人民事业中来。历史一次次向我们证明：国欲振兴、人才先行。顶尖人才决定了一个民族发展的方向和程度。

> 运用了"长中有短、散中带齐"的语言。

于是，如何能让天下英才为己所用，便成为任何一个国家必须回答好的问题。一方面，要靠人才本身的家国情怀与担当；另一方面，国家也应该有所作为，用实际行动为有才之人提供平台。二者相辅相成，缺一不可；在当前大国竞争进入白热化阶段的背景下，中国要想在人才领域迎头赶上，后者更应该引起足够的重视。

> 辩证思维，让论述内容更全面。

新中国成立初期，百废待兴，各行各业，尤其是军工、高科技等产业急需人才。幸运的是，一批身怀绝技、心系祖国的科学家，远渡重洋、克服万难，投身我国的科学事业。钱学森、邓稼先等人的名字永远镌刻在了中华民族的丰碑上；而他们的隐姓埋名、建功立业，也无愧于万世敬仰。

与此同时，放眼全球，在主流科学界更耀眼的却是另一位华人——杨振宁。他凭借"宇称不守恒"这一理论，在学界获得了堪比爱因斯坦的名誉。

然而，时至今日，即使杨老已在上世纪末于清华任教，仍有许多不明所以的网民，大骂他是"卖国贼"，要求他"滚回美国去"。

这种偏激的、不负责任的论调，其实正是我国吸引人才，尤其是海外优秀人才的最大阻碍。当"爱国"成为一种道德绑架，要求所有科学家，无论自己从事基础理论研究还是实际应用；无论国内是否有条件支持自己的科研，仅凭一腔热血投奔回国，于个人无利，于全人类的科学事业更是一种莫大的损失。

> 此处体现了"骑手派"的价值观。

那么，出路在何方？吸引人才，不能只靠谈情怀、喊口号；更得拿出资金、建设实验室——让人才在中国有用武之地，可以尽情施展拳脚。

可喜的是，随着我国的迅速发展，上述所言正在成为现实。近日，国际上炙手可热的女科学家颜宁，宣布辞去普林斯顿大学教授职位，全职回国，于深圳继续自己的科研事业。这样的消息，是值得举国上下为之振臂的：它意味着，我国的科研基础设施建设，已经追赶上了世界一流水平。从今往后，不只是有家国情怀的科学家，任何想为人类科学事业做出一番贡献的人，甚至是外国人，都有足够的理由，来到中国，为我国发展贡献力量。如此一来，长期引发争议的

"清北为美国培养人才问题",不就迎刃而解了吗——能在家门口就把事业做好了,谁愿意舍近求远呢?进一步地,一批批优秀人才扎根我国,又势必会带动我国科学事业蓬勃发展,吸引更多有识之士,形成良性循环。

> 思想的深度和高度是成就佳作的重要前提。

现在的中国,早已不是那个一位科学家回国需要总理请求放人的时代了。所谓"人往高处走",我们更应该着力于提升科研环境、打造世界科研高地,让五湖四海的人才愿意来、留得住。

在中国共产党的领导下,我国人才事业必将走在正确的道路上,为建设社会主义现代化强国而助力!

7. 共享(2023·北京西城高三期末)

"共享",是一种具有特别价值的理念。有人说,共享能够增强群体效应,促进共同进步;也有人说,共享能够增进彼此认同,促进各自发展。

请以"共享"为题写一篇议论文。可以从生活需求、文化交流、社会治理、国际合作等方面,任选角度谈自己的思考。

要求:论点明确,论据充实,论证合理;语言流畅,书写清晰。

共 享

刘峻豪

新冠疫情暴发初期,各国在世卫组织领导下,共享病毒基因组序列,助力疫苗研发工作;疫情肆虐时,退烧药紧缺，有家庭拿出多余的"布洛芬"送给邻居，不仅解了燃眉之急，更让疏离的邻里关系变得亲密。

大到国际合作、小到家长里短，"共享"都是一种极具价值的理念。其最大意义所在，便是跳脱出"零和博弈"思维，让参与共享的各方都能从中获益，从而达到共赢的目的。

共享不同于施舍：对于后者而言，施助者能从"施舍"这一行为中，充其量只能获得道德上的满足感，而"共享"却可以为分享和被分享者都带来实实在在的好处。> 对"共享"与"施舍"两个概念进行辨析，让"共享"的含义更加明确。

首先，"共享"可以汇聚各方力量，形成群体效应，从而惠及各方。2018年，马斯克的特斯拉公司在电动车领域可谓"独占鳌头"，一时间鲜有敌手。然而，他却宣布免费开放部分造车核心专利——自愿放弃了在这一新兴产业形成垄断的机会。不出所料的是，许多电动车品牌，如理想、小鹏等如雨后春笋般涌入市场。然而，日益激烈的竞争中，特斯拉的销量不降反增，让人不得不佩服马斯克的远见与魄力。细细分析其背后的逻辑，核心无非是通过"共享"，吸引更多人入局，从而提升整个行业的影响力，把蛋糕做大，每个人能分得的自然更多。> 讨论意义时，使用"首先""其次"这样的关联词，可以增强文章的有序性。

其次，"共享"可以优化外部环境，使每个个体获得更好的发展机会。薛彤云是一位创业者，她推出的花茶工艺广受欢迎，但同时不法商家的假冒伪劣行为也接踵而至。面对挑战，她并没有像一般人一样通过法律途径维权，而是大方地公开了自己的工艺流程，制定了行业标准，让假货无人问津，自己也成为带领乡亲致富的"领路人"。"共享"工艺，这一看似损己利人的举动，不仅起到了净化市场环境的> 事件型举例，举例时要选择与论点相匹配的事件。

> 讨论态度、做法、方案时，使用"第一""第二"这样的关联词，也可以增强文章的有序性，从形式上让文章的结构更易懂。

作用，更确立自己在行业中的领导地位，还为更多人创造了就业机会，真可谓一举多得。

共享之益处显而易见，那么我们又该如何做到共享呢？

第一，我们应该有高瞻远瞩的目光。当眼中只有面前的"一锤子买卖"时，让出自己的利益显然是不理智的；然而当考虑未来长远的发展时，每个人都会认识到只有借助他人的力量，才能更好地达成目标。

第二，我们应该有更广阔的胸襟和更大的格局。如果我们认识到自己的成功并不一定建立在他人的失败基础上，就不会因嫉妒、攀比心理作祟而拒绝共享，各美其美、美美与共的理想才会成为现实。

获得共享之成果，需要靠每个人的付出。在生活中心怀"双赢"理念，践行"共享"精神，定会让人类拥有一个更光明的未来。

8. 成为一个怎样的人（2023·北京高三海淀一模）

统编版小学课本识字第一课的内容为"天地人你我他"，这六个字引导儿童时期的我们认识世界，了解世界。如今，18岁的我们站在成人的门槛前，应对这六个字有更深刻的理解。要成为一个怎样的"人"，需要把"我"放在"天地""你他"之间去思考。

请围绕"成为一个怎样的人"，自选角度，自拟题目，写一篇议论文。

要求：论点明确，论据充实，论证合理；语言流畅，书写清晰。

天地与人　你他与我

刘峻豪

天文学家卡尔萨根曾写道："我们每个人都是由大爆炸时的一粒粒星尘组成的。"哲学家马克思也说过："人是一切社会关系的总和。"从中可以看出，"天地人""你我他"是紧密联系在一起的。所谓天地，便是我们所生活的自然环境，而你他，则指的是人类社会中的其他个体。没有人可以脱离它们而独善其身。我认为，我们应该做一个在天地间上下求索、在你他间心系苍生的人。

> 概念界定，让"天地""你他""我"的内涵更明确。

面对天地，我们应该穷究物理。瓦特从烧水的水壶中得到启发，发明了蒸汽机，为人类开启了崭新的工业时代；牛顿看到苹果从树上掉落，行星围绕着太阳周而复始的运转，创造性地把它们联系起来，发现了万有引力。自然界中，有许多稀松平常的现象，背后蕴藏着深刻的科学原理。倘若我们能有苏轼夜叩绝壁、温峤燃犀水底的探索精神，就能更好地认识我们所生活的天地。

需要注意的是，随着人类对于科学研究的不断深入，我们要时刻谨记对天地心存敬畏之心。全球气候变暖，极端天气频发，这是对人类妄想战胜自然的警告。"生存最大的威胁不是无知，而是傲慢"，如果我们继续一意孤行，破坏自然以求发展，终将走向绝路。幸运的是，以中国为代表的许多国家已经意识到问题的严重性，并着手做出改变。"碳达峰""碳中和"等的提出，反映出人与自然和谐发展的理念。生于天地间，我们理应善待养育万物的大自然。

> 此处的分论点体现了"八六一法则"中的"敬畏"。

对于个体而言，只在天地间研究冷冰冰的自然科学，未免显得薄情；还需要在你他中加以人文情怀的熏陶，才能塑造健全的人格。

> 过渡句，承上启下，让文章的逻辑链条更加自然流畅。

面对你他，我们应该心系苍生。范仲淹"居庙堂之高则忧其民，处江湖之远则忧其君"，无论身在何方，始终胸怀天下，才能在官场上"不以物喜、不以己悲"，造福一方百姓；鲁迅先生相信"无穷的远方，无数的人们，都与我有关"，这也正是他"寄意寒星荃不察，我以我血荐轩辕"的根本动力。雷锋有一句名言："我要把有限的生命，投入到无限的为人民服务中去。"这启示我们，再璀璨的生命也会如流星一般陨落，唯有把自己的人生与更多人的命运相结合，才能让我们的奋斗在历史长河中熠熠生辉。

> 比喻，让论证更加生动。

成为一个怎样的人，是每个人一生的课题。当我们把它放在天地之间、你他之中去思考，便不难做出回答。做一个既有理性思维，又有人文情怀的人，是我给出的答案。

9. 今日问于人，明日胜于人（2023·北京朝阳高三二模）

宋代思想家张载曾说："人多是耻于问人。假使今日问于人，明日胜于人，有何不可？"

这段话引发了你怎样的联想和思考？请以"今日问于人，明日胜于人"为题，写一篇议论文。

今日问于人　明日胜于人

刘峻豪

唐宋时期，士大夫阶级"耻学于师"之风盛行，人多以请教他人为耻。在这种历史背景下，宋代大儒张载说："今日问于人，明日胜于人，有何不可？"希望以"胜于人"的诱惑，消除世人的羞耻之心，呼吁大家多多提问。时至今日，我们应该辩证地看待这位先哲的话，以正确的态度对待发问于人。

毋庸置疑，问于人是提升自我的重要途径。韩愈有言："惑而不从师，其为惑也，终不解矣。"只有"从师而问"，才能想通心中的困惑。荀子也曾说："终日而思矣，不如须臾之所学也。"请教他人，也是拓展知识、增长技能的好方法。正所谓"他山之石，可以攻玉"，人类有别于其他动物的重要特征，便是我们可以通过提问，学习前人的经验，并在此基础上发展，而不是每个人都从钻木取火重新来过。可以说，发问推动历史的车轮滚滚向前，而非原地打转。

> 引用的名人名言，来源于高中语文教材中的《师说》《劝学》。

由此可见，我们每个人都应该积极地问于人，在提问中发展自己。

然而，问于人，就一定能，就一定要胜于人吗？答案当然是否定的。历史上，孔子门下弟子三千，善于发问者不可胜记，然而最后却无一能达到夫子之境界；生活中，同学们每天积极找老师答疑解惑，却鲜有人斗胆声称自己"青出于蓝而胜于蓝"。从人性的角度来说，如果每个提问者都来势汹汹、铆足了劲要胜过自己，必将使解答者心存戒备，进而

> 层次推进：只要去问，就一定能胜于人吗？不是的。（A是否必然带来B？）

不愿意分享自己的真知灼见,只是敷衍了事以求自保。长此以往,将使社会的知识流动停滞。由此可见,把"胜于人"作为"问于人"的动机,既有可能导致个人的挫败感,更无助于培养全社会积极提问的风气。

那么,我们该以怎样的心态,向他人发问呢?

> 层次推进:问于人的目的不是胜于人,而是胜于己。

我以为,今日问于人,明日不必胜于人,但求胜过昨日之自己,足矣。与他人无尽地比较是焦虑的根源,而看着自己点点滴滴的进步则带来成就感。孔子云"后生可畏",更有吴下阿蒙"士别三日当刮目相看",我们不应该小看每一个恳切的发问者,因为他们正走在进步的道路上,更不能因为好面子而拒绝提问,否则只能是因噎废食,阻断了自己前进的道路。

> 层次推进:"问"的本质究竟是什么?(A究竟是什么?)

故而,我们应当认清"问"的本质:一种每个人所必需的、取长补短、自我精进的必要手段。如此,发问者不会因暴露自己的无知而感到羞耻,解答者也不会因为心存戒备而有所保留。这样一来,才能在全社会范围内营造人人发问、共同进步的良好风气。

今日问于人,明日胜于己,有何不可?

10. 传统文化助力中国式发展（2023·北京西城高三二模）

近些年来，传统文化成为"中国式"创新发展的灵感来源和重要元素。从国际交往中的文化传播，到国内生产生活中的产品制造、文旅开发等方面，都涌现出许许多多独具魅力的创意和实践，引发社会广泛关注。

对此，你有怎样的认识或思考？请联系现实，自选角度，自拟题目，写一篇议论文。

要求：论点明确，论据充实，论证合理；语言流畅，书写清晰。

传统文化助力"中国式"发展

刘峻豪

从故宫文创"瘦金体笔筒"的大卖，到国博"击鼓陶俑雪糕"吸引众多游客慕名打卡；从"夸父号""羲和号"等一个个浪漫的名字上九天揽月，到北京冬奥会开幕式上以"二十四节气"主题吸引全球目光。现如今，在产品制造、文化传播等领域，传统文化都已成为重要元素。迈进新时代，中华儿女更应该充分利用传统文化，助力中国式创新发展。

> 概叙举例，需要丰富的素材做支撑，不然要在考场上占用不少时间才能写出这个长句。

传统文化何以助力中国式发展？

首先，传统文化是一座资源宝库，其中蕴藏的智慧可以为今人所用。在西医面对疟疾束手无策的时候，屠呦呦从中医经典《肘后备急方》"青蒿一握，以水二升渍"的描述中，找到了灵感，带领团队研制出造福人类的青蒿素。面对反全球化浪潮涌动，我们相信先贤"己欲立而立人"的原则，于是发展丝绸之路、构建人类命运共同体，倡导国家间

> 事件型举例，来源于高中语文教材（《青蒿素：人类征服疾病的一小步》）。

和而不同，美美与共。由此可见，从物质层面到价值理念，传统文化对于中国式发展都有着重要意义。

其次，传统文化犹如一面旗帜，成为中国走向世界的一张名片。现如今，中国俨然成为全球第二大经济体。然而，与经济硬实力不匹配的文化软实力，限制了我国在国际舞台上的话语权。破局之道何在？正在传统文化当中。从上世纪李小龙用中国功夫一脚踢碎"东亚病夫"的牌匾，到近年来潮牌李宁将云纹、盘扣等传统服饰元素与汉字文化融入设计，凭一抹"中国红"闪耀纽约时装周，传统文化无疑是让世界认识中国的重要媒介。因此，要想提升我国国际影响力，助推中国式发展，我们就必须利用好传统文化。

> "现如今""然而"的逻辑关联词，增强了语句的衔接。

传统文化的重要意义既已阐明，我们又该如何做，才能让它更好助力创新发展呢？

> 过渡句，承上启下，让文章的逻辑链条更加自然流畅。

第一，我们应该大力推广传统文化。再好的东西，倘若被束之高阁，不见天日，也无法发挥出应有的价值。传统文化亦是如此，我们要尽量用群众喜闻乐见的形式，让更多人认识到它的魅力。受众面增大了，自然就会有更多不同领域的人，在思考问题时能从传统文化中得到启发。

第二，我们应该以当代视角审视传统文化，择善而从。譬如"二十四孝"中的愚孝文化，已经不能适应当今的价值观，就应当予以坚决摒弃。任何文化，都具有一定的时代局限，因此，我们绝不能生搬硬套，只有取其精华而去其糟粕，才能更好适应今天的需要。

迈进新时代，炎黄子孙应当让古老的传统文化重现活力，助力中国式创新发展。

贾铮考场作文与点评

1. 说玩儿（2018·北京西城高三二模）

古人教子曰：业精于勤，荒于嬉。

现代教育家说：研究"玩儿"这一丰富的源泉，是我们的任务。

以《中国古代漆器》《明代家具珍赏》《蟋蟀谱集成》《北京鸽哨》等"世纪绝学"享誉中外的文物鉴赏家王世襄，总结自己一生时说："我这辈子没干别的，净玩儿了。"

也有人说：玩物丧志，靠玩儿难以成就大事。

请以"说玩儿"为题，写一篇议论文。

要求：观点明确，论据充分，论证合理。

说玩儿

贾铮

玩，就是以非功利、轻得失的心态探索。它本是一个中性词，但在我们的生活中，"玩"似乎在个人成长的过程中被许多家长打上了消极的烙印，比如"玩物丧志"，又如"你不务正业，净想着玩了"，像这样把"玩"当作贬义词与"学""成才"对立起来的观点不在少数。然而，为何享誉中外的文物鉴赏家王世襄会说"我这辈子没干别的，净玩儿了"？这不是和家长们唱反调吗？

> 现象型举例，引出下文对"玩"的深入思考，成功破题。

在我看来，"玩"与"学"并非对立，不然为何会有"乐学""乐业"的说法？在我们成长的过程中，"玩"其实意义非凡！

首先，人为什么爱玩？从人类社会历史发展的角度来看，这件事得追溯到动物的行为逻辑。动物爱"玩"通常发生在幼年，表现为模拟狩猎、避险等行为，比如小猫抓毛线球，正是在模拟捕捉老鼠。动物通过"玩"提升了生存能力，而玩也是人类小孩探索世界的重要手段：看看小手、推推门……孩子们正是在与世界的互动中更加熟悉这个世界。作为人类最初探索实践的唯一方式，玩，从古至今都是我们成长过程中不可或缺的一部分。

> 借用人类进化史的认知模型，从本源处思考问题，增强了文章的论证力度。

然而，有人会反驳：等孩子慢慢长大，继续顺着天性去玩儿只会让他们一无所成。没有几个沉迷网络小说的人成为诺贝尔文学奖得主，也没有几个沉迷电子游戏的人成为台上的电竞选手。这样的观点本身没错，却片面地理解了玩的实质。玩儿若停留在一味的浅尝辄止、不求甚解，只能成为一

> 就现实问题展开思考，体现了"八六一法则"中"关切"的价值观。

种娱乐。任何领域的成功都需要万里挑一的毅力和投入，若没有精力的专一眷顾，没有独立思考、深入钻研，停留在表面的"沉迷"只能倒向"玩物丧志"的悲剧。

可是，玩儿，注定肤浅吗？从没有人这样规定。正如王世襄所说："我这辈子没干别的，净玩儿了。"他口中的玩，显然不是先前所述的肤浅娱乐，而是一种"乐业"。如若能玩在正业上，以兴趣为导向在正业上专一地投入精力，以此为社会尽一份微薄之力，也不可不谓"快哉"。

> 本文第二次提到王世襄，与开头段形成呼应，完成了一次漂亮的 call back！

"乐学""乐业"的意义无须多言。在兴趣的引领下探索，在专注地投入下钻研，才有可能到达更深的层次、做出独特的贡献。面对时有的困境，乐学、乐业中非功利、轻得失的内质也能让我们专注于脚下，不计名利得失，继续前行。正所谓"所爱隔山海，山海皆可平"，若所爱为"学"，也定能为了学业翻山越岭。"乐学""乐业"有这么多好处，也难怪孔子曾说："知之者不如好之者，好之者不如乐之者。"正因兴趣的强大引领力，"乐学"才会成为学的最高境界。

其实，想做到"乐学""乐业"从不是一件易事。人的喜好难以强加，乐学也必须建立在求知的底层逻辑的基础之上。努力耕耘、潜心播种，只有熬得过那段"为伊消得人憔悴"的坚持，才能体味"蓦然回首"的喜悦。

愿我们都能在"玩"与"学"的统一中收获成长。

2. 每一颗都有自己的功用（2020·北京卷）

2020年6月23日，北斗三号的最后一颗卫星成功发射，标志着我国自主建设、独立运行的北斗卫星导航系统完成全球组网部署。整个系统由55颗卫星构成，每一颗都有自己的功用，它们共同织成一张"天网"，可服务全球。

材料中"每一颗都有自己的功用"，引发了你怎样的联想和思考？请联系现实生活，自选角度，自拟题目，写一篇议论文。

要求：论点明确，论据充实，论证合理；语言流畅，书写清晰。

每一颗星都有自己的功用

贾铮

> 材料作文需要对材料进行概括、提炼和分析。

55颗北斗导航卫星各自远行，在自己的轨道上共同支撑起服务全球的天网，这正如在社会的运行和进步中，每一个奋发向上的人都有自己的功用。

小时候我们大多有过许多梦想，航天员、坦克兵、领导人等，可随着年纪的增长，我们会遇到那人类永恒的话题，人生有涯，事业渺茫，价值如何实现？人类社会给出了我们答案：社会分工，发挥每一颗星的功用，以群体而非个体的力量达到价值的实现，再回馈给每个人物质和精神上的满足。

于是，古往今来，无数的人向我们证明，发挥好自己的功用，才有可能实现集体共同进步的事业。翻开史册，我们明白，汉帝国的建立，既离不开"兵仙"韩信的所向无敌，也离不开萧何慧眼识才，稳定后勤，更离不开张良神机妙算以及刘邦的广聚英才、樊哙的英勇救主。注目今朝，高悬九天的每一颗北斗卫星，都对应着每一个北斗分团队的名字，有实现星间链路关键技术的通信团队，有研发卫星心脏的原子钟团队。在分工之下，智者尽其谋，勇者竭其力，将浪花汇入洪流，方有举世之成就，每颗星，都必不可少。

> 类比论证，以政治领域汉朝的成功建立，类比航天领域卫星的成功研发。

然而"天生我材必有用"是有前提的，这不是天命的应许，更不是以自我为中心的借口。才，非天生，而所谓的功用，也需要在深耕中培养。若把人比作钢，则为了成为一颗星，为了能发挥自己的作用，必先经过那与功用足以匹配的锻造。曾国藩也曾每日苦读史书，记录所思所想，留下皇皇二十万字蝇头小楷；特级航天员陈冬也曾于教室与训练场间奔波七年，也许旧时同伴已驾驶上飞机，但他明白，要想成为最优秀的航天员，这还不够。"云路鹏程九万里，草窗萤火二十年"，在成为一颗星之前，必先有大量积累、磨炼，最终才能以惊人的意志重塑自己。

> 比喻套餐，匹配材料中的"北斗卫星导航系统"。

如此，每个人奋发向上，方能发挥自己的功用。人们有不同的，或大或小的功用：有的人会成为探测卫星，开拓人类认知的边界；有人会成为中高轨星，对社会发展的整体进行规划；也有许多平凡之人，正如你我，似近地卫星，为百姓的日常出行提供导航，坚守着你我平凡但重要的岗位……

愿世人能如鲁迅先生所言，有一分热，发一分光，做好自己的那颗星。

> 化用"愿中国青年都摆脱冷气，只是向上走，不必听自暴自弃者流的话。能做事的做事，能发声的发声，有一分热，发一分光，就令萤火一般，也可以在黑暗里发一点光，不必等候炬火。此后如竟没有炬火，我便是唯一的光。"（鲁迅《热风·随感录四十一》）呼应题目、第一段开头、第三段结尾处的"每颗星，都必不可少"和第五段中的比喻套餐。

3. 行以致远（2020·北京海淀高三期中）

《荀子》中说："道虽迩，不行不至。"是的，如果不迈开双腿向前走，即使是很近的路，也永远到达不了目的地。何况，个人成长、事业进步、国家发展、文明延续，都有一条漫长的路要走。"行"是到达远方所必需的。

这段文字引发了你怎样的联想和思考？请以"行以致远"为题，写一篇议论文。

要求：观点明确，论据充实，论证合理，书写清晰。

行以致远

贾铮

远方，即追求的终点，价值的实现。每个人的心中皆有远方，目之所及，或是"梦周公，复周礼"，或是"不破楼兰终不还"。可回看历史，有多少人最终随山刊木，奠高山大川，就有多少人裹足不前，终淹没于时代洪流。追求远方的结果因何不同？

心向远方，不行不至。行，是人们改变自己、改造世界的唯一途径。比如，徐霞客一直对《尚书》"岷山导江"的说法存疑，希望著述一部更加完备而又引人入胜的地理典籍，若他只从此奇思妙想，则永不可能解答心中的困惑，遑论立言。因而，只有他那50岁启程的万里遐征，可以助他到达自己的远方，终著《徐霞客游记》，千古留名。

然而，意图致远，一意孤"行"可以吗？实际上，行以致远的逻辑，是在清晰目标的指引下，有计划、有针对性

> 概念界定，让"行"的内涵更明确。

> 假设论证，增强了论证的充分性。

地投入时间和精力，其效果多在于投入后的收益产出，而非仅仅是盲目投入本身。然而，如今却有许多学子盲目报课刷题，事实上只是在重复性工作中原地踏步；亦有许多人跟风"健身热"，充值各类运动App会员，最终却止于"收藏即练过"。一意孤行或随波逐流，这是对"行"的误解，也是对"远方"的误解。

> 重新审视"行"的概念，挖掘出"针对性投入"的内涵，实现了文章层次的推进。

无序地赶路，盲目地投入时间和精力，非行也；仅因潮流跟风而产生的朦胧幻想，非远也。荀子不仅强调行的作用，也同样警示过人们："无冥冥之志者，无昭昭之明。"清醒地阔步而行，既要有明确的方向，也需要稳定持久的执行。如此，面对漫长路上时有的阻碍，亦能砥砺前行。回想起"长征五号"试验失败后，设计团队曾面临着前所未有的质疑，然而他们在承认失误后，立即阐述将如何改进，并公布当年还将进行的35次发射，一次也不会少。心有清晰蓝图，脚下动作不迟疑，行方能致远。

> 再次审视"行"的概念，挖掘出"明确方向与稳定执行"的内涵，实现了文意层次的推进。

于此之上，我还期许当代青年能将"远"少些局限于某项成就、某个节点，而多设于心中。如今，许多前沿领域边际效益初显，更是不乏需要潜心一生的行业。但胡适先生有言："怕什么真理无穷，进一寸有一寸的欢喜。"如今，远可不再局限于终极的追求——行走途中的远处风景、路途中人格的成长与完善，亦可为远。正如敦煌工作者常书鸿、樊锦诗，即便不能尽览洞藏经卷，到达不了某种意义上的"完成"，亦在每日的用心之行中，尽显其志、已至远方。

> 体现了"成长派"的价值观。

路远迢迢，行以致远！

4. 无名（2023·北京海淀高二下期末）

"两弹元勋"于敏、"卫星之父"孙家栋、"核潜艇之父"黄旭华，都曾隐姓埋名几十载，为祖国的科研事业做出了卓越贡献。有人这样评价他们："半生功名赫赫，归来仍是无名。"

乡野田间，有人辛勤耕耘；城市工地，有人挥汗如雨；自习室内，有人埋首奋战……有一首诗这样写道："无名的花，开满角落，散发着幽香；无名的人，头顶苍穹，努力地生活。"

你对"无名"有怎样的认识和思考？请自选角度，自拟题目，写一篇议论文。

要求：论点明确，论据充实，论证合理，语言流畅，书写清晰，不少于700字，把题目写在答题卡上。

无 名

贾铮

> 名，即社会声望，它体现着一个社会对贡献的认可。大部分人都会渴望自己的付出被看见、渴望成名。对这些人而言，名，是对努力付出的回报。可在生活中，我们时常得不到这种回报，大多数人只是默默用功而无名，那我们的付出便毫无价值了吗？

（界定概念，引出议题。）

事实上，无名是生活的常态，有名才稀缺。在人生的大多数时刻，我们每个人都是默默无闻的。就连如今的特级航天员陈冬也曾在教室、训练场度过了七年无名的时光。对于更多平凡岗位上的人来说，无名甚至可能是一生的常态。

可无名的平凡事业，也拥有非凡的意义。比如一位名叫老计的铁路检修工，他工作在大山深处，每天独自巡视铁路，防止落石、滑坡、倒树等危及行车安全。这无疑是一个再平凡不过的岗位，可是在一列列安全驶过的列车上，不知有多少家人的挚爱、企业的好员工甚至国家的栋梁。无数保障社会运行的"无名"之人默默奉献着，在社会这趟"列车"高速前进时，保护着人们的安全、幸福。

说实话，我们都知道无名是常态，也明白自己平凡岗位的非凡意义，可为什么内心仍渴望"有名"呢？这是因为，作为一种社会声望，"名"实际上是一种来自外部的认可。它给予我们被社会、群体接纳的归属感，符合我们作为群体动物的天性。正如心理学家威廉·詹姆斯所说："人性最深刻的渴望就是获得他人的赞赏，这是人类之所以有别于动物的地方。"

然而，却有那么一些甘于无名的人，不问西东地默默奉献着。比如"中国核潜艇之父"黄旭华，三十年间他从来没有回过老家。家人问他在做什么，他只能闭口不谈，气得父母拒收他的汇款。他不仅承受着社会上的"无名"，还有最亲近者的误解，甚至自己的亲生父亲直到去世都保留着这样的误解：没有了至关重要的外部认可，究竟是什么支持他们熬过几十载的无名人生？

其实，这时的他们，依靠的是自身的内驱力。每个人的心中，都可以有一种坚守的"道"。它可以是理想，也可以是社会责任。当我们选择去坚守这些"道"时，实际上追求的早已不再是外部认可的"名"，而是一种自我的认可——我相信自己为此而生，这正是我自己的坚守。正如巴赫的乐曲在其时代并未获得广泛的认可，可他毫不在意，潜心做着

> 素材来源：2012年北京高考作文题目中提供的材料中的内容："老计一个人工作在大山深处，负责巡视铁路，防止落石、滑坡、倒树危及行车安全，每天要独自行走二十多公里。"

> 进一步界定概念，深化议题。

> "有名"也好,"无名"也罢,无论何时,切莫忘记:相较外在的认可,内心深处的肯定和满足永远更值得珍视。以上表述体现了"无论派"的价值观。

看似与"流行""成名"脱节的音乐基础理论研究。他坚信自己所做的意义,终于以《平均律钢琴曲集》为后世十二大调、十二小调的创作模式奠定了理论基础。外在"无名"之时,切莫忘记寻找内心深处的肯定和满足。

愿我们都能在无名的生活常态中,向内求索,找到生命的自洽、前行的动力。

5. 平流与险流(2023·北京昌平高三二模)

> 唐代诗人杜荀鹤在《泾溪》中写道:"泾溪石险人兢慎,终岁不闻倾覆人。却是平流无石处,时时闻说有沉沦。"意思是,险流之处几乎无人倾覆,而平流无险之处却时常有人出事。
>
> 上述材料引发了你怎样的联想和思考?请以"小议'平流与险流'"为题目,写一篇议论文。
>
> 要求:论点明确,论据充实;语言流畅,书写清晰。

小议"平流与险流"

贾铮

平流与险流,本意指河水平缓处与河水湍急处。杜荀鹤在《泾溪》中记载,险流处几乎无人倾覆,而平流处却时常有人出事。这听起来像是违反常理的现象,但试想,把人生比喻为渡河,平流处是平常舒适的时候,险流处则是重要关头、紧张忧虑的时候，这种现象的原因就呼之欲出了，生于忧患，死于安乐嘛！对于人生而言，看似平静的日常，其实往往暗藏危机。

> 使用比喻，将论题从"河流"引向"人生"，成功破题。

《谏太宗十思疏》中魏徵劝谏唐太宗时，举历代皇帝因已成帝业后纵情享乐而亡国的例子，便如同平流与险流之理。功业未成之时，身处险流，于是兢兢业业，不敢怠慢；及天下已定，则自以为身处平流之中，便懒于治国，贪于享乐，最终王朝覆灭。

难道人们竟是在一瞬间陷入困境的吗？其实不然，人生的险流其实并不独立于平流，而常常是在平流中的懈怠积聚后质变的结果。譬如为学，一日的休息并不会有太大的影响，然而若日日懈怠，随着落下的知识越积越多，学生在考场上则会陷入巨大的窘境；又如治国，偶尔的欢庆无伤大雅，然而若夜夜笙歌，不理朝政，终会落得"未及见贼而士卒离散"的悲剧。《汉书》曾述："危者非一日而危也，皆以积渐然，不可不察也。"险流的困顿，常常在于平流处懈怠之积累。

> 基于上文的论题，推进文章层次，探究人们常常陷入困境的本质。

如此来看，平常舒适的平流容易使人掉以轻心，渐积成危，最终倾覆；危急关头的险流因为时刻紧张，反而能安全渡过。

正因如此，面对平流与险流的关联性，我们更要以一"慎"字贯穿始终。2000年，在华为公司发展势头强劲、形势大好，外界赞誉有加时，任正非发表了《华为的冬天》，提出华为的冬天要来了，要做好准备。十多年来他们一直在完善着"危机生存法则"，为大量配件找到了替代厂商。正因如此，我们才能看到一个面对贸易封锁重拳屹立不倒的华

> 基于上文对陷入困境的本质的探究，进一步推进文章层次，给出一个解决方案：慎。

为。"居安思危,思则有备,有备无患",平流时仍心怀谨慎,方能驶得万年船。

究竟怎样才能不论平流险流,始终保有"慎"的心态呢?有人说,我们应当心中有志,有志则不论穷达顺逆皆有坚守。这固然有一定的道理,然而,庄宗等国君的懈怠恰恰是因为目标与追求已经达成,而慎只与目标绑定。若将慎捆绑在一时一事上,则终会重蹈先起后落的覆辙。那么慎究竟来自哪里?

> 基于上文给出的解决方案,思考这个方案是否已论述完备。

我想,平流中的慎,应当来自对人生不确定性以及对自身有限理性的觉察。不慎,总是出现在我们自认为无往不利之时,而阶段性成就的取景框进一步加剧了这种心态。然而,我们应该始终拥有这样的生命洞察,即由于信息的不完全、认知能力的限制以及时间和资源的约束,我们无法做出完全理性的决策,也不能完全掌控其后果。生也有涯,宇宙浩渺,我们该以一种谦卑的姿态面对生命,常怀敬畏之心。只有如此,这一"慎"字才真正种在了我们心中。

> 至此,本文到达层次最深处,作者从生命思考的角度诠释"慎"这个解决方案,给人以启发。

愿我们都能心怀一"慎",以有限之自觉,开启无尽之航行。于险流如是,平流亦如是。

6. 在场（2024·北京西城高二下期末）

在场，本义是亲身在事情发生、进行的地方，如今在使用中被赋予了更丰富的内涵，如虚拟的在场，情感的在场等。个人成长、群体互动、社会发展……都与在场有关。

请以"在场"为题目，写一篇议论文。

要求：论点明确，论据充实，论证合理；语言流畅，书写清晰。

在 场

贾铮

随着科技的进步，虚拟技术逐渐融入我们生活的方方面面：疫情期间，借助VR即可与好友"面对面"打羽毛球；逢年过节，视频通话拜年已成为人们的普遍做法；许多企业的工作会议与医院的会诊也常在线上进行。我不禁疑惑：虚拟的"在场"，是否有一天会替代现实中的在场？

> 这是一个特别贴近社会热点的话题，体现了作者在立意上的智慧。

在场，即亲身参与事件的发生。从社会心理学的角度看，"在场"符合人作为灵长类动物社交的本能。研究表明，人对人脸有一种独特的亲切感，它让人知道自己处于同类之中，并产生一定的安全感。这也恰恰解释了为何虚拟的"在场"总有一种冷冰冰的感觉。面对着头像与虚拟角色，即使我们尽力说服自己"这就是那个人"，可总不会有当他/她亲自走向我们时来得亲切。

> 概念界定，让"在场"的内涵更明确。

有的人会反驳：即使没有这种人与人之间的亲切感，虚拟的"在场"也可以提供给我们一些别样的体验呀。这种观点本身不无道理：借助AR，我们可将欧冠决赛搬到自家楼下；也可以干脆进入VR的世界坐在离球星最近的地方。可我不禁思考：这些体验，真的胜过了现实的在场吗？想起网络博主何同学曾发布的一段视频，他将几百元、上千上万元甚至数十万元的音箱音质进行对比，但当他蒙上嘉宾的眼睛，当一支真正的交响乐团在他们面前演奏时，那种感觉是无与伦比的震撼。笔者自己也曾有类似的体验：有位朋友让我评论一张拍摄精美的照片。我们当时正站在照片的拍摄地，我对此加以赞誉，可最终说出了那句最真切的感受："好是好，可少了凉风习习拂面之感。"

> 事件型举例，举例时要选择与论点相匹配的事件。

我们真正亲历的生活中的在场，从不只是那一事件本身，而是那一刻我们的所见、所闻、所思、所感等一切感受的综合体，它们让我们知道自己真正"活着"，而只有这般丰富的体验才有可能成为一生的珍藏。正如王羲之面对曲水流觞、朋友群聚，才有了《兰亭集序》的灵感，酒醒之后，他便再无此情了。这种真实，是虚拟的在场永远难以代替的。回到那场球赛，我们珍惜的究竟是那一段比赛的视频画面？是第一排的座位？还是那种和家人、朋友，乃至全世界的球迷一起为进球狂欢时那种激情的感觉呢？

> 体现了作者对"八六一法则"中"一"的思考。

至此，我们终于解开了开头所述的困惑，虚拟的在场永远取代不了现实的在场。正因如此，我们才更应该珍惜当下呀！可回到当下之时，有多少人把电子游戏当作朋友间联结的全部？又有多少人，当父母用"在场"给予我们最温馨的童年回忆后，在他们的暮年，我们却缺席了呢？虚拟的在场的确可以作为维系友谊、传递爱的工具，可真正的体验感、真正的爱，一定要在现实中在场！

草萤有耀终非火，荷露虽团岂是珠。莫用虚拟，代替了现实的在场。

7. 精益求精（2024·北京四中高三作文训练）

> 精益求精，是一种学习态度，更是一种工作精神。
>
> 请以"精益求精"为题目，写一篇议论文，不少于700字。
>
> 要求：论点明确，论据充实，论证合理；语言流畅，书写清晰。

精益求精

贾铮

精益求精，即在追求优异的基础上更进一步继续突破，始终上进。我认为，在如今普遍浮躁的社会背景下，呼唤"精益求精"十分必要。

> 限定讨论的范围，强调呼唤"精益求精"的社会背景。

我们大多明白"精"的含义：出色地完成分内之事。考生们在书桌前的奋笔疾书，工人们在岗位上的严谨操作，都是人们"求精"的生动身影。然而，在社会分工的大背景下，必须要对个人的效率作出评判，于是标准被制定。精于学业，变为了处于年级前列，精于操作，化作了业绩清单。这固然有利于社会的评价与选拔，在一定程度上也可激发个人的动力，却在无形中为我们安装了名为"精"的天花板。比如，"不听不学与考点无关的知识点"也许能帮助考生们够到名为"精"的天花板，但与此同时，也会使他们与屋外广阔的知识天地无缘。在社会的其他领域，只重经济指标增长的考评标准、只以纸面专利为凭的职称评选，又何尝不是将人们限制在这第一层的"精"，忽略了那些民生实事成果转化中的广阔天地呢？

> 举例时使用生活中的现象，也是一个不错的策略。

正因如此，身处优绩社会的我们更要明白。精益求精，才是我们人生的奋进姿态。我们追求继续突破，始终上进，是因为这使我们在标准化的功绩社会中找出人生可能的重要答案。于学生而言，精益求精，既是对学问无止境的追求，也是对书本现有观点的勇敢质疑、广泛研究与积极探讨。于运动员而言，精益求精是亚洲飞人苏炳添震撼世界的那一句："我们还可以再快一点点。"是对每一处一点点的不懈追求。于科学家而言，则是如小麦专家李振声在作物增产抗病耐药等方面不断优化一般，为自己能服务百姓的成果型号再"加一"，百尺竿头，更进一步。

> 分类讨论，让论述更严谨、充分。

明白了精益求精的意义，我们便能看清当今社会中内卷等只专注于数量堆砌的行为的荒诞所在。试问"百尺竿头"如何更进？我想这绝不仅仅是通过数量的累积便可实现的。精益求精的实质是要走出原有的思路，用更广泛的信息和更深刻的理解为封闭系统注入新的能量。正如共和国勋章获得者、火箭专家王勇志的经历一样，当导弹射程难以提高时，盲目增加燃料只会进一步降低其推重比，唯有从底层设计入手改进才有提高的可能。由此可见，在精益求精之路上，必须勇于打破常规，寻找全新的增长点，方能迎接"柳暗花明"的质变。

> 用问句点明本段的议题。

面对追求"更精"途中的阻碍，我们如何才能找到新的增长点呢？也许药物专家王振义的故事能给予我们些许启发。八年研究，测药无数后，他并没走上市盈利的传统模式，而是转向了药物降价的探索方向。在他研究"新的增长点"的背后，不再只是个人可能性的发掘，更不仅仅限于效率的提高，而是一种对人类福祉的深切关怀——我们需要什么，我们还能做些什么？进而，以这些老百姓急难愁盼的需求为基，不断追求精益求精，我想，这不正是AI时代我们人类自身创造力与同情心的最好体现吗？

> 体现"他人派"价值观的人物型举例。

海阔凭鱼跃，天高任鸟飞。精益求精，应该成为一种人生追求。追求"更精"的道路，永无止境，但在过程中，每一个脚印都会通往更广阔的人生，每一声足音都代表着更广阔的征途！

8. 论交游（2024·北京四中高二作文训练）

交游是指人与人的交往与联络。"世事闻常网，交游见即欢"，是说交游能让人收获快乐；"其交游也，缘类而有义"，是说交游也需有所选择。

人们离不开交游，但也有人认为"独有之人，是谓至贵"，即独立自在才能回归生命真义。

以上材料引发了你怎样的思考和感悟？请以"论交游"为题目，写一篇议论文，不少于700字。

要求：论点明确，论据充实，论证合理；语言流畅，书写清晰。

论交游

贾铮

交游，即与朋友交往。人们常说，"世事闻常网，交游见即欢"，朋友在我们的生活中扮演着重要的角色。可为什么庄子却认为"独有之人，是谓至贵"？与朋友交往这样轻松的事情，也有需要警觉之处吗？

仔细想来，朋友在我们的生命中其实发挥着很重要的作用：一个自律的朋友会激励你和他一起拼搏；一个热爱运动的朋友会成为你球场上依傍的"大腿"；一个喜爱观星的朋友会带你夜登高原，躺在草坪上为你讲述宇宙、天文以及远古的神话……除了给予我们快乐，这些具有优异品质的"益友"也会在生活中潜移默化地塑造着我们的性格，拓展我们的知识。也难怪孔子号召人们结交这样的三类朋友："友直，友谅，友多闻。"

> 从自身生活出发，从思考自己身边的朋友开始，这也是一种很好的素材运用思路。

然而，在交游中，我们也常常会有这样的困惑：我的朋友们都开始打乒乓球了，我也要跟随他们的脚步吗？或者更进一步，我的朋友们好像都开始喜欢某位明星了，我也应该喜欢吗？在电影《头脑特工队2》中，主人公莱莉就面对着这样的情况。当她融入新朋友圈后，为了迎合朋友，她选择违背自己的心意说自己很讨厌一支乐队，赢得了大家对她品位的"赞赏"，她似乎离她们更近了。但这一句谎言真的使她们更近了吗？难道做朋友，就一定要喜好相同吗？

> 优质电影是素材积累的好方向。

事实上，友谊并不意味着"相同"，更不应充满伪装和曲意逢迎。鲁迅曾说："友谊是两颗心的真诚相待，而不是一颗心对另一颗心的敲打。"而我想进一步说，友谊是两颗心的相互欣赏、相互学习，而不是一颗心对另一颗心的单向输出。历史上，庄子与惠子辩论中的无所顾忌正是一种坦荡的友谊；电影《触不可及》中，粗暴鲁莽的德瑞斯与喜爱欣赏名画和古典乐的菲利普也能成为挚友。真诚相待、互相欣赏才能成就友谊，若是在交游中失去了自己的个性，丢掉了自己那颗应当被欣赏的心，又何谈友谊的"相互欣赏"呢？

> 又一部优质电影。

正因如此，在交游中保持"独立性"至关重要。这种

"独立"并非独来独往,而是在精神上保持一定的个性,并坚守自己的底线。"独有之人,是谓至贵",因为独立的人格和个性才可能拥有真正的魅力。菲利普在流行音乐中呼吸到了德瑞斯热爱的自由,德瑞斯乘着滑翔伞翱翔时也一定看到了菲利普向往的天空。正是因为朋友之间存在差异,才能在两颗心灵的碰撞与交流中,给彼此的人生开启新的篇章。

> 与上文形成呼应,完成了一次 call back!

愿我们都能在体验交游之乐时,保有自己独特的珍贵。

9. 水到渠成(2024·北京四中高三上期中考试)

贬官黄州期间,苏轼给好友秦观写信说:"度囊中尚可支一岁有余,至时别作经画,水到渠成,不须顾虑。"(《答秦太虚书》)意思是,我估计手中的存钱还可以维持一年多的生活,到了那时再做别的打算,反正水一流到,沟渠自然形成,用不着预先担心。

材料中"水到渠成,不须顾虑"引发了你怎样的联想和思考?请联系现实生活,自选角度,自拟题目,写一篇议论文。

要求:论点明确,论据充实,论证合理;语言流畅,书写清晰。

为"水到渠成"蓄势

贾铮

"水到渠成"原指水流一到,沟渠自然形成。如今常被用以描述积累能力、等待时机后,事情自能顺利解决。"水到渠成"是一种努力的姿态,也是一种面对逆境的心态。当代青年应把握水到渠成的完整内涵,以水到渠成的心态积极用世。

"水到渠成",水之谓何?在我们的生活中,"水"常常是辛勤付出、积蓄努力的喻体。无论是身为学生的踏实积累,还是掌握技艺、科学研究中的潜心钻研,反复实践和思考的过程能为我们带来经验和成果的积累,从而使我们在面对问题时更加游刃有余,这正是"水到渠成"的第一层逻辑。

> 虽然第一段已经针对"水到渠成"整体进行了概念界定,但第二段中再次针对"水"进行概念界定,仍然必要且重要,这是后文不断实现层次推进的基础。

然而,面对时代浪潮中个人难以抗争的逆境,依靠个人努力"成渠"的逻辑充分性则会大大降低,由此带来的失控感很可能让我们陷入焦虑、不安。比如,面对"乌台诗案"时期"十口无归更累人"的困境,苏轼也曾有"魂惊汤火命如鸡"的惧怕和顾虑。此时,我们应当怀有怎样的心态?

> 用问句点明下一段的议题。

此时,苏轼给出"水到渠成,不须顾虑"的答案则已具有另一重深意。苏轼并非毫不担忧,可他选择依靠乐观豁达的心境,将个人从不幸的命运中暂时抽离,转而把握此刻仍能把控之事:对自己的生活精打细算,同时为官一任便造福一方。这八个字的答案之中,既包含不较劲、不紧绷内耗的心境,也包含着有条不紊的行动。

可注目当下,许多"躺平"者却将"水到渠成"作为自己的挡箭牌,似乎为自己面对问题的不作为找到了借口,何其荒谬。只看见乐观豁达的表层现象,却忽略了对现有条件的理性评估以及评估后有条不紊的行动,这何尝不是对"水到渠成"的深深误解?

> 体现了对时代、他人的关切与反思。

"水到渠成"的本质,是在不确定的个人未来与时代逆潮中,抓住我们唯一能确定的那滴水——稳定的内核与持之以恒的坚持。我们难以预知"洪水"的到来，可是在不确定性永存的世界中，我们可以学会与不确定性做朋友，直面人生的不确定，既以"水到渠成，不须顾虑"的心态给予自己宽慰，也以坚守本心、默默耕耘的行动在机遇与挑战中穿梭着前进——我们唯一能够掌控的确定性，就是我们自己。

> 作者从"不确定性与确定性"的人生视角来讨论"水到渠成"的本质，是对"八六一法则"中"一"的思考与回答。

愿当代青年皆可以水到渠成的姿态直面生命的不确定性与逆境，以坚定的内核与持久的努力，为渠成之日蓄势。

10. 生命的宽度（2024·北京西城高二上期末）

银行职员海漄利用业余时间写科幻小说，在现实生活之外又找到了科幻的天地；名校博士毕啸天在研究"膜法水处理"的同时，创建名为"毕导"的公众号，传播日常生活的奇思妙想；保洁阿姨邢国芹五十二岁开始学钢琴，从而结识了更多的人，经历了更多的事儿……

上述材料中，人们以各自的方式拓展了生命的宽度，展示了人生的多样性与可能性。由此引发了你怎样的联想与思考？请以"生命的宽度"为题，写一篇议论文。

要求：观点明确，论据充实，论证合理；语言流畅，书写清晰。

生命的宽度

贾铮

细数古今世人，有人执着于自己的事业，一生只干一件事，用自己的深钻突破了人类认知或是生理的极限。与此同时，我们也能惊喜地发现，更多的人在以自己的方式在事业之外积极尝试：精于小提琴的爱因斯坦、通晓绘画与音律的王维……他们用各自的方式拓展了生命的宽度，展示着人生的多样与可能。

生命的宽度，即人在主要事业之外开拓出的生命体验与价值。现如今，人才市场竞争日益激烈，致使在很多人心中，人生必须像一根紧绷的链条，环环相扣而笔直通达，容不得一点弯折。于是我们看到，多少家长怀着"人生不能走弯路"的执念，意图让孩子一门心思扎入学海；当孩子们进入青年阶段，又有多少人在自己的执念中继续铸造这笔直链条的下一环。私以为，深钻于主要事业固然必要，但拓展生命的宽度同样重要。

生命宽度的拓展可以为人生提供更多可能性。纵观人的教育历程，从初中九门兼修，到高中选修六科目，再到大学确定专业、研究生细分专攻方向：人们的主要事业越发聚焦，对自己的价值判断也越发清晰。但与此同时，视线的过度聚焦也会让人错失其他领域的多彩，人们常感慨的"高中是我最渊博的阶段，上知天文，下知地理"表达的大约就是对"多彩"的向往。而积极拓展生命宽度恰恰可以满足这种期待：保洁阿姨通过钢琴结识更多的人，在生命宽度的拓展中得以洞见更广阔的天地；银行职员利用业余时间创作科幻小说，又何尝不是对自己内心的向往与幻想的勇敢探索？由此可见，积极拓展生命的宽度可以让人们洞见更广阔的外部世界，也给予了人们探索内心的机会，由此引出人生的多样与可能。

事实上，在展示多样性的同时，生命宽度的拓展也能为

> 生命，是我们熟知的概念；宽度，也是我们熟知的概念。可是，当这两个概念组合在一起时，又似乎很难理解，因此，这里的概念界定至关重要、不可或缺。

> 作者特意未在开头段直接以题目所给材料作为引入，而是将其巧妙融入到下文的议论段内，不仅实现了与题目材料的呼应，而且展现了自己丰富的素材储备和对材料内容的深度思考。

深度的发掘汲取更加充足的养分。回溯历史，王维不仅精于五言绝句，又同样是杰出的画家、音乐家。他将自己对绘画的理解融入字里行间，造就了"诗中有画"的独特境界，自成一派；注目今朝，著名诗人、散文家余光中先生一生从事诗歌、散文、评论、翻译，文学之外也爱音乐和艺术，用音感与节奏感为作品注入灵性的助力。对他们而言，生命宽度的拓展是能力边界的自然延伸，正如向周围土地伸展的根茎般，为生命之树汲取更多养分。

> 古今对比，增强论证力度。

当生命的宽度越发得到拓展，从某种意义上，它本身甚至可以成为另一个维度的"深度"。不禁记起六次科举屡试不中的宋应星，在那个"万般皆下品，唯有读书高"的时代里，他留意记录多年来走访大江南北了解到的生产方式和工农技术，作《天工开物》流传后世。科举不顺，他便重新定义生命的"正方向"，在自己的维度继续钻研，晚年回乡传播技术，造福桑梓。苏轼作为一代杰出的政治家，更令人称道的也许仍是他的文学成就。在历史的审判中，"主业"与"副业"之间也许并不存在我们想象中的楚河汉界，生命宽度的拓展同样能为深度的发掘提供助力，甚至终成一生事业、终成被历史记住的理由。

> 层次推进：生命宽度与深度的转化关系。

> 体现了作者对"八六一法则"中"一"的思考。

正因如此，深钻于主要事业固然必要，但拓展生命的宽度同样重要。高速发展的时代不断为我们提供着拓展生命宽度的机遇，给予我们看看别样风景的勇气，那便勇敢尝试吧！它会成为助力主业的、主业之外的另一种可能。

附：《实践篇》作文检索表

周昊哲	短视思维	253
	功成不必在我	255
	潜功十年，难凉热血	257
	为心动和行动架桥	259
	顺水？逆水！	262
	规矩与天性	264
	学习今说	266
	说布局	268
	共　享	270
	新词语与新时代	273
刘峻豪	热爱劳动，从我做起	277
	投　入	279
	论顺水与逆水	281
	规矩与天性	283
	学习今说	285
	说人才	288
	共　享	290
	天地与人　你他与我	293
	今日问于人　明日胜于人	295
	传统文化助力"中国式"发展	297
贾铮	说玩儿	300
	每一颗星都有自己的功用	302
	行以致远	304
	无　名	306
	小议"平流与险流"	308
	在　场	311
	精益求精	313
	论交游	315
	为"水到渠成"蓄势	317
	生命的宽度	319

后　记

于我而言，参与这本书的编写，既是对写作体系的一次梳理和优化，也是一个无比难得的机会。书稿完成之际，刘峻豪同学审定了他曾经在高三写下的所有文字，读完之后，他叹息着说，"有一种大梦一场的感觉"。是的，大梦一场，即便对于像他这样的"学神"而言，高三一年的经历也绝难用"轻松"二字形容。没有任何一个人，不曾为了那一年而全力以赴，自然，我也一样概莫能外。然而，因为这长达一年的梳理和回顾，那场和理想有关的梦，那段和拼搏有关的岁月，那些和四中有关的记忆，就这样在梦醒后，长久地留存在书页中。

历时一年，书稿终于写完了。借此机会，我首先想致谢帮助过我的三位高中语文老师。

高一时，张臻老师让我第一次对非功利性质的阅读产生了兴趣。他有一个特别的做派——每次考试后，会带着一摞书走进教室，奖励那些平时表现优异或考试中取得进步的同学。他那时候送给我的《群山之巅》和《唐宋词十七讲》，至今还放在我的手边。一本书或许不能改变一个人，但持续阅读的习惯可以。感谢张老师能在我刚刚迈入高中校园时，给了我这样一份受益终身的礼物。

高二时，万君老师针对我当时写作出现的问题，用"段落填空"的方式，手把手教我如何精准运用素材。每次练习，她都耐心地拆解例子，带着我一步步补全论证过程，让我逐渐明白议论文写作的真正逻辑。这种细致入微的指导，一方面让我在一个学期内连续上了两次年级范文；另一方面，也从此激发了我对写作的热情，大大提升了我写作时的信心。在过去的一年中，多亏了这本书，让我高中毕业后与万老师因此有了更多深入交流的机会。我所受到的教导也就不仅局限于语文学科，而是随之拓展到了长大成人后愈加广泛、深远的领域。

高三时，杜蘋老师的出现，为低谷中的我带来了希望，指明了方向。在六科全面备考的压力下，我的作文成绩总是起伏不定。杜老师耐心地陪伴我完成了备考时期的写作练习。无论我写下的内容如何，她始终认真批阅，然后一遍遍和我探讨，帮助我形成更清晰的逻辑和更精准的表达。与此同时，本书实践篇中的所有作文，都离不开杜老师的悉心指导与建议。在此，我代表同学们，一并向杜老师表示衷心的感激。

另外，2023届四中毕业生吕俊辰、刘鼎琨、王瑞扬和2024届毕业生文韬等同学对本书亦有贡献。在此，也必须郑重地提到他们的姓名。

毕业后，我开始义务"陪跑"四中的学弟学妹，为他们提供议论文写作方面的学长助学。"学长，我的作文被选为年级范文了！""学长，我的语文再也不是薄弱科目了！"一次又一次地，在他们身上，我看到了那个一点一点因为不懈努力而由菜变强的自己。其中，特别令我骄傲的有两位：一位是为本书提供了10篇考场范文的贾铮；一位是大考时两个月内语文总分提升8分，单科考进年级前三的王舒。

刚认识贾铮时，我发现，虽然他已经积累了相当多的素材，但总是不能在有限的时间内筛选出合适的内容，运用到每一个议论段内。换句话说，内容足够饱满，但逻辑却总有点混乱。于是，我帮助他"减枝减叶，突出重点"，让文章的结构更为清晰。很快，贾铮就找到了自己的写作风格，并从高三上学期开始，作文稳定达到考场一类文水平，并多次入选年级范文。

王舒面对的问题与贾铮完全不同，在全科备考的压力下，她之前没能抽出一定的时间积累素材，所以经常会出现"看到题目，没有思路"的情况。因此，我为她制定了一套日常积累素材的方法，既不会花费大量时间以至于耽误其他科目的复习，又能够迅速深度思考、提升认知。坚持了两个月之后，她考出了一个前所未有的好成绩。

就这样，我在陪跑的过程中，感受到了极大的成就感和满足感，也坚定了继续这么做下去的信心：我的方法既然是对的，就一定能帮到更多的同学。

在清华，刘峻豪平生第一次近距离听到了蔡磊先生的讲座，震撼之余，他想到的是，曾经在高中的语文课堂上，万老师就动情讲述过蔡磊先生奋力抗击渐冻症的事迹。

在北大，吕俊辰在大学语文课堂学到《郑风·狡童》时，突然感觉自己"年轻了两岁"——那个瞬间，他觉得自己仿佛魂穿到玉兰花下的六边形教室。因为，早在那里，他就已经在同一首诗中，领略过那一份虽然古老，却至今仍然生动、鲜活的率真与爱意。

在北邮，我写下这篇后记，心中深感幸运：那些当年一起听万老师讲过的语文课，就这样组成了我和他们对于高中岁月的共同回忆。

最后，我还要郑重感谢的是为本书付出心血的鹿柴文化公司的老师们以及人民日报出版社的老师们。没有你们的信任，我不可能在大学阶段就能如此深度参与一本书的创作。同时，没有你们的辛苦付出，这本书也绝不可能像现在这样，如此顺利地与读者朋友见面。

最后的最后，衷心希望这本书能给正在阅读的你，带来语文学习和议论文写作上的帮助。

周昊哲

于北京邮电大学沙河校区

2024.11.17

真题篇

2014—2024年
经典作文真题汇编

2024

 1.（2024·北京卷）

几千年来，古老的经典常读常新，杰出的思想常用常新，中华民族的伟大精神亘古常新……很多事物，在时间的淬炼中，愈显活力和价值。

请以"历久弥新"为题目，写一篇议论文。

要求：论点明确，论据充分，论证合理；语言流畅，书写清晰。

 2.（2024·全国甲卷）

每个人都要学习与他人相处。有时，我们为避免冲突而不愿表达自己的想法。其实，坦诚交流才有可能迎来真正的相遇。

这引发了你怎样的联想和思考？请写一篇文章。

要求：选准角度，确定立意，明确文体，自拟标题；不要套作，不得抄袭；不得泄露个人信息；不少于800字。

 3.（2024·新课标Ⅰ卷）

随着互联网的普及、人工智能的应用，越来越多的问题能很快得

1

到答案。那么,我们的问题是否会越来越少?

以上材料引发了你怎样的联想和思考?请写一篇文章。

要求:选准角度,确定立意,明确文体,自拟标题;不要套作,不得抄袭;不得泄露个人信息;不少于800字。

 4.(2024·新课标Ⅱ卷)

本试卷现代文阅读Ⅰ提到,长久以来,人们只能看到月球固定朝向地球的一面,"嫦娥四号"探月任务揭开了月背的神秘面纱;随着"天问一号"飞离地球,航天人的目光又投向遥远的深空……

正如人类的太空之旅,我们每个人也都在不断抵达未知之境。

这引发了你怎样的联想与思考?请写一篇文章。

要求:选准角度,确定立意,明确文体,自拟标题;不要套作,不得抄袭;不得泄露个人信息;不少于800字。

 5.(2024·上海卷)

生活中,人们常用认可度判别事物,区分高下。

请写一篇文章,谈谈你对"认可度"的认识和思考。

要求:(1)自拟题目;(2)不少于800字。

6.（2024·天津卷）

在缤纷的世界中，无论是个人、群体还是国家，都会面对别人对我们的定义。我们要认真对待"被定义"，明辨是非，去芜存真，为自己的提升助力；也要勇于通过"自定义"来塑造自我，彰显风华，用自己的方式前进。

以上材料能引发你怎样的联想与思考？请结合你的体验和感悟，写一篇文章。

要求：①自选角度，自拟标题；②文体不限（诗歌除外），文体特征明显；③不少于800字；④不得抄袭，不得套作。

2023

 1.（2023·北京卷）

"续航"一词，原指连续航行，今天在使用中被赋予了新的含义，如为青春续航、科技为经济发展续航等。

请以"续航"为题目，写一篇议论文。

要求：论点明确，论据充实，论证合理；语言流畅，书写清晰。

3

2.（2023·全国甲卷）

人们因技术发展得以更好地掌控时间，但也有人因此成了时间的仆人。

这句话引发了你怎样的联想与思考？请写一篇文章。

要求：选准角度，确定立意，明确文体，自拟标题；不要套作，不得抄袭；不得泄露个人信息；不少于800字。

3.（2023·全国乙卷）

吹灭别人的灯，并不会让自己更加光明；阻挡别人的路，也不会让自己行得更远。

"一花独放不是春，百花齐放春满园。"如果世界上只有一种花朵，就算这种花朵再美，那也是单调的。

以上两则材料出自习近平总书记的讲话，以生动形象的语言说出了普遍的道理。请据此写一篇文章，体现你的认识与思考。

要求：选准角度，确定立意，明确文体，自拟标题；不要套作，不得抄袭；不得泄露个人信息；不少于800字。

4.（2023·新课标Ⅰ卷）

好的故事，可以帮我们更好地表达和沟通，可以触动心灵、启迪智慧；好的故事，可以改变一个人的命运，可以展现一个民族的形象……故事是有力量的。

以上材料引发了你怎样的联想和思考？请写一篇文章。

要求：选准角度，确定立意，明确文体，自拟标题；不要套作，不得抄袭；不得泄露个人信息；不少于800字。

 5.（2023·新课标Ⅱ卷）

本试卷语言文字运用Ⅱ提到的"安静一下不被打扰"的想法，在当代青少年中也不鲜见。青少年在学习、生活中，有时希望有一个自己的空间，放松，沉淀，成长。

请结合以上材料写一篇文章。

要求：选准角度，确定立意，明确文体，自拟标题；不要套作，不得抄袭；不得泄露个人信息；不少于800字。

 6.（2023·上海卷）

一个人乐意去探索陌生世界，仅仅是因为好奇心吗？

请写一篇文章，谈谈你对这个问题的认识和思考。

要求：（1）自拟题目；（2）不少于800字。

7.（2023·天津卷）

阅读下面的材料，根据要求写作。

与有肝胆人共事
从无字句处读书

一代人有一代人的使命与挑战，一代人有一代人的责任和担当。一个世纪前，在津求学的青年周恩来撰写了这副对联，在交友处事与读书求知方面警勉自己。品读此联，你有怎样的联想和思考？请任选角度，结合自己的体验与感悟，写一篇文章。

要求：①自拟标题；②文体不限（诗歌除外），文体特征明显；③不少于800字；④不得抄袭，不得套作。

2022

 1.（2022·北京卷）

古人说，"学不可以已"，重视学习是中华民族的优良传统。在当代中国，人们对学习的理解与古人有相同之处，也有不一样的地方。

请以"学习今说"为题目,写一篇议论文。可以从学习的目的、价值、内容、方法、途径、评价标准等方面,任选角度谈你的思考。

要求:论点明确,论据充实,论证合理;语言流畅,书写清晰。

 2.(2022·全国甲卷)

《红楼梦》写到"大观园试才题对额"时有一个情节,为元妃(贾元春)省亲修建的大观园竣工后,众人给园中桥上亭子的匾额题名。有人主张从欧阳修《醉翁亭记》"有亭翼然"一句中,取"翼然"二字;贾政认为"此亭压水而成",题名"还须偏于水",主张从"泻出于两峰之间"中拈出一个"泻"字,有人即附和题为"泻玉";贾宝玉则觉得用"沁芳"更为新雅,贾政点头默许。"沁芳"二字,点出了花木映水的佳境,不落俗套;也契合元妃省亲之事,蕴藉含蓄,思虑周全。

以上材料中,众人给匾额题名,或直接移用,或借鉴化用,或根据情境独创,产生了不同的艺术效果。这个现象也能在更广泛的领域给人以启示,引发深入思考。请你结合自己的学习和生活经验,写一篇文章。

要求:选准角度,确定立意,明确文体,自拟标题;不要套作,不得抄袭;不得泄露个人信息;不少于800字。

3.（2022·上海卷）

小时候人们喜欢发问，长大后往往看重结论。对此，有人感到担忧，有人觉得正常，你有怎样的思考？

请写一篇文章，谈谈你的认识。

要求：（1）自拟题目；（2）不少于800字。

 4.（2022·天津卷）

烟火气是家人团坐，灯火可亲；烟火气是国泰民丰，岁月安好；烟火气是温情，是祥和，需要珍惜和守护，也需要奉献和担当。寻常烟火，就是最美的风景。

你对这段话有怎样的思考和感悟？请结合自身体验，写一篇文章。

要求：①自选角度，自拟标题；②文体不限（诗歌除外），文体特征明显；③不少于800字；④不得抄袭，不得套作。

1. （2021·北京卷）

每个人都生活在特定的时代，每个人在特定时代中的人生道路各不相同。在同一个时代，有人慨叹生不逢时，有人只愿安分随时，有人深感生逢其时、时不我待……

请以"论生逢其时"为题目，写一篇议论文。

要求：论点明确，论据充实，论证合理；语言流畅，书写清晰。

 2. （2021·全国甲卷）

中国共产党走过百年历程。在党团结带领人民进行的伟大斗争中孕育的革命文化和社会主义先进文化，已经深深融入我们的血脉和灵魂。我们过的节日如"五四""七一""八一""十一"，我们唱的歌曲如《义勇军进行曲》《没有共产党就没有新中国》，我们读的作品如《为人民服务》《沁园春·雪》《荷花淀》《红岩》，我们景仰的革命烈士如李大钊、夏明翰、方志敏、杨靖宇，我们学习的榜样如雷锋、焦裕禄、钱学森、黄大年等，都给予我们精神的滋养和激励。我们心中有阳光，我们脚下有力量。我们的未来将融会于中华民族伟大复兴的新征程，我们处在一个大有可为的时代……

请结合材料，以"可为与有为"为主题，写一篇文章。

要求:选准角度,确定立意,明确文体,自拟标题;不要套作,不得抄袭;不得泄露个人信息;不少于800字。

3. (2021·全国乙卷)

阅读下面的材料,根据要求写作。

古人常以比喻说明对理想的追求,涉及基础、方法、路径、目标及其关系等。如汉代扬雄就曾以射箭为喻,他说:"修身以为弓,矫思以为矢,立义以为的,奠而后发,发必中矣。"大意是,只要不断加强修养,端正思想,并将"义"作为确定的目标,再付诸行动,就能实现理想。

上述材料能给追求理想的当代青年以启示,请结合你对自身发展的思考写一篇文章。

要求:选准角度,确定立意,明确文体,自拟标题;不要套作,不得抄袭;不得泄露个人信息;不少于800字。

4. (2021·新高考Ⅰ卷)

1917年4月,毛泽东在《新青年》发表《体育之研究》一文,其中论及"体育之效"时指出:人的身体会天天变化。目不明可以明,耳不聪可以聪。生而强者如果滥用其强,即使是至强者,最终也许会转为至弱;而弱者如果勤自锻炼,增益其所不能,久之也会变而为强。因此,"生而强者不必自喜也,生而弱者不必自悲也。吾生而弱乎，或者天之诱我以至于强，未可知也"。

以上论述具有启示意义。请结合材料写一篇文章，体现你的感悟与思考。

要求：选准角度，确定立意，明确文体，自拟标题；不要套作，不得抄袭；不得泄露个人信息；不少于800字。

 5.（2021·天津卷）

如果说时间是一条单行道，那么纪念日就是道路两侧最醒目的路标，它告诉我们怎样从昨天走到了今天。时间永不停步，纪念日不会消失。记住它，可以让日历上简单的数字成为岁月厚重的注脚，而它也不断提醒着我们带着初心奔向前方。

你对这段话有怎样的理解和感悟？请结合自身体验，写一篇文章。

要求：①自选角度，自拟标题；②文体不限（诗歌除外），文体特征明显；③不少于800字；④不得抄袭，不得套作。

 6.（2021·上海卷）

有人说，经过时间的沉淀，事物的价值才能被人们认识；也有人认为不尽如此。你怎么看？请写一篇文章，谈谈你的思考。

要求：（1）自拟题目；（2）不少于800字。

7.（2021·浙江卷）

有人把得与失看成终点，有人把得与失看成起点，有人把得与失看成过程。

对此，你有怎样的体验与思考？写一篇文章，谈谈自己的看法。

要求：①角度自选，立意自定，题目自拟；②明确文体，不得写成诗歌；③不得少于800字；④不得抄袭、套作。

2020

 1.（2020·北京卷）

2020年6月23日，北斗三号的最后一颗卫星成功发射，标志着我国自主建设、独立运行的北斗卫星导航系统完成全球组网部署。整个系统由55颗卫星构成，每一颗都有自己的功用，它们共同织成一张"天网"，可服务全球。

材料中"每一颗都有自己的功用"，引发了你怎样的联想和思考？请联系现实生活，自选角度，自拟题目，写一篇议论文。

要求：论点明确，论据充实，论证合理；语言流畅，书写清晰。

2. (2020·全国Ⅰ卷)

春秋时期,齐国的公子纠与公子小白争夺君位,管仲和鲍叔分别辅佐他们。管仲带兵阻击小白,用箭射中他的衣带钩,小白装死逃脱。后来小白即位为君,史称齐桓公。鲍叔对桓公说,要想成就霸王之业,非管仲不可。于是桓公重用管仲,鲍叔甘居其下,终成一代霸业。后人称颂齐桓公九合诸侯、一匡天下,为"春秋五霸"之首。孔子说:"桓公九合诸侯,不以兵车,管仲之力也。"司马迁说:"天下不多(称赞)管仲之贤而多鲍叔能知人也。"

班级计划举行读书会,围绕上述材料展开讨论。齐桓公、管仲和鲍叔三人,你对哪个感触最深?请结合你的感受和思考写一篇发言稿。

要求:结合材料,选好角度,确定立意,明确文体,自拟标题;不要套作,不得抄袭;不得泄露个人信息;不少于800字。

 3. (2020·全国Ⅱ卷)

阅读下面的材料,根据要求写作。

墨子说:"视人之国,若视其国;视人之家,若视其家;视人之身,若视其身。"英国诗人约翰多恩说:"没有人是自成一体、与世隔绝的孤岛,每一个人都是广袤大陆的一部分。"

"青山一道同云雨,明月何曾是两乡。""同气连枝,共盼春来。"……2020年的春天,这些寄言印在国际社会援助中国的物资上,表达了世界人民对中国的支持。

"山和山不相遇，人和人要相逢。""消失吧，黑夜！黎明时我们将获胜！"……这些话语印在中国援助其他国家的物资上，寄托着中国人民对世界的祝福。

"世界青年与社会发展论坛"邀请你作为中国青年代表参会，发表以"携手同一世界，青年共创未来"为主题的中文演讲。请完成一篇演讲稿。

要求：结合材料内容及含意完成写作任务；选好角度，确定立意，明确文体，自拟标题；不要套作，不得抄袭；不得泄露个人信息；不少于800字。

4.（2020·全国Ⅲ卷）

阅读下面的材料，根据要求写作。

人们用眼睛看他人、看世界，却无法直接看到完整的自己。所以，在人生的旅程中，我们需要寻找各种"镜子"、不断绘制"自画像"来审视自我，尝试回答"我是怎样的人""我想过怎样的生活""我能做些什么""如何生活得更有意义"等重要的问题。

毕业前，学校请你给即将入学的高一新生写一封信，主题是"如何为自己画好像"，与他们分享自己的感悟与思考。

要求：结合材料，选好角度，确定立意，自拟标题；不要套作，不得抄袭；不得泄露个人信息；不少于800字。

5.（2020·上海卷）

世上许多重要的转折是在意想不到时发生的，这是否意味着人对事物发展进程无能为力？

请写一篇文章，谈谈你对这个问题的认识和思考。

要求：（1）自拟题目；（2）不少于800字。

 6.（2020·浙江卷）

每个人都有自己的人生坐标，也有对未来的美好期望。家庭可能对我们有不同的预期，社会也可能会赋予我们别样的角色。在不断变化的现实生活中，个人与家庭、社会之间的落差或错位难免会产生。

对此，你有怎样的体验与思考？写一篇文章，谈谈自己的看法。

要求：①角度自选，立意自定，题目自拟；②明确文体，不得写成诗歌；③不得少于800字；④不得抄袭、套作。

2019

 1.（2019·北京卷）

"韧性"是指物体柔软坚实、不易折断的性质。中华文明历经风雨，绵延至今，体现出"韧"的精神。回顾漫长的中国历史，每逢关键时刻，这种文明的韧性体现得尤其明显。中华民族的伟大复兴，更需要激发出这种文明的韧性。

请以"文明的韧性"为题，写一篇议论文。可以从中国的历史变迁、思想文化、语言文字、文学艺术、社会生活及中国人的品格等角度，谈谈你的思考。

要求：观点明确，论据充分，论证合理。

 2.（2019·全国I卷）

阅读下面的材料，根据要求写作。

"民生在勤，勤则不匮"，劳动是财富的源泉，也是幸福的源泉。"夙兴夜寐，洒扫庭内"，热爱劳动是中华民族的优秀传统，绵延至今。可是现实生活中，也有一些同学不理解劳动，不愿意劳动。有的说："我们学习这么忙，劳动太占时间了！"有的说："科技进步这么快，劳动的事，以后可以交给人工智能啊！"也有的说："劳动这么苦，这么累，干吗非得自己干？花点钱让别人去做好了！"此外,我们身边也还有着一些不尊重劳动的现象。

这引起了人们的深思。

请结合材料内容,面向本校(统称"复兴中学")同学写一篇演讲稿,倡议大家"热爱劳动,从我做起",体现你的认识与思考,并提出希望与建议。

要求:自拟标题,自选角度,确定立意;不要套作,不得抄袭;不得泄露个人信息;不少于800字。

 3.(2019·上海卷)

倾听了不同国家的音乐,接触了不同风格的异域音调,我由此对音乐的"中国味"有了更深刻的感受,从而更有意识地去寻找"中国味"。

这段话可以启发人们如何去认识事物。请写一篇文章,谈谈你对上述材料的思考和感悟。要求:(1)自拟题目;(2)不少于800字。

 4.(2019·浙江卷)

阅读下面的文字,根据要求作文。

有一种观点认为:作家写作时心里要装着读者,多倾听读者的呼声。

另一种看法是:作家写作时应该坚持自己的想法,不为读者所左右。

假如你是创造生活的"作家",你的生活就成了一部"作品",那么你将如何对待你的"读者"?

根据材料写一篇文章,谈谈你的看法。

要求:①立意自定,角度自选,题目自拟;②明确文体,不得写成诗歌;③不得少于800字;④不得抄袭、套作。

 5.(2019·江苏卷)

根据以下材料,选取角度,自拟题目,写一篇不少于800字的文章;除诗歌外,文体自选。

物各有性,水至淡,盐得味。水加水还是水,盐加盐还是盐。酸甜苦辣咸,五味调和,共存相生,百味纷呈。物如此,事犹是,人亦然。

2018

 1. (2018·北京卷)

今天,众多2000年出生的同学走进高考考场。18年过去了,祖国在不断发展,大家也成长为青年。

请以"新时代新青年——谈在祖国发展中成长"为题,写一篇议论文。

要求:观点明确,论据恰当充实,论证合理。

 2. (2018·全国Ⅱ卷)

阅读下面的材料,根据要求写作。

"二战"期间,为了加强对战机的防护,英美军方调查了作战后幸存飞机上弹痕的分布,决定哪里弹痕多就加强哪里。然而统计学家沃德力排众议,指出更应该注意弹痕少的部位,因为这些部位受到重创的战机,很难有机会返航,而这部分数据被忽略了。事实证明,沃德是正确的。

要求:综合材料内容及含意,选好角度,确定立意,明确文体,自拟题目。不要套作,不得抄袭,不少于800字。

3.（2018·全国Ⅲ卷）

阅读下面的材料，根据要求写作。

时间就是金钱，效率就是生命——特区口号，深圳，1981

绿水青山也是金山银山——时评标题，浙江，2005

走好我们这一代人的长征路——新区标语，雄安，2017

要求：围绕材料内容及含意，选好角度，确定立意，明确文体，自拟标题；不要套作，不得抄袭；不少于800字。

4.（2018·上海卷）

生活中，人们不仅关注自身的需要，也时常渴望被他人需要，以体现自己的价值，这"被需要"的心态普遍存在。

对此你有怎样的认识？请写一篇文章，谈谈你的思考。

要求：（1）自拟题目；（2）不少于800字。

5.（2018·天津卷）

阅读下面材料，根据自己的体验和感悟，写一篇文章。

生活中有不同的"器"。器能盛纳万物，美的形制与好的内容相得益彰；器能助人成事，有利器方成匠心之作；有一种"器"叫器量，兼容并包，彰显才识气度；有一种"器"叫国之重器，肩负荣光，成就梦想……

要求：①自选角度，自拟标题；②文体不限（诗歌除外），文体特征鲜明；③不少于800字；④不得抄袭，不得套作。

2017

1.（2017·北京卷）

纽带是能够起联系作用的人或事物。人心需要纽带凝聚。当今时代，经济全球化的发展、文化的交流、历史的传承、社会的安宁、校园的和谐等都需要纽带。

请以"说纽带"为题，写一篇议论文。

要求：观点明确，论据充分，论证合理。

2.（2017·全国Ⅲ卷）

阅读下列材料，根据要求写作。

今年是我国恢复高考40年。40年来，高考为国选材，推动了教育改革与社会进步，取得了举世瞩目的成就。40年来，高考激扬梦想，凝聚着几代青年的集体记忆与个人情感，饱含着无数家庭的泪珠、汗水与笑语欢声。想当年，1977年的高考标志着一个时代的拐角；看今天，你正在与全国千万考生一起，奋战在2017年的高考考场上……

请以"我看高考"或"我的高考"为副标题，写一篇文章。

要求：选好角度，确定立意；明确文体，自拟标题；不要套作，不得抄袭；不少于800字。

 3.（2017·上海卷）

预测，是指预先推测。生活充满变数，有的人乐于接受对生活的预测，有的人则不以为然。

请写一篇文章，谈谈你的思考。

要求：（1）自拟题目；（2）不少于800字。

 4.（2017·天津卷）

阅读下面文字，根据要求作文。

有位作家说，人要读三本大书：一本是"有字之书"，一本是"无字之书"，一本是"心灵之书"。

对此你有什么思考？写一篇文章，对作家的看法加以评说。

要求：①题目自拟；②不得少于800字；③不得抄袭、套作。

2016

 1. (2016·山东卷)

阅读下面的材料,根据自己的感悟和联想,写一篇不少于800字的文章。

行囊已经备好,开始一段新的旅程。路途漫漫,翻检行囊会发现,有的东西很快用到了,有的暂时用不上,有的想用而未曾准备,有的会一直伴随我们走向远方……

要求:①选准角度,自定立意;②自拟题目;③除诗歌外,文体不限;④文体特征鲜明。

 2. (2016·上海卷)

随着现代社会的发展,人们的生活更容易进入大众视野,评价他人生活变得越来越常见,这些评价对个人和社会的影响也越来越大。人们对"评价他人的生活"这种现象的看法不尽相同,请写一篇文章,谈谈你对这种现象的思考。

要求:①自拟题目;②不少于800字。

3. （2016·浙江卷）

阅读下面的文字，按要求作文。

网上购物，视频聊天，线上娱乐，已成为当下很多人生活不可或缺的一部分。

业内人士指出，不远的将来，我们只需在家里安装VR（虚拟现实）设备，便可以足不出户地穿梭于各个虚拟场景；时而在商店的衣帽间里试穿新衣，时而在诊室里与医生面对面交流，时而在足球场上观看比赛，时而化身为新闻事件的"现场目击者"……

当虚拟世界中的"虚拟"越来越成为现实世界中的"现实"时，是选择拥抱这个新世界，还是可以远离，或者与它保持适当距离？

对材料提出的问题，你有怎样的思考？写一篇论述类文章。

要求：①角度自选，立意自定；②标题自拟；③不少于800字；④不得抄袭、套作。

 4. （2016·全国Ⅲ卷）

阅读下面的材料，根据要求写一篇不少于800字的文章。

历经几年试验，小羽在传统工艺的基础上推陈出新，研发出一种新式花茶并获得专利。可是批量生产不久，大量假冒伪劣产品就充斥市场。小羽意识到，与其眼看着刚兴起的产业这么快走向衰败，不如带领大家一起先把市场做规范。于是，她将工艺流程公之于众，还牵头拟定了地方标准，由当地政府部门发布推行。这些努力逐渐见效，新式花茶产业规模越来越大，小羽则集中精力率领团队不断创新，最终成为众望所归的致富带头人。

要求：综合材料内容及含意，选好角度，确定立意，明确文体，自拟标题，不要套作，不得抄袭，不少于800字。

2015

 1.（2015·山东卷）

乡间有谚语："丝瓜藤，肉豆须，分不清。"意思是丝瓜的藤蔓与肉豆的藤须一旦纠缠在一起，是很难分开的。有个小孩想分辨两者的不同，结果把自家庭院里丝瓜肉豆的那些纠结错综的茎叶都扯断了。父亲看了好笑，就说："种它们是用来吃的，不是用来分辨的呀！你只要照顾它们长大，摘下瓜和豆来吃就好了。"

看完以上材料后，你有什么联想和思考？请你自选角度，自拟题目，写一篇议论文。

2. (2015·上海卷)

根据以下材料,自选角度,自拟题目,写一篇不少于800字的文章(不要写成诗歌)。

人的心中总有一些坚硬的东西,也有一些柔软的东西。如何对待它们,将关系到能否造就和谐的自我。

 3. (2015·四川卷)

一次班会课上,同学们围绕学会做人,我看老实与聪明展开讨论。

甲:老实就是实诚、忠厚,聪明就是机智、敏锐。

乙:老实和聪明可为一个人兼而有之。

丙:老实是另一种聪明。聪明不一定是真聪明。

自选角度写一篇不少于800字的文章,标题自定,文体自选,不得抄袭,不得套作,用规范汉字书写。

 4. (2015·广东卷)

阅读下面的文字,根据要求作文。

看天光云影,能测阴晴雨雪,但难逾目力所及;打开电视,可知全球天气,却少了静观云卷云舒的乐趣。

漫步林间,常看草长莺飞、枝叶枯荣,但未必能细说花鸟之名、树木之性;轻点鼠标,可知生物的纲目属种、迁徙演化,却无法嗅到花果清香、丛林气息。

从不同的途径去感知自然,自然似乎很"近",又似乎很"远"。

要求:①自选角度,确定立意,自拟标题,文体不限;②不要脱离材料内容及含意的范围;③不少于800字;④不得套作,不得抄袭。

5.(2015·湖南卷)

阅读下面的材料,根据要求作文。

有一棵大树,枝繁叶茂,浓荫匝地,是飞禽、走兽们喜爱的休息场所。飞禽、走兽们谈论着自己去各地旅行的经历。大树也想去旅行,于是请飞禽、走兽们帮忙。飞禽瞧不起大树没有翅膀,拒绝了。大树于是想请走兽帮忙。走兽说,你没有腿,也拒绝了。于是,大树决定自己想办法。它结出甜美的果实,果实里包含着种子。果实被走兽们吃了后,大树的种子传播到了世界各地。

请根据上面的材料,自选角度,自拟题目,写一篇不少于800字的记叙文或议论文。

6.(2015·湖北卷)

泉水在地下蓄积。一旦有机会,它便骄傲地涌出地面,成为众人瞩目的喷泉,继而汇成溪流,奔向远方。但人们对地下的泉水鲜有关注,其实,正是因为有地下那些默默不语的泉水的不断聚集,才有地上那一股股清泉的不停奔涌。

请根据上面的材料,自选角度,自拟题目,写一篇不少于800字的记叙文或议论文。

2014

1.(2014·上海卷)

根据以下材料,自选角度,自拟题目,写一篇不少于800字的文章(不要写成诗歌)。

你可以选择穿越沙漠的道路和方式,所以你是自由的;你必须穿越这片沙漠,所以你又是不自由的。

2.(2014·四川卷)

阅读下面的文字,根据要求作文。

人,只有在自己站起来之后,这个世界才能属于他。

这句话引发了你哪些思考?请自选角度写一篇不少于800字的文章。

要求:(1)标题自定,文体自选;(2)不得抄袭,不得套作;(3)用规范汉字书写。

  3.（2014·天津卷）

阅读下面的文字,按要求作文。

也许将来有这么一天,我们发明了一种智慧芯片,有了它,任何人都能古今中外无一不知,天文地理无所不晓。比如说,你在心里默念一声"物理",人类有史以来有关物理的一切公式、定律便纷纷浮现出来,比老师讲得还多,比书本印得还全。你逛秦淮河时,脱口一句"旧时王谢堂前燕",旁边卖雪糕的老大娘就接茬说"飞入寻常百姓家",还慈祥地告诉你,这首诗的作者是刘禹锡,这时一个金发碧眼的外国小女孩抢着说,诗名《乌衣巷》,出自《全唐诗》365卷4117页……这将是怎样的情形啊!

读了上面的材料,你有怎样的联想或思考?请就此写一篇文章。

  4.（2014·浙江卷）

门与路永远相连,门是路的终点,也是路的起点,它可以挡住你的脚步,也可以让你走向世界。大学的门,一边连接已知,一边通向未知。学习、探索、创造是它的通行证。大学的路,从过去到未来,无数脚印在此交集，有的很浅，有的很深。

综合上述材料，结合你的所思所感，写一篇不少于800字的作文。